Sonderseiten

METHODE – Hier kannst du naturwissenschaftliche Arbeitsweisen trainieren.

PINNWAND – Hier findest du Zusatzinformationen für inhaltliche Vertiefungen.

STREIFZUG – Hier findest du Verknüpfungen mit anderen Fachgebieten.

PRAKTIKUM – Hier findest du Anleitungen zum selbstständigen Arbeiten.

LERNEN IM TEAM – Hier findest du Vorschläge für die Projektarbeit mit offen formulierten Handlungsaufträgen.

AUF EINEN BLICK – Hier findest du die Inhalte des Kapitels in kurzer und übersichtlicher Form dargestellt.

BASISKONZEPTE – Hier findest du fachliche Fragestellungen, die nach übergeordneten Blickwinkeln sortiert sind.

LERNCHECK – Hier kannst du deine gewonnenen Kompetenzen überprüfen und du findest Aufgaben zum Wiederholen und Vertiefen.

Förder- und Forderseiten

Die **Förderseiten** stellen die Inhalte des Bereiches anschaulich und sprachlich vereinfacht dar.

Die **Forderseiten** stellen die Inhalte des Bereiches komplexer dar und bieten eine intensivere Auseinandersetzung mit dem Thema.

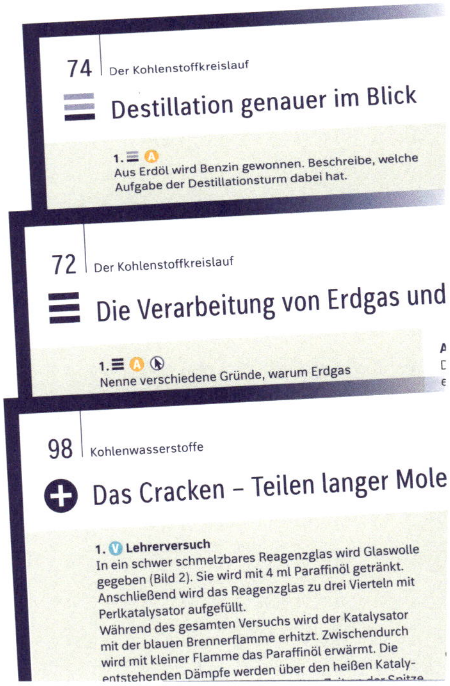

Zusatzangebot

Die **Plusseiten** stellen ein Zusatzangebot zum Bildungsplan dar.

9/10

ERLEBNIS

Chemie

Ein Lehr- und Arbeitsbuch

differenzierende Ausgabe

Schroedel
westermann

ERLEBNIS 9/10
Chemie

differenzierende Ausgabe

Hausgeber
Dr. Thomas Heinlein

Autoren
Albrecht Blessing
André Carozzi
Dr. Thomas Heinlein
Johanna von der Heyd
Horst-Dietmar Kirks
Melanie Knoll

Redaktion
Heidi Witte-Gaececke

Illustrationen
Birgit Biermann-Schickling, Franz-Josef Domke, Julius Ecke, Heike Keis, Karin Mall, Olav Marahrens, Luca Pierini, Heike Schievink, Birgit und Olaf Schlierf, Judith Viertel

Grundlayout und Umschlaggestaltung
SINNSALON
Agentur für Kommunikation und Design

Mit Beiträgen von
H. Michael Carl, Dieter Cieplik, Stephanie Gerecke, Thomas Heppel, Dr. Stefanie Jerems, Ursula Schmidt, Albert Steinkamp, Hans Tegen, Reiner Wagner, Reinhard Wendt-Eberhöfer, Erwin Werthebach

Fotos
Hans Tegen

westermann GRUPPE

Druck A[1] / Jahr 2018
Alle Drucke der Serie A sind im Unterricht parallel verwendbar.

Druck und Bindung: westermann druck GmbH, Braunschweig

ISBN 978-3-507-**78036**-1

Inhalt

Niveaudifferenzierte Inhalte
G – für das grundlegende Niveau
GM – für das grundlegende und mittlere Niveau
M – für das mittlere Niveau
ME – für das mittlere und erweiterte Niveau
E – für das erweiterte Niveau

Sicherheit

Chemische Bindungen

Wasser – Dipolmoleküle wechselwirken miteinander

Der Kohlenstoffkreislauf

Kohlenwasserstoffe

Vom Alkohol zum Essig

Vom Alkohol zum Essig

Saure und alkalische Lösungen

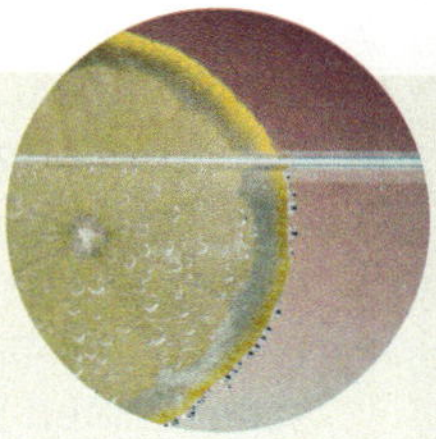

Anhang

Sicheres Experimentieren

METHODE

Gefahrstoffpiktogramme

Zum sicheren Umgang mit Chemikalien gehört auch die Kenntnis der Bedeutung der **Gefahrstoffpiktogramme.**
Die neun Piktogramme wurden 2010 eingeführt und sind seit 2015 verbindlich.
Das neue **G**lobal **H**armonisierte **S**ystem (GHS) gilt weltweit einheitlich. Die Piktogramme werden je nach Chemikalie noch durch die Signalwörter GEFAHR oder ACHTUNG ergänzt. So findest du zum Beispiel auf der Vorratsflasche für Benzin vier dieser GHS-Piktogramme und das Signalwort GEFAHR.
Zusätzlich gibt es Sicherheitshinweise, die sogenannten H-Sätze (engl.: **h**azard, Gefahr) und P-Sätze (engl.: **p**recautionary, Vorsichtsmaßnahme) .

HINWEIS
In der Stoffliste ab Seite 180 findest du zu allen verwendeten Gefahrstoffen die zugeordneten Piktogramme, Gefahren- und Entsorgungshinweise.

Gefahrstoffpiktogramm	Wirkungsbeispiel
Explodierende Bombe	Explosionsgefahr durch Schlag, Reibung oder Feuer
Flamme	entzündbare Stoffe, auch selbstentzündbar
Flamme über Kreis	Stoffe, die die Verbrennung anderer Stoffe verstärken
Gasflasche	Gefahr durch unkontrolliert ausströmende Gase, Explosionsgefahr bei Druck
Verätzung	ätzende Wirkung auf Haut, Augen und Schleimhäute
Totenkopf	Vergiftungsgefahr durch Berühren, Verschlucken oder Einatmen
Ausrufezeichen	schon einmaliger, kurzzeitiger Kontakt schädigt
Gesundheitsgefahr	krebsverursachend, organschädigend, Kind im Mutterleib schädigend
Umwelt	akut oder chronisch Gewässer gefährdend

1 GHS-Piktogramme und ihre Bedeutung

UMGANG MIT CHEMIKALIEN

1. Chemikalien dürfen nicht mit den Fingern angefasst werden.
2. Chemikalien dürfen niemals in Lebensmittelbehältern aufbewahrt werden.
3. Versuche werden mit möglichst wenig Chemikalien durchgeführt, weil nur so die Abfallmenge gering bleibt.
4. Chemikalienreste werden nicht in die Vorratsgefäße zurückgegeben. Sie werden in besonderen Abfallbehältern gesammelt.
5. Gefährliche Abfälle werden grundsätzlich extra gesammelt.

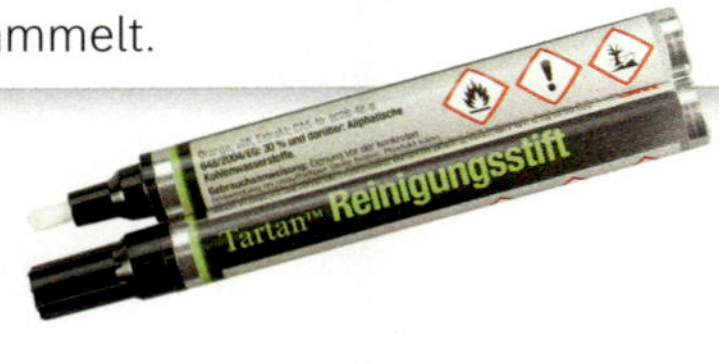

RICHTIGES VERHALTEN

1. In naturwissenschaftlichen Fachräumen darfst du nicht essen und auch nicht trinken.
2. Bei allen Experimenten mit Chemikalien oder mit einer offenen Flamme musst du eine Schutzbrille tragen.
3. Du darfst keine Geschmacksproben vornehmen.
4. Den Geruch darfst du nur nach erteilter Erlaubnis durch vorsichtiges Zufächeln prüfen.
5. Halte deinen Arbeitsplatz stets sauber und aufgeräumt. Reinige nach den Versuchen alle Geräte und räume sie wieder ein.
6. Bruch von Glas musst du sofort melden.

SICHERHEITSVORKEHRUNGEN

1. Jacken und Mäntel müssen an Kleiderhaken aufgehängt werden. Stelle deine Schultasche so ab, dass niemand darüber stolpern kann.
2. Informiere dich, wie du dich bei Feuer und Unfällen verhalten musst. Wo befinden sich Feuerlöscher, Löschdecke und Not-Aus-Schalter?
3. Welches ist der Fluchtweg aus diesem Raum und wo ist der Sammelplatz?
4. Bewahre bei Feuer und Unfällen stets Ruhe. Verlasse bei Alarm den Raum zügig, aber ohne zu drängeln.

EXPERIMENTIERTIPPS

1. Lies oder besprich die Versuchsanleitung vor Beginn eines Versuchs ausführlich. Befolge sie genau.
2. Stelle alle benötigten Geräte und Chemikalien vor Versuchsbeginn bereit. Benutze sie erst nach ausdrücklicher Erlaubnis.
3. Baue alle Geräte standsicher auf. Sorge auch dafür, dass die Aufbewahrungsgefäße der Chemikalien sicher stehen.
4. Beachte die Sicherheitsvorschriften.

ABFALLENTSORGUNG

Chemikalienreste werden getrennt gesammelt. Die Entsorgung der Sammelbehälter erfolgt durch ein Entsorgungsunternehmen.

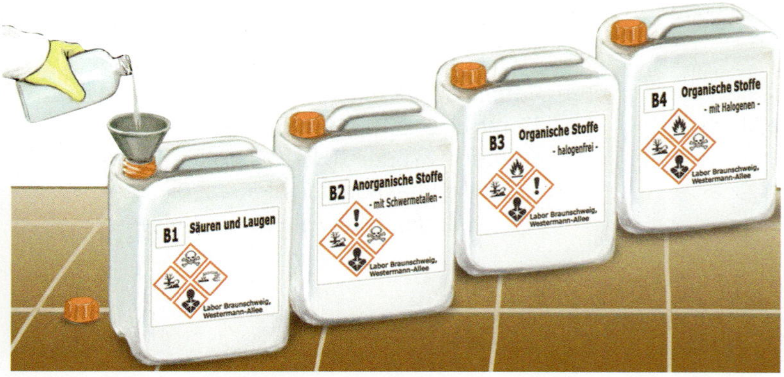

2 Entsorgung von Chemikalien

Abfallentsorgung

Säuren, Laugen
Beispiele:
Salzsäure, Natronlauge

giftige, anorganische Stoffe
Beispiele:
Kupfersulfat, Silbernitrat

organische Stoffe ohne Halogene
Beispiele:
Benzin, Ethanol

organische Stoffe mit Halogenen
Beispiele:
Chlormethan, Bromhexan

feste, organische Stoffe
Beispiel:
Schwefel

wasserlösliche, nicht schädliche Stoffe
Beispiele:
Zucker, Kochsalz

feste, nicht schädliche Stoffe
Beispiele:
Kohle, Eisenwolle

1. A

Beschreibe, worauf du beim Umgang mit Stoffen achten musst, die folgende Piktogramme tragen.

a)  b) 

Mit Basiskonzepten Wissen verknüpfen

Vernetztes Wissen
Wenn du etwas Neues lernst, ist es gut, wenn du es mit etwas verbinden kannst, das du bereits kennst. Das neue Wissen wird mit bereits bekanntem Vorwissen in deinem Gehirn vernetzt. Je mehr Vernetzungspunkte es gibt, desto einfacher und nachhaltiger kann das neue Wissen in deinem Gedächtnis verankert werden.

Basiskonzepte sind Ankerpunkte
Damit du in der Chemie Neues besser lernen kannst, bieten dir die **Basiskonzepte** Ankerpunkte, mit denen du alle chemischen Inhalte verknüpfen kannst. Im Laufe der Zeit entsteht so ein dichtes und stabiles Wissensnetz, das dir hilft, die Chemie richtig zu verstehen.
Die Basiskonzepte in diesem Buch sind:
- Stoff – Teilchen – Struktur – Eigenschaft
- Chemische Reaktion

METHODE

1 Zink

2 Schwefel

4 Zinksulfid-Synthese

Stoff – Teilchen – Struktur – Eigenschaft
Aus zwei Ausgangsstoffen kann in einem Versuch ein neuer **Stoff** mit völlig anderen **Eigenschaften** entstehen. So entsteht aus Zink und Schwefel in einer hefitigen Reaktion Zinksulfid. Nicht nur die Farbe und die elektrische Leitfähigkeit haben sich verändert. Das Zinksulfid hat auch eine andere **Struktur.** Es ist aus Kristallen aufgebaut. Um Veränderungen von Stoffeigenschaften erklären zu können, hilft es dir, die **Teilchen** zu betrachten.

Chemische Reaktion
Der Vorgang, bei dem aus verschiedenen Ausgangsstoffen ein neuer Stoff entsteht, wird **chemische Reaktion** genannt. Damit es bei der Zinksulfid-Synthese zu einer chemischen Reaktion kommt, muss das Gemisch aus Zink und Schwefel entzündet werden. Erst durch die zugeführte **Energie** kann die Reaktion ablaufen. Ist die Reaktion gezündet, wird viel Energie freigesetzt.

3 Zinksulfid

Umgang mit den Basiskonzepte-Seiten

Hinweis
Auf jeder Basiskonzepte-Seite wird auf diese Methodenseiten hingewiesen.

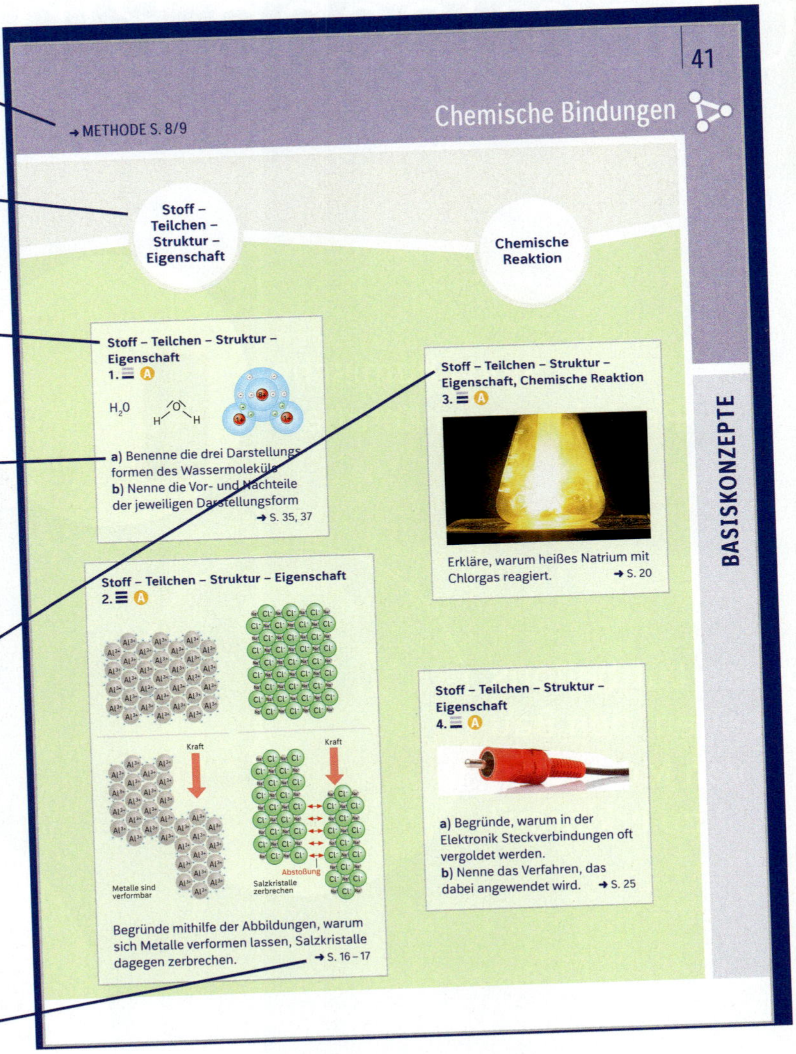

Basiskonzepte
Hier findest du diejenigen Basiskonzepte, die jeweils eine andere Sichtweise auf das Thema ermöglichen.

Aufgaben
Zu jedem Basiskonzept kannst du geeignete Aufgaben bearbeiten.

Mehrere Sichtweisen
Bei der Erklärung eines Phänomens können häufig mehrere Sichtweisen miteinander verknüpft werden. Es bieten sich also mehrere Inhalte zur Beantwortung der Frage an.

Seitenverweise
Die Seitenzahlen auf den Zetteln verweisen auf die Schulbuchseiten, auf welchen du den Inhalt bereits behandelt hast.

Hinweis
Auf einigen Schulbuchseiten im Kapitel findest du den Verweis auf die Basiskonzepte-Seiten:

Chemische Bindungen

Sind chemische
Reaktionen umkehrbar?

Können Luftballons
helfen, den Bau
von Molekülen
zu erklären?

Eine Getränkedose glänzt
metallisch und lässt sich verbiegen.
Was ist der Grund für diese
Eigenschaften?

Metalle und ihre Eigenschaften

1.
a) Nenne fünf verschiedene Metalle.
b) Recherchiere zu jedem Metall drei Anwendungsbereiche.

2.
Recherchiere die unterschiedlichen Metallzeitalter und stelle die verschiedenen Verwendungen von Metallen in einer Zeitleiste dar.

3.
Bestimme die Dichte von Aluminium, Magnesium und Eisen. Notiere die Werte in einer Tabelle und ordne sie den Leicht- oder Schwermetallen zu.

4.
a) Nenne typische Eigenschaften der Metalle.
b) Benenne Metalle, die bezüglich mancher Eigenschaften Ausnahmen bilden.

5.
Nenne Beispiele für Anwendungen, bei denen besondere Eigenschaften von Metallen genutzt werden.

6.
Erstelle eine Tabelle mit allen Metallen dieser Seite. Notiere darin die bisher festgestellten Eigenschaften und ergänze diese mit Werten zu Schmelz- und Siedetemperaturen.

Was bedeuten Metalle für den Menschen?

Seit 10 000 Jahren nutzt der Mensch Metalle. In der Kupferzeit wurde aus Verbindungen Kupfer in Schmelzöfen gewonnen und für Schmuck und Verzierungen verwendet. Die zunehmende Erfahrung bei der Kupferherstellung führte zur Entdeckung der Bronze, einer Legierung aus Kupfer und Zinn. In der Eisenzeit wurde das Eisen wegen seiner großen Härte verwendet, nachteilig war das Rosten. Legierungen wie Messing oder Neusilber, in denen zwei oder mehr Metalle im flüssigen Zustand vermischt werden, erweitern die Verwendungsmöglichkeiten. Heute gibt es kaum einen Anwendungsbereich, in dem Metalle wegen ihrer Eigenschaften nicht genutzt werden.

EDLE UND UNEDLE METALLE

Edelmetalle gehen nur selten chemische Reaktionen ein. Sie liegen deshalb meist elementar und nicht in Verbindungen vor. Die meisten anderen Metalle oxidieren, je nachdem wie edel sie sind, mehr oder weniger schnell. Zu den unedlen Metallen zählen Nickel, Eisen, Zink, Aluminium und Natrium.

1 Neutorbrücke in Ulm

LEICHTMETALLE UND SCHWERMETALLE

Häufig werden Metalle in Leichtmetalle und Schwermetalle unterteilt. Metalle mit einer Dichte unter 5 $\frac{g}{cm^3}$ werden Leichtmetalle genannt. Magnesium und Aluminium, aber auch Lithium oder Natrium zählen zu den Leichtmetallen. Lithium ist das Metall mit der geringsten Dichte 0,53 $\frac{g}{cm^3}$. Es hat somit eine geringere Dichte als Wasser und würde auf diesem schwimmen.
Schwermetalle haben eine Dichte über 5 $\frac{g}{cm^3}$. Außer Blei und Quecksilber zählen auch zum Beispiel Zink, Nickel, Kupfer oder Eisen dazu. Die Edelmetalle Gold und Silber sind ebenfalls Schwermetalle. Die größte Dichte aller Stoffe besitzt das Metall Osmium mit 22,59 $\frac{g}{cm^3}$.

Typische Metalleigenschaften
Wegen ihres beständigen, **metallischen Glanzes** werden Edelmetalle beispielsweise für Schmuck, Spiegel, Medaillen und Verzierungen an Gebäuden verwendet.
Töpfe und Pfannen sind aus Aluminium, Kupfer oder Eisen hergestellt. Die gute **Wärmeleitfähigkeit** der Metalle wird hier genutzt., ebenso wie bei Heizkörpern.
Metalle sind duktil. Das bedeutet, sie lassen sich plastisch verformen. Metalle können durch Biegen, Pressen, Walzen und andere Verfahren in eine gewünschte Form gebracht werden. Der Hufschmied nutzt die **Duktilität** beim Schmieden der Hufeisen. Metalle weisen eine gute **elektrische Leitfähigkeit** auf. In elektrischen Leitungen wird deswegen oft Kupfer, ein Metall mit besonders guter Leitfähigkeit, verwendet.

Gemeinsame Eigenschaften mit Ausnahmen
Fast alle Metalle sind von silbergrauer Farbe. Ausnahmen sind nur Kupfer und Gold. Ein Metall, das Quecksilber, ist bei Raumtemperatur flüssig. Lediglich Eisen, Nickel und Cobalt sind magnetisierbar.

Stoffe werden in Stoffklassen eingeteilt
Indem du die elektrische Leitfähigkeit eines Stoffes in verschiedenen Aggregatzuständen überprüfst, kannst du ihn einer **Stoffklasse** zuordnen. Die Metalle bilden eine eigene Stoffklasse. Die Stoffteilchen der Metalle bestehen aus Atomen.

Du kannst die Verwendungsmöglichkeiten von Metallen aufgrund ihrer typischen Eigenschaften nennen. Du kannst Stoffe über ihre elektrische Leitfähigkeit der Stoffklasse der Metalle zuordnen.

Besondere Metalle

STREIFZUG

Seltene Erden
Neben Eisen, Kupfer oder Aluminium nutzt der Mensch auch eine Reihe weniger bekannter Metalle. Dazu zählen die Metalle der **seltenen Erden.** Der Name kommt von der früheren irrtümlichen Annahme, dass sie nur in geringen Anteilen auf der Erde vorkommen.
Europium wird für Plasmabildschirme benötigt. Zur Herstellung von Dauermagneten für Elektromotoren in Elektroautos wird **Neodym** eingesetzt. **Cer** eignet sich für Auto-Katalysatoren und Rußfilter. **Scandium** und **Yttrium** sind notwendig zur Produktion von Lasern und Brennstoffzellen. Nickel-Metallhydrid-Akkus enthalten **Lanthan**.

Meteoriten enthalten Metalle
Meteoriten sind Gesteinsbrocken aus dem Weltall, die auf ihrer Flugbahn in die Erdatmosphäre gelangt sind. Durch die Reibung an der Luft werden sie sehr heiß und glühen auf. Dadurch werden sie für uns als Sternschnuppen sichtbar. Als außerirdisches Material sind sie interessante Untersuchungsobjekte für Wissenschaftler.

Bei Meteoriten, die von fernen Himmelskörpern unseres Sonnensystems stammen, wurden bei den verschiedenen Untersuchungen die auch auf der Erde bekannten Metalle wie Eisen und Nickel gefunden.

2 Eisenmeteorit

Atome sind aus Elementarteilchen aufgebaut

1. A
Beschreibe den Aufbau eines Atoms aus Elementarteilchen.

2. A
Erstelle mit den Angaben im PSE zu einem Element eine ähnliche Darstellung wie in Bild 2.

3. Q
Erkläre auf Grundlage einer Recherche den Begriff Isotop.

Die Elementarteilchen

Die Stoffteilchen der Metalle sind Atome. Sie sind in einem Atomgitter angeordnet. Atome sind aus **Elementarteilchen** aufgebaut. Es gibt Protonen, Elektronen und Neutronen.
Im Atomkern befinden sich Protonen, sie tragen eine positive Elementarladung (+1). Ebenfalls im Atomkern befinden sich die elektrisch neutralen Neutronen (0). Die Elektronen sind in der Atomhülle frei beweglich und tragen eine negative Elementarladung (−1).
In ungeladenen Atomen entspricht die Anzahl der Protonen der Anzahl der Elektronen. Die Anzahl der Neutronen kann von dieser unterschiedlich sein.

Elementarteilchen	Symbol	Ladung	Ort
Elektron	e	−1	Hülle
Proton	p	+1	Kern
Neutron	n	0	Kern

1 Elementarteilchen

Die Protonenanzahl bestimmt die Atomsorte

Die Anzahl der Protonen im Kern wird auch **Kernladungszahl** oder **Ordnungszahl** genannt. Sie entspricht bei ungeladenen Atomen der Anzahl der Elektronen.
Bei chemischen Reaktionen ändert sich die Zahl der Elektronen in der Atomhülle. Die Anzahl der Protonen im Kern bleibt dabei unverändert. Daher bestimmt die **Protonenanzahl** den Namen eines Atoms und seines Ions.

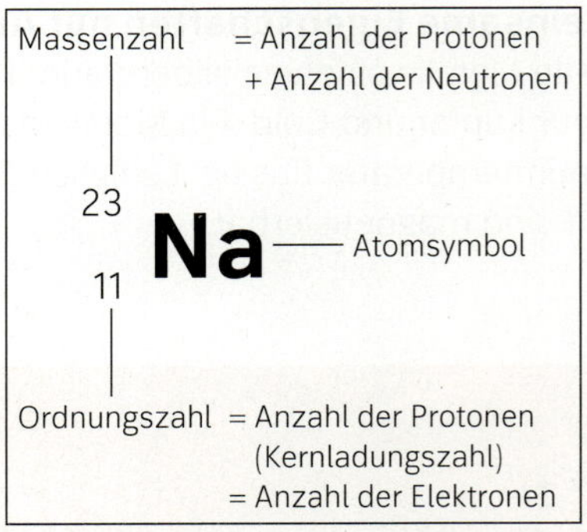

2 Angaben im Periodensystem

Schalenmodell – ME

Das **Schalenmodell** beschreibt die energetische Verteilung der Elektronen in einem Atom. Die Elektronen befinden sich in gedachten Schalen, die den Atomkern umgeben. In der innersten Schale befinden sich maximal zwei Elektronen. In der zweiten Schale befinden sich höchstens acht Elektronen. In der dritten Schale befinden sich bis zu 18 Elektronen. Bezeichnet werden die Schalen von innen nach außen mit dem Buchstaben K, L, M, … bis Q.

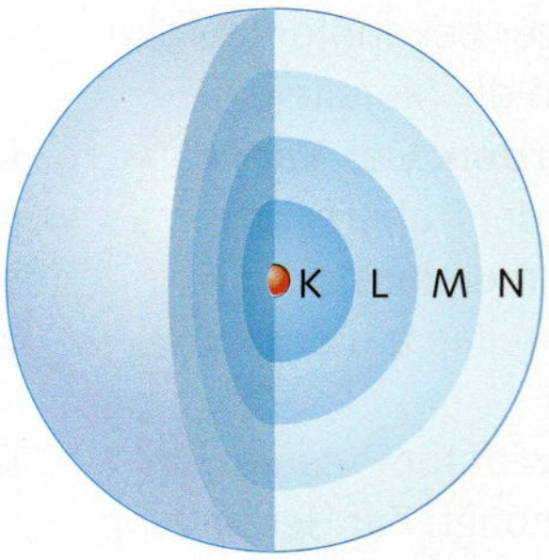

3 Schalenmodell

Du kannst den Aufbau von Atomen mit Elementarteilchen beschreiben. Du kannst die Ladung der Elementarteilchen und deren Aufenthaltsort im Atom beschreiben.

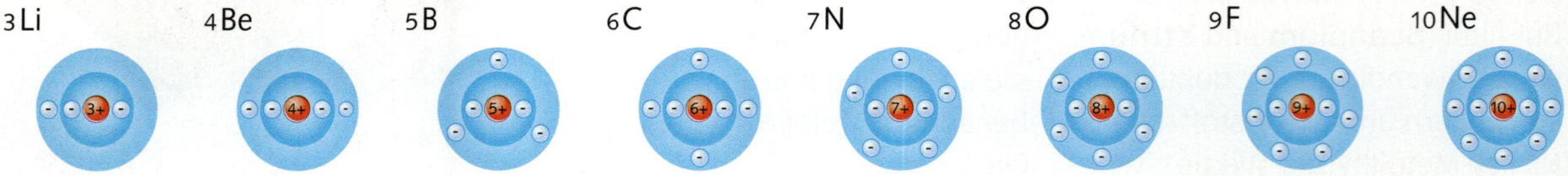

4 Die Elemente der 2. Periode im Schalenmodell

Elektronen machen den Unterschied

1. A
a) Stelle die Atome und Ionen der Elemente Kalium, Calcium, Bor, Sauerstoff und Fluor im Schalenmodell dar.
b) Begründe mithilfe des Schalenmodells, dass es kein Neon-Ion gibt.

2. A
Begründe mit dem Atombau die Anordnungen der unterschiedlich geladenen Ionen im Periodensystem der Atome und Ionen. Gehe von Natrium als Beispiel aus.

3. A
a) Edelgase bilden im gasförmigen Zustand weder Ionen noch Moleküle. Begründe diesen Sachverhalt.
b) Benenne das Edelgas, dessen Elektronenanzahl der von Na^+ entsprechen würde.

4. A
a) Erkläre den Begriff Edelgaskonfiguration an einem selbstgewählten Atom.
b) Bestimme die Ladungen folgender Ionen: Lithium-Ion, Calcium-Ion, Aluminium-Ion, Chlorid-Ion.

	Magnesium-Atom	Magnesium-Ion
	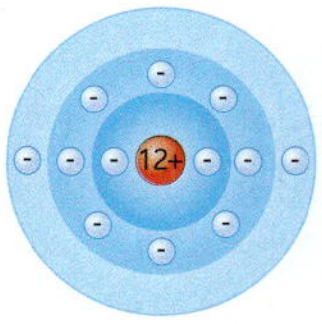	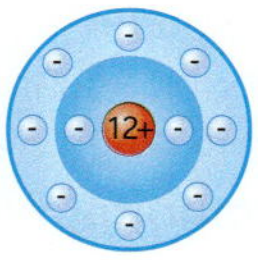
Ladung durch Protonen	+12	+12
Ladung durch Elektronen	−12	−10
Gesamtladung	0	+2
Symbolschreibweise	Mg	Mg^{2+}

1 Bestimmung der Ladung eines Magnesium-Ions

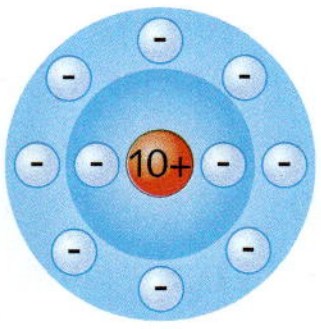

Ne

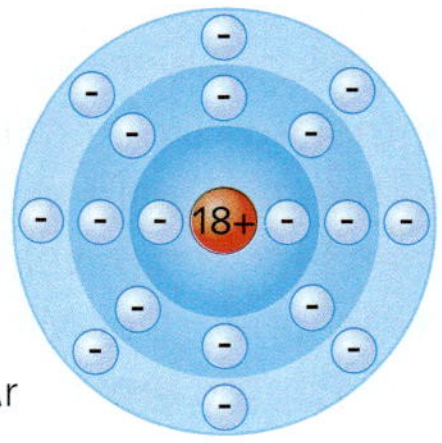

Ar

2 Neon und Argon – Edelgase mit einer vollbesetzten Außenschale

Vorkommen in der Natur

Im Periodensystem der Elemente findest du Daten zu den Atomen der Elemente. Tatsächlich liegen in der Natur die meisten Metalle jedoch nicht als Atome, sondern als Ionen vor.
Beispielsweise kommt Natrium in der Natur nicht in atomarer Form vor. Hingegen findest du das Natrium-Ion (Na^+) in der Verbindung Natriumchlorid (NaCl) sehr häufig. Ähnlich sieht es mit vielen anderen Metallen aus.

Atome und Ionen unterscheiden sich

Atome und Ionen eines Elements unterscheiden sich nur durch die Anzahl der Elektronen. Die Differenz zwischen der Anzahl der positiv geladenen Protonen und der negativ geladenen Elektronen entspricht der Ladung eines Ions. Beispielsweise besitzt ein Magnesium-Atom 12 Protonen im Kern und 12 Elektronen in der Atomhülle. Es ist wie alle anderen Atome auch ungeladen. Ein Magnesium-Ion hingegen hat 12 Protonen und 10 Elektronen. Der Ladungsüberschuss an Protonen führt zu einem zweifach positiv geladenen Magnesium-Ion. Die Schreibweise ist Mg^{2+} (Bild 1).

Edelgaskonfiguration

Edelgase bilden auch bei Zimmertemperatur keine Moleküle. Sie sind besonders reaktionsträge. Edelgase liegen in atomarer Form vor. Sie besitzen eine voll besetzte Außenschale, weshalb sie keine Ionen bilden.
Atome haben das Bestreben, durch Aufnahme oder Abgabe von Elektronen eine voll besetzte Außenschale zu erreichen. In diesem Energiezustand sind sie besonders stabil.

Du kannst den Zusammenhang zwischen der Ladung von Ionen und der Edelgaskonfiguration erklären.

Die Metallbindung

1. Q
a) Nenne gemeinsame Eigenschaften der Metalle.
b) Beschreibe den inneren Aufbau von Metallen.

2. A
Vergleich den Aufbau eines Metallgitters und eines Ionengitters.

3. A
a) Erkläre die gute Wärmeleitfähigkeit und elektrische Leitfähigkeit der Metalle.
b) Erkläre, warum Metalle ohne zu brechen verformbar sind, Salze dagegen nicht.

1 Aluminium: **A** Reifen mit Alufelge, **B** Metallgitter

Eigenschaften der Metalle

Metalle sind **kristalline Feststoffe.** Sie unterscheiden sich in ihren Eigenschaften deutlich von den Salzen. Metalle lassen sich verformen, ohne zu zerbrechen, und sind gute elektrische Leiter. Diese typischen Eigenschaften lassen sich durch ihren inneren Aufbau erklären.

Der Aufbau der Metalle

In Metallen liegen Metall-Atome in einer raumsparenden Anordnung dicht nebeneinander. Sie bilden ein regelmäßiges **Metallgitter.** Im Metallgitter können sich die Metall-Atome nicht von ihren Plätzen bewegen.

Am Beispiel des Aluminiums lässt sich der innere Aufbau von Metallen beschreiben. Aluminium-Atome bestehen im Inneren aus einem Atomkern. In diesem befinden sich 13 positiv geladenen Protonen sowie weitere Neutronen. Die Neutronen und Protonen werden in Bild 2 A zur Vereinfachung weggelassen. Es ist nur die Ladung angegeben. In der umgebenden Hülle sind 13 Elektronen auf verschiedene Energiestufen verteilt. Diese sind als Schalen dargestellt.

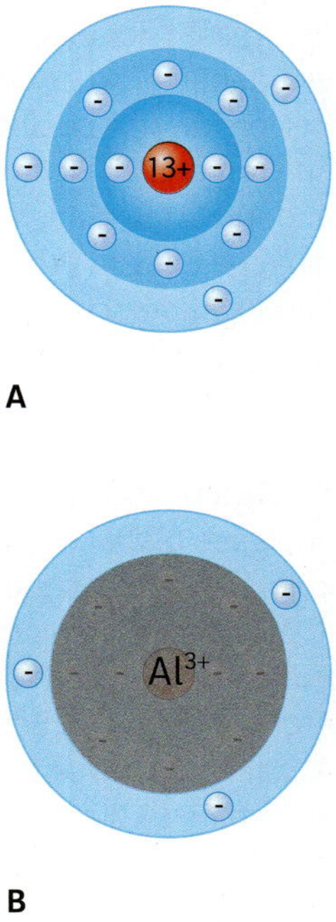

2 Ein Aluminium-Atom: **A** im Schalenmodell, **B** in vereinfachter Darstellung

Die Metallbindung

Der Feststoff Aluminium besteht aus dicht gepackten Aluminium-Atomen. Die drei Außenelektronen jedes Aluminium-Atoms können leicht abgegeben werden (Bild 2 B). Übrig bleibt ein dreifach positiv geladener **Atomrumpf**. Im Metallgitter gehen die Elektronen nicht auf ein anderes Atom über, sondern stehen allen anderen Metall-Atomen gemeinsam zur Verfügung.
Über alle Atome gesehen sind sehr viele solcher **freien Elektronen** vorhanden. Zwischen den freien Elektronen und den jetzt positiv geladenen Atomen entstehen Anziehungskräfte. Diese halten die Atome im Metallgitter zusammen. Diese Art der Bindung tritt auch bei allen anderen Metallen und Legierungen auf. Sie wird **Metallbindung** genannt.

Elektrische Leitfähigkeit

Für elektrische Stromkreise werden zumeist Kupferkabel verwendet. Diese weisen eine hohe elektrische Leitfähigkeit bei einem vergleichsweise geringen Preis auf. Wird der enthaltene Draht mit einer Gleichstromquelle verbunden, werden die im Kupfer frei beweglichen Elektronen vom Minuspol zum Pluspol verschoben. Der Minuspol wirkt dabei wie eine Pumpe und drückt die Elektronen in den Draht. Am Pluspol herrscht Elektronenmangel. Dort werden die Elektronen aus dem Draht gezogen.

Basiskonzepte S. 41

Wärmeleitfähigkeit

Nimmst du ein Stück Metall bei Raumtemperatur in die Hand, fühlt es sich zunächst kalt an. Das Metall leitet die Wärme deiner Hand schnell ab. Umgekehrt wird Wärme schnell von einem heißen Metall auf einen kälteren Gegenstand übertragen.
Die gute Wärmeleitfähigkeit der Metalle lässt sich mit dem Modell der frei beweglichen Elektronen erklären.

Die frei beweglichen Elektronen im Metallgitter nehmen deine Körperwärme leicht auf. Durch Zusammenstöße mit anderen freien Elektronen wird die Wärme schnell von einem Elektron auf das nächste übertragen. Zusätzlich wird die Wärme aber auch durch Zusammenstöße der Metall-Atome übertragen.
Da die Energie durch die Elektronen sehr schnell übertragen wird, haben Metalle eine hohe Wärmeleitfähigkeit.

Worin sich Metalle und Salze unterscheiden

Die Verformbarkeit der Metalle beruht darauf, dass die Schichten der positiven Metall-Atome aneinander vorbeigleiten können. Da sie auch in der neuen Lage von freien Elektronen umgeben sind, halten sie auch nach dem Verformen fest zusammen.
Salze sind Ionenkristalle. Sie können dagegen nicht verformt werden. Sie zerbrechen bereits, wenn durch einen Schlag das Ionengitter um eine Schicht verschoben wird. Dann stehen sich gleich geladene Ionen gegenüber. Sie stoßen sich gegenseitig ab, der Kristall bricht auseinander (Bild 3).

Im Vergleich zu den Metallen haben die Ionenkristalle oft höhere Schmelz- und Siedetemperaturen. Ursache dafür sind die stärkeren Anziehungskräfte zwischen den unterschiedlich geladenen Ionen.

Du kannst die Eigenschaften der Metalle nennen und diese mit der Metallbindung erklären.

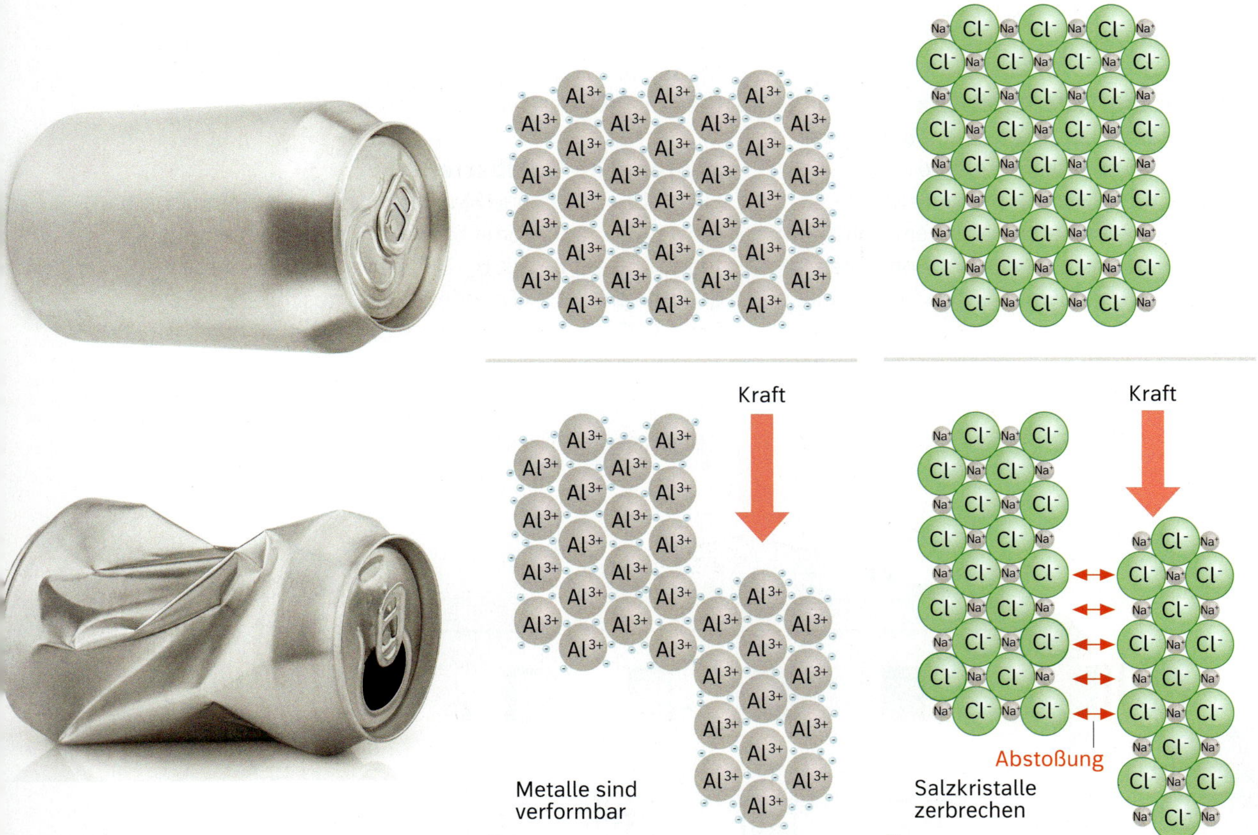

A B C

3 Aluminium: vor und nach Krafteinwirkung: **A** auf Stoffebene, **B** auf Teilchenebene, **C** Vergleich mit Ionenkristall

Basiskonzepte S. 41

Gold – unterschiedlich betrachtet

1.
a) Recherchiere die Gesamtmenge an Gold, die die Bundesbank besitzt.
b) Vergleiche die Menge an Gold, die in der Bundesbank gelagert ist, mit der, die in Fort Knox liegt.

2.
Angenommen ein Einbrecher bricht ins Goldlager von Fort Knox ein. Er kann das Gold nur per Hand transportieren. Dabei trägt er jedes Mal 25 kg Gold. Berechne wie oft er laufen muss, bis er das Goldlager leergeräumt hat.

3.
a) Berechne die Länge einer Kette aus Gold-Atomen, wenn alle Atome eines 1 kg-Goldbarrens aneinandergereiht würden.
b) Erstelle einen Größenvergleich, der die Strecke aus Aufgabe a) anschaulich darstellt.

Fort Knox

Seit 1936 lagert der Großteil der Goldvorräte der USA in Fort Knox. In diesem Hochsicherheitsgebäude befinden sich derzeit knapp 5000 t Gold mit einem Wert von etwa 150 Milliarden Euro. Über die Sicherheitseinrichtungen wird Stillschweigen bewahrt.

Gold als Stoff betrachtet

Gold hat eine Dichte von $19{,}3\,\frac{g}{cm^3}$. Ein Würfel mit einer Kantenlänge von 10 cm hat eine Masse von 19,3 kg und ist damit knapp 20 Mal so schwer wie ein gleich großes Volumen an Wasser.

Gold auf der Teilchenebene

Ein Gold-Atom hat einen Durchmesser von 135 pm oder anders geschrieben 0,000 000 000 135 m (1 pm sind 10^{-12} m, gesprochen Pikometer). Wenn ein Gold-Atom so groß wäre wie eine Erbse, dann wäre ein 1 kg Goldbarren etwa 1000 km lang. Dies entspricht der Strecke von Stuttgart nach Paris und zurück.

Gold in Zahlen

Ein Gold-Atom hat eine Masse von 197 u. Ein u ist jedoch so wenig, dass keine Waage diese Masse anzeigen kann. Um eine Masse von u in g umzuwandeln, müssen viele Teilchen zusammen gewogen werden. Diese Zahl ist für alle Teilchen gleich und beträgt **$6 \cdot 10^{23}$**. Sie wird auch **1 Mol** genannt. Ein mol Gold-Atome sind also $6 \cdot 10^{23}$ Atome. Sie wiegen zusammen 197 g.

1 Gold-Atom ≙ 197 u
$6 \cdot 10^{23}$ Gold-Atome ≙ 197 g
1 mol Gold-Atome ≙ 197 g

Die für jeden Stoff charakteristische Größe heißt **molare Masse *M*.** Sie wird in $\frac{g}{mol}$ angegeben.
Die molare Masse von Gold beträgt $197\,\frac{g}{mol}$.

Atome im Goldbarren

Ein mol Gold hat eine Masse von 197 g. In einem Goldbarren von 1 kg sind somit 5,08 mol Gold-Atome enthalten. Jedes Mol entspricht $6 \cdot 10^{23}$ Gold-Atomen, womit sich für den Barren $30{,}5 \cdot 10^{23}$ oder anders geschrieben 3 050 000 000 000 000 000 000 000 Atome ergeben.

Du kannst die Größen von Stoffteilchen und makroskopischen Objekten vergleichen.

1 Fort Knox

Chemische Formeln in der Anwendung

1. Ⓐ
Nenne Formelsymbol und Einheit zu den physikalischen Größen molare Masse und Stoffmenge.

2. Ⓐ
Berechne mithilfe der Formeln die Stoffmenge, der 54 g Wasser entsprechen.

3. Ⓐ
Berechne mithilfe der Formeln die Masse von 4 mol Kohlenstoffdioxid.

Physikalische Größen

In den Naturwissenschaften werden Zusammenhänge mit Formeln beschrieben. In Formeln werden **physikalische Größen** durch Buchstaben abgekürzt. Zu jeder physikalischen Größe gehören ein **Wert** und eine **Einheit** (Tabelle 1).

Eine Tafel Schokolade beispielsweise hat eine Masse von 100 g. Dabei ist die physikalische Größe die Masse *m*. 100 ist der Wert und g ist die Einheit.

Chemische Formeln

Die Dichte ist eine physikalische Größe, die mit folgender Formel beschrieben wird:

$$\rho = \frac{m}{V}$$

Dabei sind ρ die Dichte, *m* die Masse und *V* das Volumen.

Eine der wichtigsten Formeln aus der Chemie lautet:

$$m = n \cdot M$$

Diese Formel beschreibt den Zusammenhang zwischen der Masse *m*, der Stoffmenge *n* und der molaren Masse *M*.
Die Einheit der Masse ist g, die der Stoffmenge mol und die der molaren Masse $\frac{g}{mol}$.

Physikalische Größe	Formelzeichen	Einheit
Masse	m	g
Volumen	V	cm^3
Stoffmenge	n	mol
molare Masse	M	$\frac{g}{mol}$
Dichte	ρ	$\frac{g}{cm^3}$

1 Beispiele für physikalische Größen

RECHNEN MIT FORMELN
1. Suche die richtige Formel aus.
2. Stelle die Formel nach der gewünschten Größe um.
3. Setze die Werte mit den Einheiten ein.
4. Rechne das Ergebnis aus und gib es mit Einheit an.

Verwendung von Formeln

Eine typische Aufgabe aus dem Labor so beginnen: „Nimm zwei mol Magnesiumband ...“ Aber welcher Masse entsprechen 2 mol Magnesiumband? Hier ist die Stoffmenge *n* also 2 mol. Die molare Masse *M* von Magnesium kannst du dem PSE entnehmen. Sie beträgt 24,3 $\frac{g}{mol}$. Du kannst also schreiben

$$m = n \cdot M = 2\ mol \cdot 24{,}3\ \frac{g}{mol} = 48{,}6\ g.$$

Die gesuchte Masse *m* des Magnesiumbandes beträgt 48,6 g.

Umformen von Formeln

Ein anderer Auftrag könnte lauten: „Berechne die Stoffmenge *n* von 64 g Sauerstoff“. Um die Aufgabe zu lösen, musst du zunächst die Formel nach der gesuchten Größe auflösen. Dazu müssen beide Seiten durch *M* geteilt werden:

$$m = n \cdot M \qquad |:M$$

$$\frac{m}{M} = \frac{n \cdot M}{M}$$

Auf der rechten Seite kannst du durch *M* kürzen.
Da Sauerstoff als O_2-Molekül vorkommt, beträgt die molare Masse $M = 32\ \frac{g}{mol}$.

$$n = \frac{m}{M} = \frac{64\ g}{32\ \frac{g}{mol}} = 2\ mol$$

64 g Sauerstoff entsprechen also der Stoffmenge $n = 2$ mol.

Wird die Formel nach *M* aufgelöst, ergibt sich $M = \frac{m}{n}$.
Mit den drei Gleichungen kannst du jede in der Gleichung enthaltene physikalische Größe berechnen.

Atome bilden Ionen

1.

a) Zeichne die Schalenmodelle der Atome von Lithium, Aluminium, Schwefel und Fluor.
b) Stelle fest, wie viele Elektronen jeweils aufgenommen oder abgegeben werden müssen, um eine Edelgaskonfiguration zu erhalten.
c) Nenne die Atome, die in der entsprechenden Edelgaskonfiguration positiv oder negativ geladene Ionen bilden.

2.

Zeichne als Schalenmodell wie in Bild 1 die Bildung von Ionen bei der Reaktion zwischen Natrium und Fluor, Magnesium und Chlor, Magnesium und Sauerstoff.

3.

a) Erkläre, warum Atome aus der 7. Hauptgruppe einfach negativ geladene Ionen bilden.
b) Erkläre, warum Atome aus der 2. Hauptgruppe zweifach positiv geladene Ionen bilden.

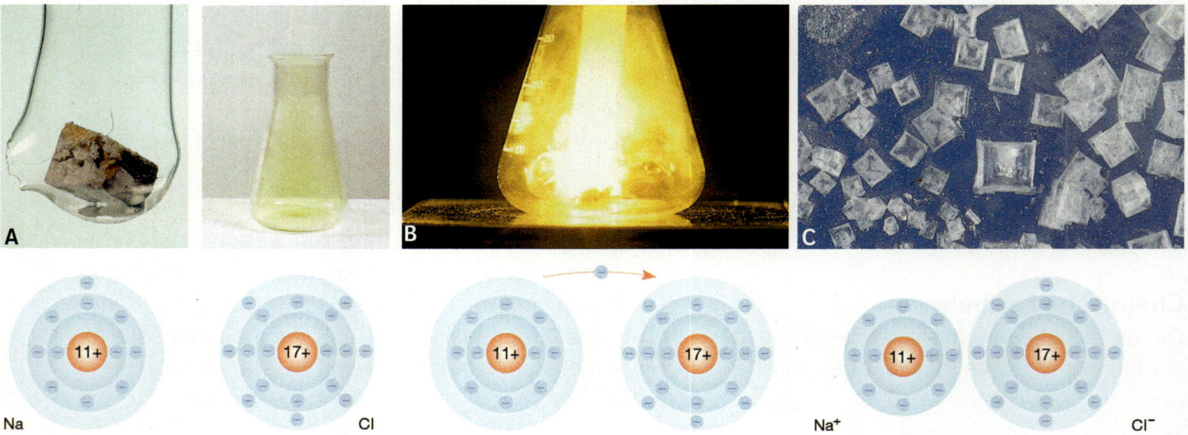

1 Natrium und Chlor reagieren zu Natriumchlorid: **A** Ausgangsstoffe, **B** Reaktion, **C** Endstoff

Atome werden zu Ionen

Wird heißes Natrium in Chlorgas gehalten, setzt eine heftige Reaktion ein. Unter grellgelbem Leuchten entsteht ein weißer, kristalliner Feststoff. Es ist das Salz **Natriumchlorid.**
Vergleichst du den Aufbau der Atome vor der chemischen Reaktion mit dem der Ionen danach, so erkennst du, dass ein negativ geladenes Elektron vom Natrium-Atom abgegeben und dieses vom Chlor-Atom aufgenommen wurde. (Bild 1).
Jeder Reaktionspartner nimmt entweder Elektronen auf oder gibt Elektronen ab, um jeweils einen stabileren Zustand mit einer vollbesetzten Außenschale zu erreichen. Das ist die **Edelgaskonfiguration.**
Wenn bei chemischen Reaktionen zum Erreichen der Edelgaskonfiguration Elektronen übertragen werden, entstehen **Ionen.** Dabei geben Atome mit wenigen Außenelektronen, wie die Metalle, Elektronen ab. Sie werden zu positiv geladenen Ionen.

Geben und Nehmen

Atome, die Elektronen abgeben, werden als **Donatoren** (donare, lat.: schenken) bezeichnet.

Atome mit vielen Außenelektronen nehmen Elektronen auf, um eine voll besetzte Außenschale zu erreichen. Es entstehen negativ geladene Ionen. Atome, die bei der Ionenbildung Elektronen aufnehmen, werden als **Akzeptoren** (acceptare, lat.: empfangen) bezeichnet.

Das **Donator-Akzeptor-Prinzip** beschreibt die Übertragung von Elektronen von einem Reaktionspartner, dem Donator, auf einen anderen Reaktionspartner, den Akzeptor.
Bei chemischen Reaktionen müssen alle abgegebenen Elektronen von einem oder mehreren anderen Reaktionspartner aufgenommen werden. Es dürfen keine Elektronen übrigbleiben oder fehlen.

Du kannst den Elektronenübergang bei chemischen Reaktionen mit dem Donator-Akzeptor-Prinzip erklären.

Basiskonzepte S. 41

Reaktion von Magnesium mit Sauerstoff

1.
a) Prüfe, ob ein Stück Magnesiumband elektrisch leitfähig ist.
b) Begründe anhand deines Ergebnisses, zu welcher Stoffklasse Magnesium gehört.

2.
Halte ein Stück Magnesiumband mit einer Tiegelzange in die Brennerflamme. **Achtung:** Nicht in die Flamme sehen! Beschreibe die Beobachtung und nenne die Stoffklasse des Produkts.

3.
a) Stelle die Elektronenübertragung für die Reaktion von Magnesium mit Chlor im Schalenmodell dar.
b) Leite aus dem Ergebnis die Reaktionsgleichung her.

Verbrennung von Magnesium

Magnesium reagiert mit Sauerstoff in einer stark exothermen Reaktion. Dabei leuchtet das Magnesium gleißend hell auf. Es entsteht ein weißer spröder Feststoff, das Salz **Magnesiumoxid.**

1 Magnesium verbrennt in Sauerstoff zu Magnesiumoxid.

Elektronenübertragung

Ein Magnesium-Atom hat zwei Elektronen in der äußersten Schale. Diese müssen abgegeben werden, um eine Edelgaskonfiguration zu erlangen.

Ein Sauerstoff-Atom dagegen hat sechs Außenelektronen. Für die Edelgaskonfiguration fehlen zwei Elektronen.

Bei der Reaktion von Magnesium mit Sauerstoff werden die beiden Außenelektronen des Magnesium-Atoms auf das Sauerstoff-Atom übertragen.

Es entstehen Mg^{2+}- und O^{2-}-Ionen. Beide Ionen weisen nach dem Elektronenübergang eine Edelgaskonfiguration auf. Zusammen bilden sie die Ionenverbindung **Magnesiumoxid.**
Da Sauerstoff nicht atomar, sondern als O_2-Molekül vorkommt, werden für die Reaktion jeweils zwei Magnesium-Atome benötigt. Die Reaktionsgleichung lautet:

$$2\ Mg + O_2 \rightarrow 2\ MgO$$

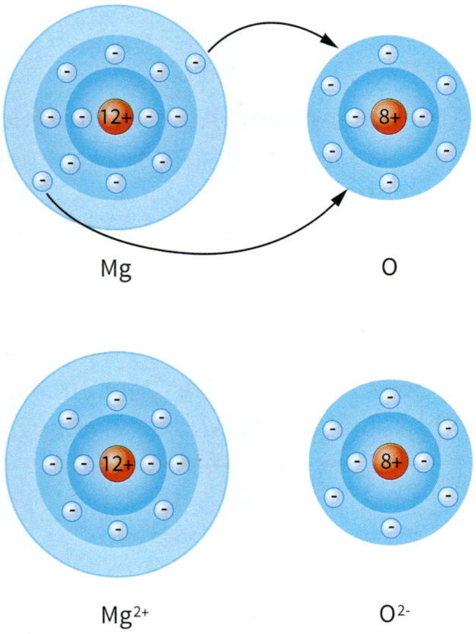

2 Elektronen werden von Magnesium auf den Sauerstoff übertragen.

Du kannst die Verbrennung von Magnesium auf Stoff- und Teilchenebene erklären.

Verhältnisformeln von Salzen

1.
a) Stelle die Verhältnisformeln folgender Salze mithilfe des Periodensystems auf: Lithiumoxid, Lithiumnitrid, Bariumsulfid, Galliumnitrid, Calciumiodid.
b) Formuliere zu Aufgabe a) die Reaktionsgleichungen aus den Elementen.

2.
a) Stelle die Elektronenübertragung für die Reaktion von Aluminium mit Schwefel dar.
b) Stelle mithilfe des Ergebnisses aus Aufgabe a) die Reaktionsgleichung auf.

Eloxieren

Aluminium ist ein unedles Metall. Es oxidiert schnell an der Luft. Trotzdem wird es für den Bau von Fahrrädern oder für Verkleidungen an Autos und Häusern eingesetzt. Der Grund ist, dass Aluminium an der Oberfläche eine dichte Oxidschicht bildet, die wie eine Schutzschicht wirkt und weiteren Sauerstoff vor dem Eindringen abhält. Die Oxidschicht kann durch **Eloxieren** optimiert werden. Auch können dabei Farben aufgebracht werden (Bild 1).

1 Eloxierte Schrauben

Verhältnisformel von Aluminiumoxid

Aluminium steht in der dritten Hauptgruppe des Periodensystems der Elemente. Ein Aluminium-Atom hat drei Außenelektronen, die leicht abgeben werden können. Ein Sauerstoff-Atom hingegen hat sechs Außenelektronen und benötigt zwei Elektronen für eine voll besetzte Außenschale. Damit alle Atome nach der Reaktion zu Aluminiumoxid die passende Elektronenanzahl haben, werden zwei Aluminium-Atome und drei Sauerstoff-Atome benötigt (Bild 2). Die Verhältnisformel ergibt sich deshalb zu Al_2O_3.
Da Sauerstoff als O_2-Molekül vorkommt, lautet die Reaktionsgleichung der Aluminiumoxid-Synthese:

$$4\ Al + 3\ O_2 \rightarrow 2\ Al_2O_3$$

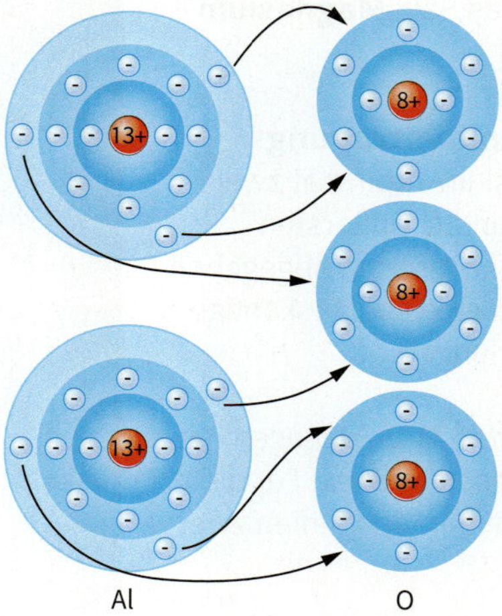

2 Elektronen werden von Aluminium-Atomen auf Sauerstoff-Atome übertragen.

Verhältnisformel von Aluminiumchlorid

Aluminium reagiert mit fast allen Nichtmetallen in einer exothermen Reaktion.
In der Reaktion mit Chlor entsteht Aluminiumchlorid. Ein Chlor-Atom hat sieben Außenelektronen und benötigt ein Elektron für eine volle Außenschale. Es gehen die drei Außenelektronen des Aluminium-Atoms auf jeweils ein Chlor-Atom über (Bild 3). Da Chlor als Molekül, Cl_2, vorkommt, lautet die Reaktionsgleichung:

$$2\ Al + 3\ Cl_2 \rightarrow 2\ AlCl_3$$

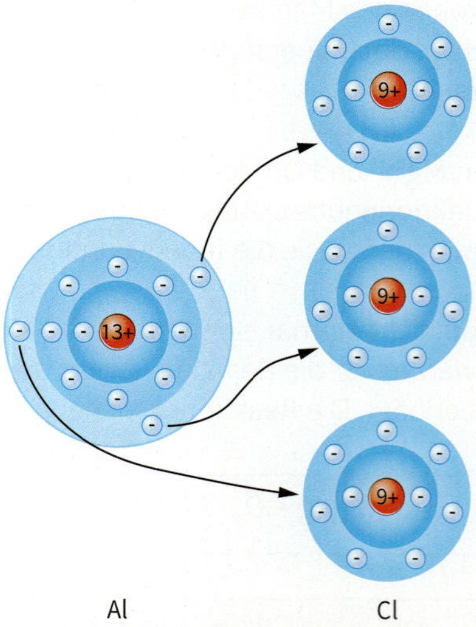

3 Elektronen werden vom Aluminium-Atom auf das Chlor-Atom übertragen.

Du kannst die Verhältnisformeln von Salzen mithilfe des Periodensystems aufstellen.

Nachweis von Chlorid-Ionen

1.
Gib in zwei Reagenzgläser je 5 ml entmineralisiertes Wasser und löse in einem davon einen Kristall Natriumchlorid auf. Versetze dann beide Proben mit zwei Tropfen Silbernitrat-Lösung (0,1 $\frac{mol}{l}$). Beobachte und beschreibe die Unterschiede.

2.
Gib in zwei Reagenzgläser je 5 ml entmineralisiertes Wasser. Gib in eins davon zusätzlich eine Spatelspitze Natriumsulfat. Versetze beide Proben mit einigen Tropfen Bariumchlorid-Lösung (0,1 $\frac{mol}{l}$). Beschreibe deine Beobachtungen.

3.
Erstelle die Reaktionsgleichung für die Bildung von Bariumsulfat aus Bariumchlorid ($BaCl_2$) und Natriumsulfat (Na_2SO_4).

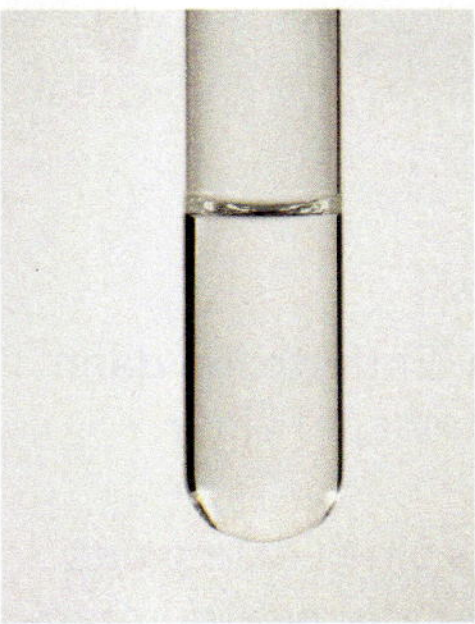

1 Natriumchlorid-Lösung

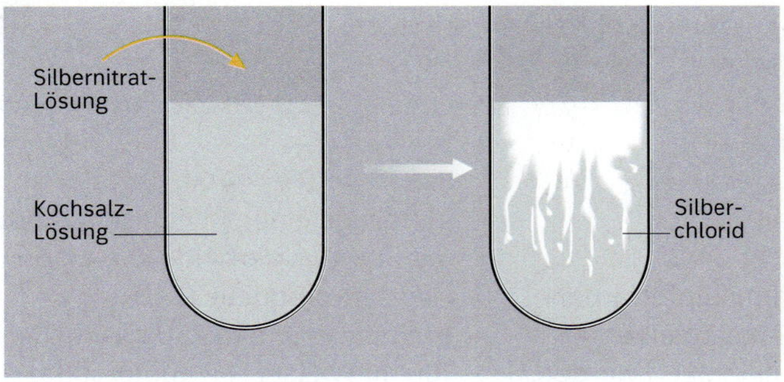

2 Chlorid-Ionen werden als Silberchlorid nachgewiesen.

3 Silberchlorid fällt aus.

Kochsalz-Lösung		Silbernitrat-Lösung		Natriumnitrat-Lösung		Silberchlorid-Niederschlag
$Na^+ + Cl^-$	+	$Ag^+ + NO_3^-$	$\rightarrow$	$Na^+ + NO_3^-$	+	$AgCl\downarrow$

4 Die Reaktionsgleichung für den Nachweis von Chlorid-Ionen mit Silbernitrat-Lösung

Fällungsreaktionen

In Salzlösungen liegen die Ionen der Salze als frei bewegliche, elektrisch geladene Teilchen vor. Werden zwei Lösungen mit Ionen aus gut löslichen Verbindungen zusammengegeben, kann sich durch eine neue Kombination der Ionen ein schwer lösliches Salz bilden. Dieses **fällt aus,** was an der Trübung der Lösung zu erkennen ist.

Eine solche Trübung wird auch als **Niederschlag** bezeichnet. So liegen in einer Natriumchlorid-Lösung positiv geladene Natrium-Ionen (Na^+) und negativ geladene Chlorid-Ionen (Cl^-) vor. In einer Silbernitrat-Lösung liegen Silber-Ionen (Ag^+) und Nitrat-Ionen (NO_3^-) vor.

Chlorid-Ionen werden nachgewiesen

Zum Nachweis von Chlorid-Ionen werden zu einer Natriumchlorid-Lösung einige Tropfen einer Silbernitrat-Lösung gegeben. Aus den Cl^--Ionen und den Ag^+-Ionen bildet sich das schwerlösliche Salz Silberchlorid, AgCl. Es ist als weißer Niederschlag erkennbar.

Mit Silbernitrat-Lösung lassen sich auch Bromid- und Iodid-Ionen nachweisen. Der Niederschlag ist bei diesen Ionen gelblich.

Du kannst erläutern, was eine Fällungsreaktion ist, zwei Ionen-Arten durch Fällungsreaktionen nachweisen und die dabei ablaufenden chemischen Reaktionen darstellen.

Oberflächen schützen und veredeln

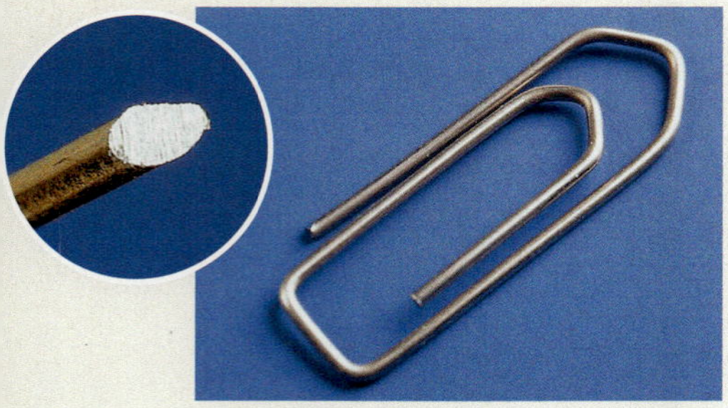

1 Der Kern einer Büroklammer

1. V
Schleife das Ende einer kupferfarbenen Büroklammer schräg an. Betrachte die Fläche mit einer Lupe. Beschreibe ihr Aussehen.

2. A
Erkläre, warum kupferfarbene Büroklammern von einem Magneten angezogen werden.

3. A
Gib an, welche Eigenschaften Gegenstände haben müssen, die galvanisch beschichtet werden sollen.

4. Q
Nenne Verfahren, um Gegenstände aus Eisen vor dem Rosten zu schützen.

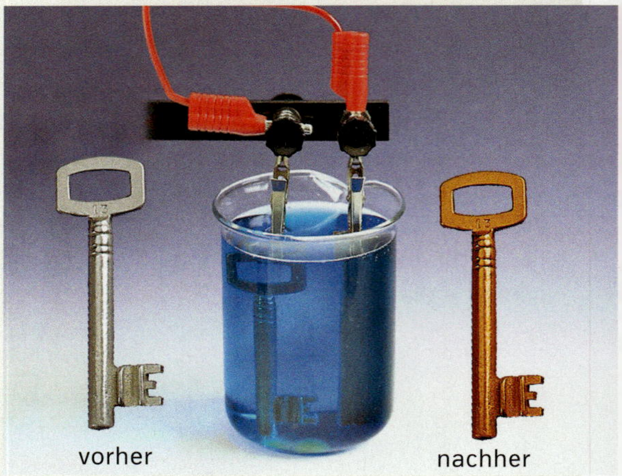

2 Verkupfern eines Schlüssels

5. V

a) Reinige einen Schlüssel gründlich. Entfette ihn dann mit Spiritus. Verbinde ihn mit dem Minuspol einer Gleichstromquelle (3 V).
b) Stelle in einem 250 ml-Becherglas eine Lösung aus 100 ml Wasser, 1 g Kupfersulfat, 10 g Kaliumnatriumtartrat und 0,5 g Natriumhydroxid her. Tauche den Schlüssel als Minuspol und einen Kupferblechstreifen als Pluspol in die Lösung ein.
c) Schalte die Stromquelle ein und beobachte die Vorgänge an den Polen. Beende den Versuch nach etwa 4 min. Beschreibe, wie sich der Schlüssel verändert hat.

3 Ein verrostetes Fahrrad

Schutzschicht gegen Korrosion

Eisen ist aufgrund seiner Eigenschaften ein wichtiger Werkstoff, aus dem viele Alltagsgegenstände gefertigt sind. Aber Eisen hat auch eine oft unerwünschte Eigenschaft: es reagiert mit dem Sauerstoff der Luft zu Eisenoxid. Umgangssprachlich wird dieser Vorgang als **Rosten** bezeichnet, der Fachbegriff lautet **Korrosion.**
Um Korrosion zu verhindern, gibt es verschiedene Möglichkeiten, bei denen jeweils die Oberfläche mit einer Schutzschicht überzogen wird. Bei deiner Fahrradkette ist diese Schutzschicht das Fett, das du beim Ölen aufträgst. Die Karosserie eines Autos wird durch eine Lackschicht geschützt. Eine besonders haltbare und schöne Schutzschicht entsteht beim **Galvanisieren.** Bei diesem Verfahren wird die Oberfläche mit korrosionsbeständigen Metallen wie Chrom, Kupfer oder Zink überzogen.

Galvanisieren

Ob ein Gegenstand verchromt oder verzinkt werden soll – beim Galvanisieren wird immer das gleiche chemische Verfahren der **Elektrolyse** angewendet.
Der Gegenstand, der mit einer Metallschicht überzogen werden soll, wird als Kathode (Minuspol) in eine passende Salzlösung eingetaucht. Es entsteht dort ein Metallüberzug, weil die entsprechenden Ionen Elektronen aufnehmen und zu Metall-Atomen reduziert werden.
In einer Kupfersalz-Lösung entsteht so ein Kupferüberzug, in einer Chromsalz-Lösung ein Chromüberzug und in einer Zinksalz-Lösung ein Zinküberzug.

Du kannst die Durchführung des Galvanisierens beschreiben und Anwendungsbeispiele nennen.

Versilbern und vergolden

1. A
Begründe, warum Modeschmuck oft vergoldet oder versilbert ist.

2. A
Zähle mindestens 5 Gegenstände auf, die versilbert oder vergoldet sind.

3. V
Reinige die Schale einer Muschel, lass sie trocknen und sprühe sie dann mit Grafitleitlack ein. Verbinde sie dann mit dem Minuspol eines Hand-Galvanisier-Gerätes (Bild 2). Tauche den Schwamm, der über den Metallstreifen gespannt ist, in eine 10 %ige Silbersalz-Lösung. Bestreiche mehrmals die Muschelschale. Tauche zwischendurch den Schwamm immer wieder in die Lösung. Beschreibe die Veränderung an der Oberfläsche der Muschel.

Leitfähig und glänzend

Steckverbindungen in der Elektronik sind häufig durch Galvanisieren vergoldet. So können sie nicht korrodieren und eine gute elektrische Leitfähigkeit bleibt erhalten. Viele elektrische Verbindungen in Computern sind deshalb vergoldet oder ganz aus Gold. Nicht leitende Gegenstände werden vor dem Galvanisieren mit Leitlack überzogen und können dann galvanisiert werden.

1 Vergoldeter Cinch-Stecker

2 Versilbern einer Muschel

Du kannst begründen, warum Gegenstände mit Edelmetallen überzogen werden.

Vom Schrott zum Edelteil

STREIFZUG

Schrott

Oft sind Teile eines alten Fahrzeugs, zum Beispiel eines Motorrades, in einem schlechten Zustand. Sie sind verrostet, beschädigt oder einfach unansehnlich.

Reinigung

Mit viel Aufwand können die Einzelteile in mehreren Arbeitsschritten repariert und restauriert werden. Zuerst werden sie durch Sandstrahlen gründlich gereinigt und alte Beschichtungen entfernt.

Reparatur

Dann erfolgt gegebenenfalls eine Reparatur, damit die Teile wieder einwandfrei funktionieren. Eine erneute Reinigung, die völlige Entfettung und ein Polieren der Oberfläche schließen sich an.

Beschichtung

Da Chrom auf den Metallteilen, die meistens aus Stahl bestehen, schlecht haftet, werden vorher zwei andere Metallschichten aufgetragen: Kupfer und Nickel. Mehrfach wird verkupfert und dazwischen immer wieder gereinigt und poliert. Dann wird vernickelt und wieder poliert.

3 Erst wird auseinander gebaut.

4 Alles glänzt wieder.

Hochglanz

Der letzte Arbeitsschritt vor dem Wiedereinbau ist nun das Verchromen und erneute Polieren auf Hochglanz. Auch Kunststoffteile können galvanisiert werden. Dazu wird ihre Oberfläche mit einer fast unsichtbaren Metallschicht elektrisch leitfähig gemacht.

Basiskonzepte S. 41

Elektrolyse

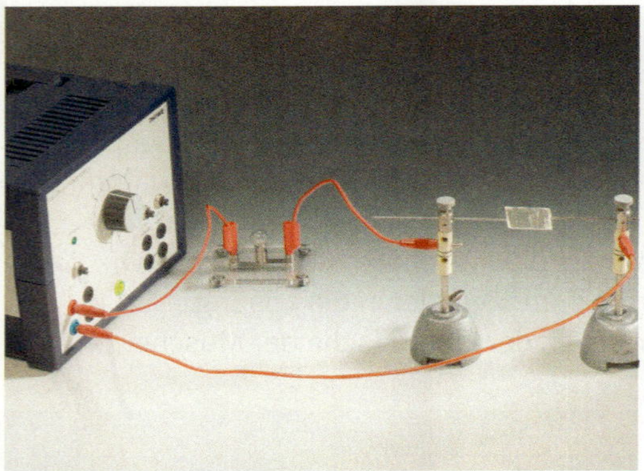
1 Feste Salzkristalle sind nicht elektrisch leitend.

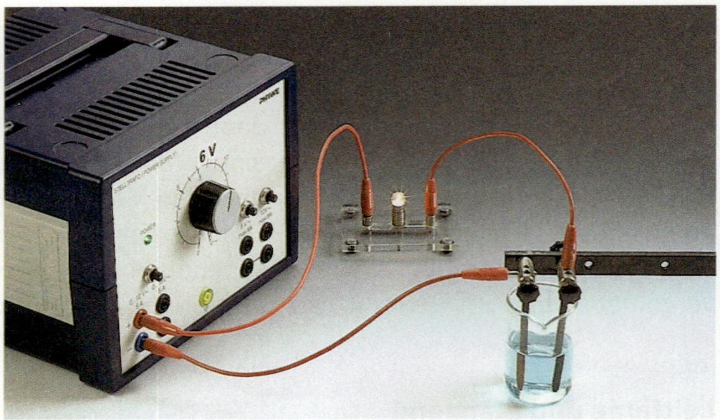
2 Elektrolyse einer Kupferchlorid-Lösung

1. V

a) Löse in einem Becherglas einen halben Spatel Kupfersulfat Pentahydrat in 100 ml destilliertem Wasser. Stelle zwei Kohleelektroden hinein. Baue einen Stromkreis auf und schalte eine Glühlampe (4 V | 0,1 A) in Reihe (Bild 2). Stelle am Stromversorgungsgerät eine Gleichspannung von 6 V ein.
b) Lass den Versuch etwa 10 min laufen und beobachte die Vorgänge an den Elektroden. Beende den Versuch und nimm dann die Elektroden aus der Lösung.
c) Vergleiche Farbe und Geruch an der Anode (Pluspol) und an der Kathode (Minuspol).

2. A
Erkläre, warum eine Elektrolyse nur bei einer Salzlösung oder Salzschmelze, nicht aber mit festem Kochsalz, möglich ist.

3. Q
Erkläre die Vorgänge an den Elektroden bei der Elektrolyse einer Zinkiodid-Lösung.

4. A
Begründe die Abnahme der elektrischen Leitfähigkeit im Laufe einer Elektrolyse einer Salzlösung.

5. Q
Begründe, warum es sich bei einer Elektrolyse um eine chemische Reaktion handelt.

Bewegliche Ladungsträger
Alle elektrisch leitfähigen Stoffe haben bewegliche Ladungsträger. Dazu gehören die Metalle. Im Metallgitter können sich die Außenelektronen der Metallatome frei bewegen. Auch eine Salzlösung ist elektrisch leitfähig. Dafür sind Ionen verantwortlich. Sie können sich im Wasser bewegen. In einer Salzschmelze sind ebenfalls bewegliche Ionen vorhanden. Auch sie ist daher elektrisch leitend. Zu den elektrisch nicht leitfähigen Stoffen gehören destilliertes Wasser und feste Salzkristalle, denn sie enthalten keine beweglichen Ladungsträger.

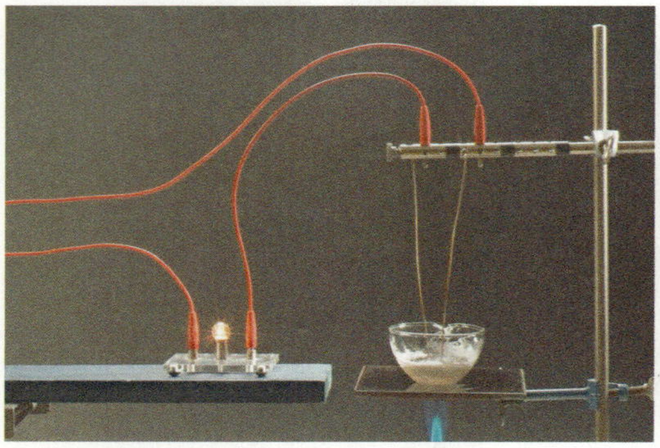
3 Salzschmelzen leiten Elektrizität.

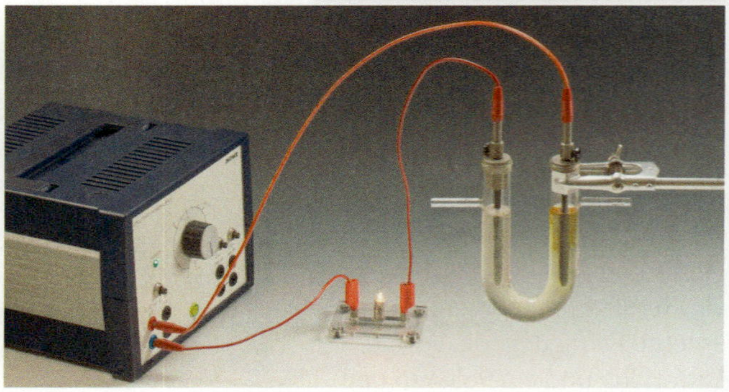
4 Elektrolyse einer Zinkiodid-Lösung

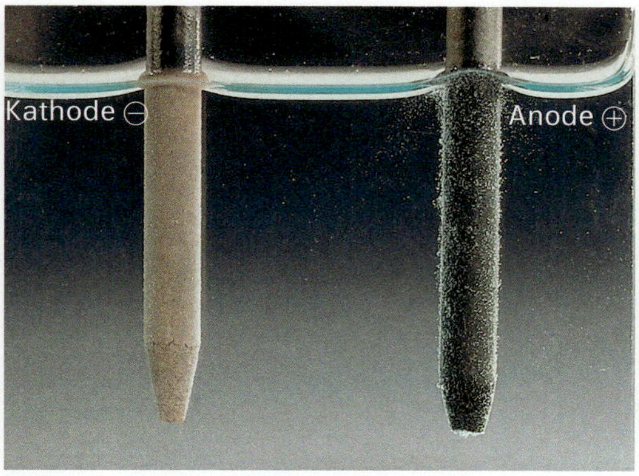

5 Elektroden bei der Elektrolyse einer Kupferchlorid-Lösung

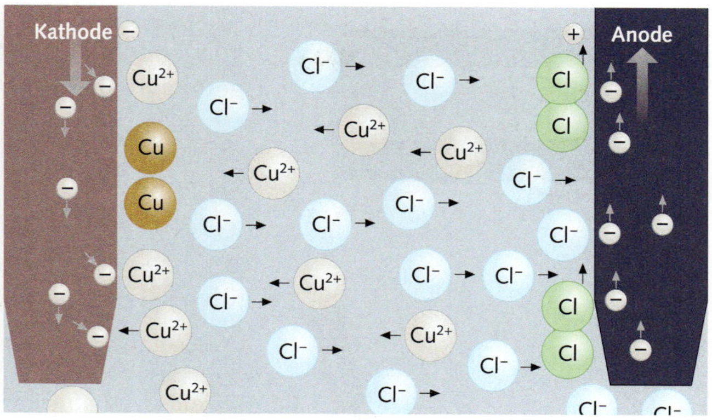

6 Vorgänge an den Elektroden im Teilchenmodell

Was geschieht bei der Elektrolyse?

In der Kupferchlorid-Lösung in Bild 2 und 5 befinden sich positiv geladene Kupfer-Ionen, Cu^{2+}, und negativ geladene Chlorid-Ionen, Cl^-. Sie werden von den entgegengesetzt geladenen Elektroden angezogen (Bild 6).

An der Kathode (Minuspol) nehmen die positiv geladenen Kupfer-Ionen jeweils 2 Elektronen auf. Sie werden zu elektrisch neutralen Kupfer-Atomen. Deshalb überzieht sich die Kathode mit metallischem Kupfer (Bild 5).

Die negativ geladenen Chlorid-Ionen bewegen sich zur Anode (Pluspol) und geben dort ihr überschüssiges Elektron ab. Sie werden zu ungeladenen Chlor-Atomen, die sofort zu Chlor-Molekülen reagieren. An der Anode steigt gasförmiges Chlor auf. Die Zerlegung einer Kupferchlorid-Lösung in ihre Bestandteile Kupfer und Chlor ist eine **Elektrolyse.**

Elektrolyse von Zinkiodid

Bei der Elektrolyse einer Zinkiodid-Lösung finden vergleichbare chemische Reaktionen wie in der Kupferchlorid-Lösung statt. Kupfer ist durch Zink und die Chlorid-Ionen sind durch Iodid-Ionen ersetzt.

Lösungen und Schmelzen leiten

In Salzlösungen befinden sich frei bewegliche Ionen. Auch in geschmolzenem Salz sind frei bewegliche Ionen vorhanden.
Nach Anlegen einer Spannung bewegen sich die positiv geladenen Ionen zur Kathode und nehmen dort Elektronen auf.

Die negativ geladenen Ionen bewegen sich zur Anode und geben an dieser Elektronen ab. Sie werden so zu ungeladenen Atomen. Abgabe und Aufnahme von Elektronen ermöglichen einen Elektronenfluss im äußeren Stromkreis. Die Elektrolyse kann nur so lange ablaufen, wie noch Ionen in der Lösung vorhanden sind. Sind keine Ionen mehr vorhanden, leitet die Lösung nicht mehr.

7 A–B Elektroden bei der Elektrolyse einer Zinkiodid-Lösung

Du kannst die chemischen Reaktionen bei der Elektrolyse einer Kupferchlorid-Lösung beschreiben und dabei die Begriffe Anode, Kathode, Ionen, Elektronenaufnahme, Elektronenabgabe, Moleküle und ungeladene Atome richtig verwenden.
Du kannst die Elektrolyse einer Zinkiodid-Lösung richtig beschreiben.

Elektrochemische Energiequellen

1 Eine Uhr mit Zitronenbatterie

TIPP
Verwende für alle Versuche gereinigte, blanke Metallstreifen!

1. V
Stecke eine Zink- und eine Kupferelektrode in eine Zitrone und prüfe die elektrische Spannung.

2. V
a) Stelle zwei Kupferblechstreifen in 2 %ige Natronlauge. Miss die Spannung zwischen den Elektroden.
b) Ersetze einen der Kupferstreifen durch einen Zinkblechstreifen. Miss erneut die Spannung, vergleiche und erkläre deine Beobachtungen (Bild 3).

3. V
Wiederhole Versuch 2 mit Elektroden aus anderen Metallen. Notiere in einer Tabelle, welche Kombination welche Spannung liefert.

4. A
Begründe, warum eine galvanische Zelle nicht beliebig lange elektrische Energie zur Verfügung stellen kann.

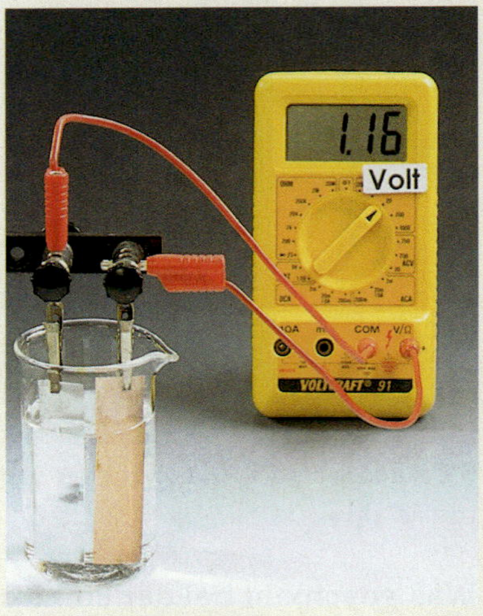

2 Galvanisches Element

3 Minuspol und Pluspol

Die Zitronenbatterie

Eine Zitrone, ein Blechstreifen aus Kupfer und einer aus Zink – fertig ist eine einfache Batterie. Es ist eine Spannung von etwa 1 V zu messen. Auch andere Früchte und andere Blechstreifen-Kombinationen ergeben Batterien. Elektrisch leitfähige Lösungen, sogenannte **Elektrolyte,** und zwei unterschiedliche Metalle bilden die Grundlage für eine **galvanische Zelle.** Sie ist nach dem italienischen Forscher LUIGI GALVANI (1737–1798) benannt. Die Ursache der Spannung sind chemische Reaktionen an den Metallen. Das jeweils unedlere Metall, hier das Zink, löst sich auf. Dabei geben die Zink-Atome Elektronen ab und werden zu positiv geladenen Zink-Ionen. Die Elektronen fließen im äußeren Stromkreis zur anderen Elektrode. Diese Reaktion ist nur so lange möglich, bis die unedlere Elektrode verbraucht ist.

Galvanische Zellen im Alltag

Zink-Kohle-Zellen bestehen aus einem Zinkbecher als Minuspol und einem Graphit-Braunstein-Gemisch als Pluspol. Als Elektrolyt dient eine Salzlösung. Weil sich der Zinkbecher bei der chemischen Reaktion im Laufe der Zeit auflöst, können solche Batterien auslaufen. Bei **Alkali-Mangan-** oder **Alkaline-Zellen** befindet sich die Zinkelektrode im Inneren eines Stahlbechers. Der Elektrolyt ist Kalilauge. Diese Batterien sind auslaufsicher.

Du kannst den Aufbau einer Zitronenbatterie beschreiben und Beispiele für galvanische Zellen nennen.

Akkus machen mobil

1. Q
Akku ist die umgangssprachliche Kurzform von Akkumulator. Recherchiere das Wort Akkumulator und erkläre die deutsche Bedeutung.

2. A
Erstelle eine Tabelle, bei der du mindestens 5 akkubetriebene Gegenstände eures Haushalts den jeweiligen Akku-Typ zuordnest.

3. Q
Die Akku-Technik entwickelt sich ständig weiter. Recherchiere die neusten Entwicklungen und halte einen kurzen Vortrag vor der Klasse.

Überall Akkus

In immer mehr Bereichen werden heute **Akkus** eingesetzt. Durch den Einsatz von Akkus in Handys, Akkuschraubern, Rasenmähern und in vielen anderen Geräten können diese überall und einfach verwendet werden, da weder Steckdose noch Kabel benötigt werden. Aber auch bei Autos und Fahrrädern machen uns immer öfter von Akkus betriebene Elektromotoren mobil.
Ein Nachteil von Akkus ist die Ladezeit. Um diese zu verkürzen, gibt es interessante Forschungsansätze. Wissenschaftler aus Norwegen haben einen Akku entwickelt, der in einer Sekunde aufgeladen werden kann.

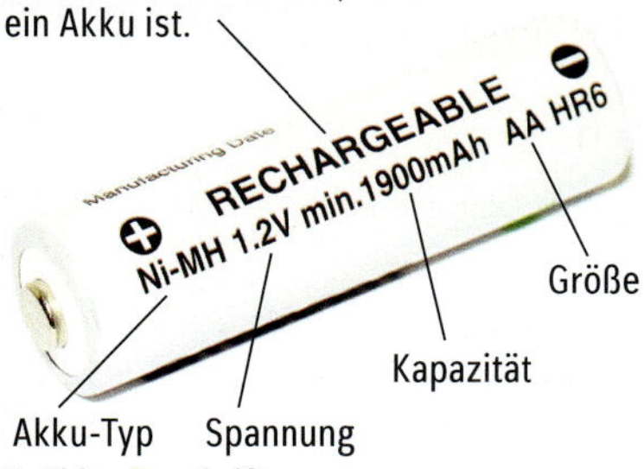

1 Akku-Beschriftung

Akku-Typ		Anwendung
Li-Ion	Lithium-Ionen-Akku	Handy, Notebook
Pb	Blei-Akku	Auto, Motorrad
NiMH	Nickel-Metall-hydrid-Akku	Elektrische Kleingeräte

2 Verschiedene Akku-Typen

Akku oder Batterie

Akkus sind ebenso wie Batterien elektrochemische Energiewandler. Sie wandeln chemisch gespeicherte Energie in elektrische Energie um. Im Gegensatz zu Batterien ist dieser Vorgang bei Akkus umkehrbar. Der elektrochemische Energiespeicher kann beim Laden wieder aufgefüllt werden. Deshalb ist bei vielen Geräten die Verwendung von Akkus auf lange Sicht umweltfreundlicher und auch billiger.

Akku-Typen

Akkus werden nach ihrem Aufbau und ihrer Zusammensetzung in unterschiedliche Typen eingeteilt. In Handys werden Lithium-Ionen Akkus verwendet.
Akkus in Standardbauform sind meist Nickel-Metallhydrid-Akkus. Du kannst sie anhand des Aufdruckes von einer Batterie unterscheiden (Bild 1).

Akkupflege

Die Lebensdauer von Akkus wird unter anderem durch das Laden und die Temperatur beeinflusst. Ideal ist ein Ladebereich zwischen 40 % und 80 %. Deshalb sollte ein Lithium-Ionen-Akku nicht immer zu 100 % geladen werden. Dauerhaft hohe Ladestände können dem Akku sogar schaden.
Die optimale Betriebstemperatur eines Akkus liegt zwischen 10 °C und 25 °C. Aus diesem Grund sollten Akkus vor direkter Sonneneinstrahlung geschützt und im Hochsommer nicht im geschlossenen Auto gelassen werden.

Du kannst Akkus und Batterien unterscheiden. Du kannst beschreiben, wie du die Lebenszeit eines Akkus verlängern kannst.

3 E-Bike mit Akku am Rahmen

Batterien, Akkus und Umwelt

Batterien und Akkus werden gesammelt

Laut Batteriegesetz aus dem Jahr 2009 sind alle Verbraucher verpflichtet, gebrauchte Batterien zurückzugeben. Sammelstellen gibt es unter anderem im Handel, in Schulen und Verwaltungen. Die Entsorgung der Batterien über den Hausmüll ist wegen der hohen Anteile giftiger Stoffe gesetzlich verboten.

Sortierte Batterien vor der Wiederverwertung

Alle Batteriehersteller müssen sich entweder an der Stiftung Gemeinsames Rücknahmesystem Batterien (GRS Batterien) beteiligen oder eigene Rücknahmesysteme betreiben. Etwa 19.200 t Geräte-Altbatterien wurden 2015 wiederverwertet, davon etwa 80 % Alkali-Mangan-Batterien. Nur etwa die Hälfte dieser Klein-Batterien wird recycelt.

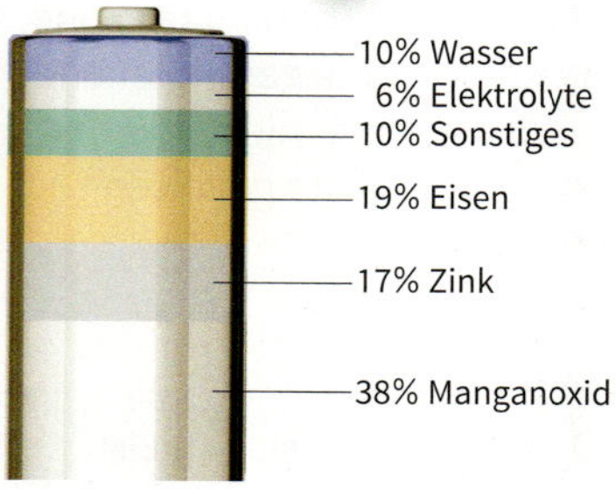

Typische Zusammensetzung einer Alkali-Mangan-Batterie

CHEMISCHES SYSTEM	BEISPIEL EINES MÖGLICHEN VERWERTUNGSWEGES	BEMERKU
Zink-Kohle-, Zink-Luft- und Alkali-Mangan-Batterien	Quecksilberfreie Altbatterien: Einsatz im Hochofen oder Elektrostahlofen mit Gewinnung von Roheisen bzw. Ferromangan, Zinkstaub und Schlacke, Potenziell quecksilberhaltige Altbatterien: Zerkleinerung mit Quecksilberabtrennung, anschließend Eisen- und Zinkoxid-gewinnung	Seit 2001 Ve haltige Run Anteil quec der Sammlu mend, dadurc
Knopfzellen, quecksilberhaltig	Vakuumthermische Behandlung zur Trennung von Quecksilber und	Sortierung

Verwertungswege für Batterien

1. Ⓐ
Begründe die Notwendigkeit des Sammelns von gebrauchten Batterien und Akkus.

2. Ⓠ
Finde heraus, was im Batteriegesetz von 2009 als Gerätebatterie bezeichnet wird.

3. Ⓠ
Erstelle eine Liste mit den aktuellen Rücknahmesystemen.

4. Ⓠ
Erstelle eine Tabelle unter der Überschrift „Verwertungswege für Batterien".
Hinweis: Recherchiere beim Umweltbundesamt.

5. Ⓠ
Berechne die Zinkmenge, die aus recycelten Batterien 2015 gewonnen wurde.

6. Ⓠ
Erstelle ein Kreis-Diagramm, das die Verwendung von Zink darstellt.

Betriebserkundung

1.
a) Sucht in Teams im näheren Umkreis nach Betrieben mit chemischen Berufen.
b) Informiert euch auf den Internetseiten der Firmen nach grundsätzlichen betrieblichen Dingen wie Produkte, Betriebsgröße, vertretenen Berufen und Ausbildungsmöglichkeiten in dem Betrieb.
c) Wählt zusammen mit eurer Lehrkraft einen Betrieb aus, der sich eurer Meinung nach für eine Betriebserkundung eignen würde.
d) Setzt euch mit dem Betrieb in Verbindung und fragt nach, ob eine Betriebserkundung möglich ist.

2.
Erstellt für den Besuch einen ausführlichen Fragenkatalog. Dabei kann euch Bild 1 helfen.

3.
Vereinbart mit dem ausgewählten Betrieb einen Termin für eine Betriebserkundung und führt die Betriebserkundung in Zusammenarbeit mit eurer Lehrkraft durch. Füllt während des Besuches euren Fragenkatalog aus.

4.
Erstellt nach der Betriebserkundung eine Präsentation über die Firma und die vertretenen Berufe. Integriert auch eure Beurteilung zum Betrieb und ob ihr eine Lehrstelle in Betracht ziehen würdet.

METHODE

Entscheidungsfindung

Eine Betriebserkundung ist dann besonders sinnvoll, wenn das Unternehmen auch Ausbildungsplätze anbietet. Diese Information ist auf den Internetseiten der Firmen zu finden. Im Bereich der chemischen Betriebe finden sich eine Reihe von Ausbildungsberufen wie Chemikant/in, Chemielaborjungwerker/in oder Produktionsfachkraft Chemie, die bei guten Leistungen auch mit dem Abschluss Berufsreife ergriffen werden können.

Kontaktaufnahme

Soll der Kontakt zu einem Betrieb von euch selbst hergestellt werden, müsst ihr bestimmte Regeln beachten:

- Der Kontakt kann telefonisch, schriftlich per Brief oder per Email hergestellt werden.
- Nennt unbedingt euren Namen und den Namen der Schule.
- Formuliert eure Anfrage höflich und zuvorkommend.
- Gebt in groben Zügen eure Wünsche an das Unternehmen bei der Betriebserkundung an.

1 Eine Schülergruppe bei der Betriebserkundung

HILFEN FÜR DEN FRAGENKATALOG
- Name des Betriebs?
- Name des/der Geschäftsführer/in?
- Produkte bzw. Dienstleistungen des Betriebes?
- Weitere Standorte des Unternehmens?
- Anzahl Mitarbeiter/innen?
- Angebot an Ausbildungsberufen?
- Anzahl Auszubildende / Ausbildungsstellen?
- Dauer der jeweiligen Ausbildung?
- Verdienstmöglichkeiten?
- Einstellungskriterien für den Betrieb?
- Voraussetzungen für die Berufe?
- Tätigkeiten und Aufgaben in diesen Berufen?
- Umweltschutzaspekte / Energiebedarf?
- Umweltmanagement?
- soziale Leistungen / Betriebsrente?

2 Mögliche Fragen im Betrieb

Chemische Berufe

Oberflächenbeschichter/in
Schulische Voraussetzungen: Berufsreife, oft wird ein mittlerer Bildungsabschluss verlangt
Ausbildungsdauer: 3 Jahre
Ausbildungsinhalte: Beschichten und Veredeln von Oberflächen mithilfe von Oberflächentechniken wie Galvanisieren und anderen chemischen, elektrochemischen und physikalischen Verfahren
Prüfungen: praktische Zwischenprüfung mit Fachgespräch am Ende des 2. Ausbildungsjahren, Abschlussprüfung in den Bereichen Verfahrenstechnik, Qualität und Umwelt sowie Wirtschafts- und Sozialkunde
Ausbildungsvergütung: 800 € – 1000 €

1.

Wähle einen der unten genannten Berufe aus, informiere dich darüber im Internet oder bei der Arbeitsagentur und stelle den Beruf deiner Klasse vor.

2.
Suche nach weiteren, hier nicht aufgeführten Berufen in der Chemie und stelle einen davon in einem Kurzvortrag der Klasse vor.

Produktionsfachkraft Chemie
Schulische Voraussetzungen: Berufsreife
Ausbildungsdauer: 2 Jahre
Ausbildungsinhalte: Anlagen für chemietechnische Produktions- und Verarbeitungsprozesse bedienen, Wartung und Instandhaltung
Prüfungen: praktische und schriftliche Zwischenprüfung nach einem Jahr, ebensolche Abschlussprüfung nach zwei Jahren
Ausbildungsvergütung: 700 € – 850 €

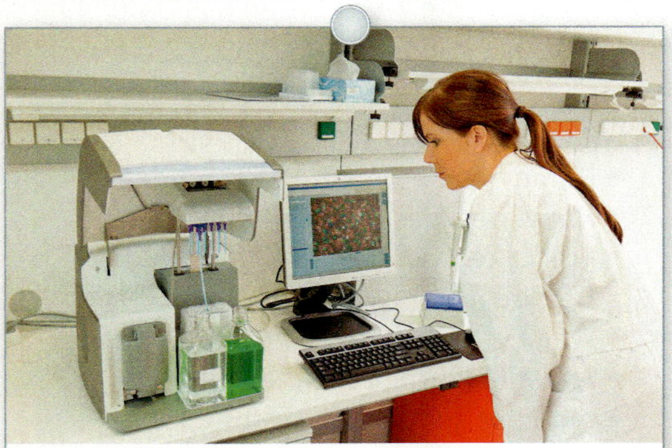

Chemielaborjungwerker/in
Schulische Voraussetzungen: Berufsreife
Ausbildungsdauer: 2 Jahre
Ausbildungsinhalte: einfache Laborarbeiten, Prüfen der Produkte der chemischen Industrie, Probenentnahmen, Versuche und Messungen mit Apparaten und Geräten, Auswertungen
Prüfungen: praktische und schriftliche Zwischenprüfung nach einem Jahr; ebensolche Abschlussprüfung nach zwei Jahren
Ausbildungsvergütung: 750 € – 900 €

Chemisch-technische/r Assistent/in
Schulische Voraussetzungen: mittlerer Bildungsabschluss
Ausbildungsdauer: mindestens 2 Jahre
Ausbildungsinhalte: Analysieren von Proben unterschiedlicher Stoffe, Herstellen chemischer Substanzen, Dokumentieren und Auswerten der Untersuchungsergebnisse
Prüfungen: praktische und schriftliche Abschlussprüfung
Ausbildungsvergütung: keine, da schulische Ausbildung

Energiestufen und Ionisierungsenergie

1. Ⓐ
Stelle die Elektronenverteilung eines Lithium-Atoms in einem Diagramm wie in Bild 2 dar.

2. Ⓐ
Zeichne ein Ionisierungsenergie-Diagramm für Aluminium. Dabei kannst du auf absolute Werte verzichten.

3. Ⓠ
Recherchiere die absoluten Werte für die Ionisierungsenergien in Bild 1. Gib dabei auch die Einheiten an.

Schalenmodell

Die Elektronen eines Atoms befinden sich in der Atomhülle. Diese wird häufig in Form von Schalen dargestellt. Tatsächlich kreisen die Elektronen aber nicht auf Schalen um das Atom. Es handelt sich um ein Modell, um damit die Eigenschaften besser darstellen zu können.

Das Schalenmodell beschreibt die Energie, die notwendig ist, um ein Elektron von einem Atom zu entfernen und das Atom damit zu ionisieren. Je weiter ein Elektron vom Kern entfernt ist, desto leichter ist es abzuspalten. Dabei wird angenommen, dass zum Abspalten aller Elektronen einer Schale die gleiche Energie benötigt wird.

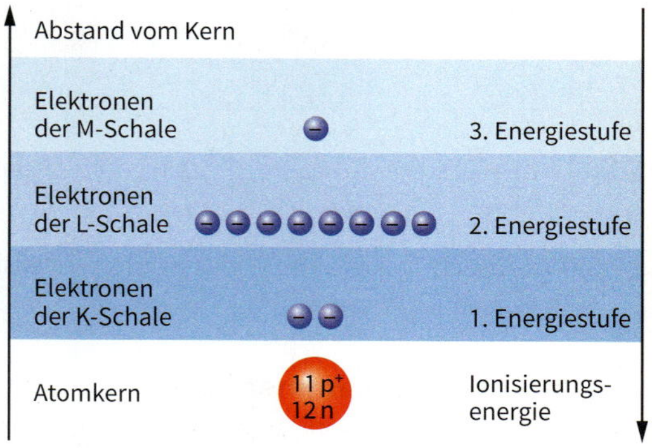

2 Energiestufen-Diagramm des Natrium-Atoms

Darstellung im Energiestufendiagramm

Die Energiestufen der Elektronen können in einem Diagramm wie in Bild 2 dargestellt werden. Die Energiestufen sind dabei übereinander angeordnet. Die erste Energiestufe entspricht dabei der ersten Schale, die zweite Energiestufe der zweiten Schale und so weiter. Je höher die Energiestufe ist, in der sich die Elektronen befinden, desto leichter können sie abgespalten werden.

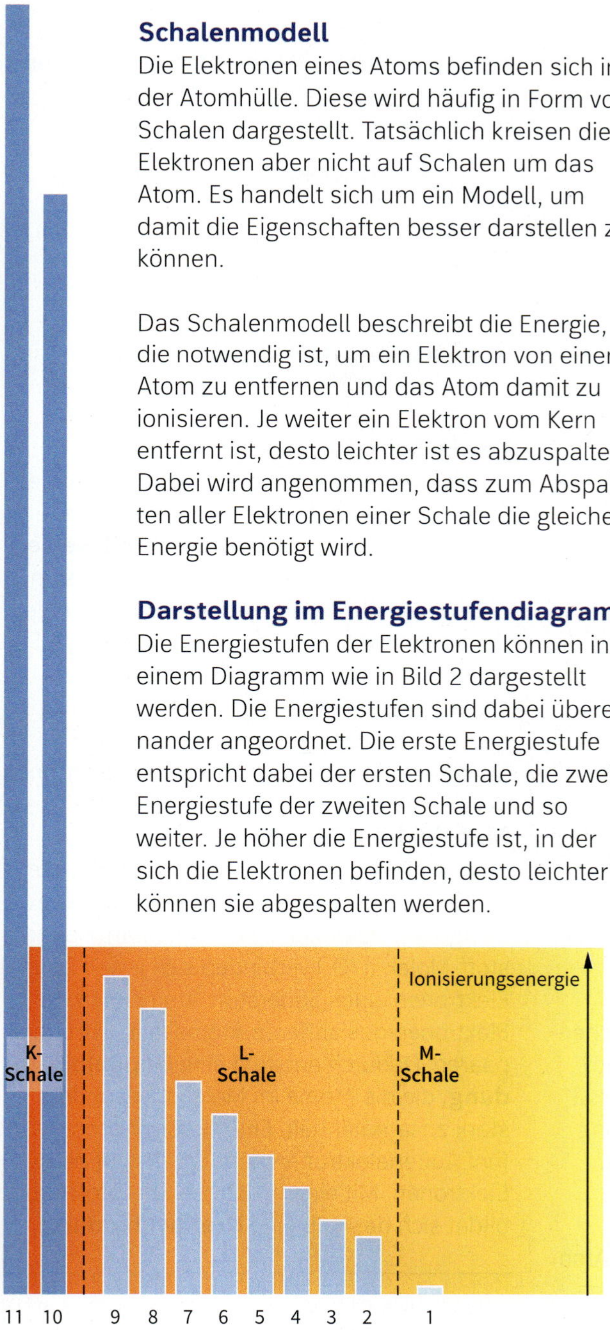

1 Ionisierungsenergie-Diagramm des Natrium-Atoms

Ionisierung genauer betrachtet

Experimente haben ergeben, dass die Elektronen einer Energiestufe ähnliche, jedoch unterschiedliche Energiemengen zur Abspaltung benötigen. Die einzelnen Elektronen werden nacheinander abgespalten.

Durch das Abspalten von Elektronen wird das Atom ionisiert. Deshalb wird für jedes Elektron von einer **Ionisierungsenergie** gesprochen.

In Bild 1 sind die Ionisierungsenergien am Beispiel eines Natrium-Atoms aufgetragen. Dabei sind die Energien für jedes einzelne Elektron auch innerhalb einer Schale dargestellt.

Das Elektron in der M-Schale ist beim Natrium das Außenelektron. Es ist leichter abzuspalten als die weiter innenliegenden Elektronen. Innerhalb einer Schale wird zunehmend mehr Energie benötigt, um die einzelnen Elektronen aus der Schale zu entfernen. Die Elektronen der innersten Schale sind sehr schwer abzuspalten.

Atome bilden Moleküle

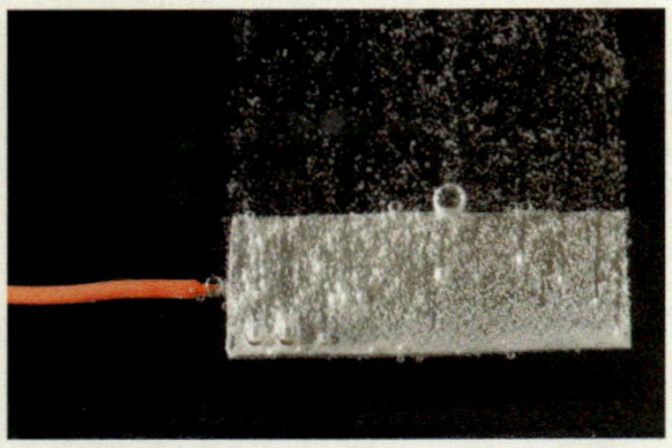

Bei der Elektrolyse von Wasser entstehen zuerst Wasserstoff-Atome. Sie sind chemisch nicht stabil, weil sie keine Edelgaskonfiguration besitzen.

1 Bei der Elektrolyse entsteht Wasserstoff.

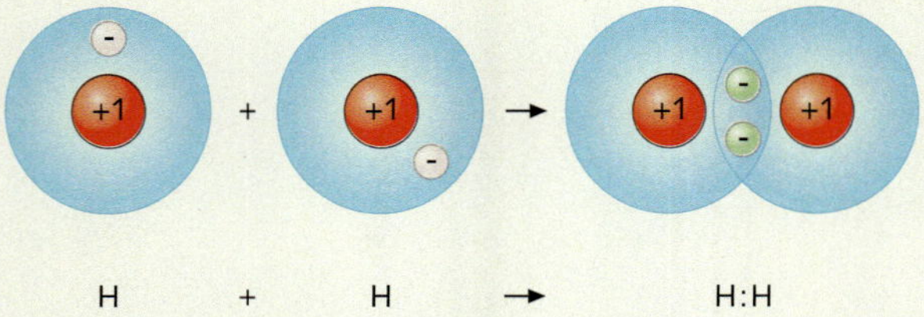

2 Zwei Wasserstoff-Atome bilden ein Wasserstoff-Molekül.

1. Ⓐ
Erkläre den Begriff Elektronenpaarbindung.

2. Ⓐ
Begründe den Zusammenhang zwischen der Edelgasregel und der Anzahl der Bindungen in einem zweiatomigen Molekül.

3. Ⓐ
Gib wie in Bild 3 die Lewis-Schreibweise und die Summenformel für die Moleküle von Brom und Iod an.

Lewis-Schreibweise	Summenformel
$|\overline{\underline{Cl}} - \overline{\underline{Cl}}|$	Cl_2
$\langle O = O \rangle$	O_2
$|N \equiv N|$	N_2

3 Unterschiedliche Molekülschreibweisen

Was Moleküle zusammenhält

Die meisten Stoffe, die flüssig oder gasförmig sind, bestehen aus **Molekülen.** In Molekülen sind die Atome fest miteinander verbunden.

Das kann am Beispiel von Wasserstoff-Molekülen erklärt werden, die sich bei der Elektrolyse von Wasser bilden (Bild 1). Zunächst entstehen an der Elektrode Wasserstoff-Atome. Sie sind sehr reaktiv, denn sie besitzen nur ein Elektron in der Atomhülle (H·). Sobald zwei Atome aufeinandertreffen, durchdringen sich ihre Elektronenhüllen.

Die Elektronen halten sich danach überwiegend zwischen den Kernen auf, denn sie werden von beiden Atomkernen gleich stark angezogen. Diese Elektronen bilden ein **bindendes Elektronenpaar** (Bild 2), das als Strich zwischen den Atomsymbolen gezeichnet wird.

Die starken elektrostatischen Anziehungskräfte zwischen dem negativ geladenen Elektronenpaar und den positiv geladenen Atomkernen halten das Wasserstoff-Molekül (H_2) fest zusammen. Diese Art der chemischen Bindung heißt **Elektronenpaarbindung** oder **Atombindung.**

Im Molekül bilden die Elektronen eine gemeinsame Elektronenhülle. In dieser verfügt jedes Wasserstoff-Atom über zwei Außenelektronen. Damit erreicht das Wasserstoff-Atom hier eine Edelgaskonfiguration, entsprechend der Elektronenhülle von Helium.

Lewis-Schreibweise

In chemischen Reaktionen reagieren nur die Elektronen der äußersten Schale. Um diese darzustellen, wird die **Lewis-Schreibweise** genutzt. In dieser werden nur das Atomsymbol und die Elektronen der äußersten Schale, die Außenelektronen, durch Punkte dargestellt. Sind mehr als vier Außenelektronen vorhanden, werden jeweils zwei Punkte miteinander zu einem Strich verbunden. Die Striche werden als Elektronenpaare bezeichnet.

Mehrfachbindungen

Sauerstoff-Atome mit sechs Außenelektronen benötigen zwei weitere Elektronen, um eine Edelgaskonfiguration zu erreichen. Im Sauerstoff-Molekül (O_2) verbinden sich jeweils zwei Elektronen eines Sauerstoff-Atoms mit zwei Elektronen des anderen Atoms zu Elektronenpaaren. Dadurch entsteht eine **Doppelbindung,** die die Atome im Molekül besonders stark zusammenhält. Ein Stickstoff-Atom mit fünf Außenelektronen benötigt drei weitere Elektronen. Mit einem zweiten Stickstoff-Atom bildet sich deshalb eine **Dreifachbindung.**

Du kannst mithilfe der Elektronenpaarbindung erklären, wie Atome in Molekülen zusammenhalten.

Molekülverbindungen aus verschiedenen Atomen

Stoff	chemische Formel	Schalenmodell	Lewis-Formel
Wasser	H_2O	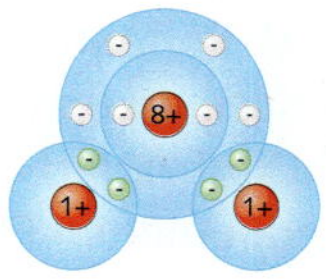	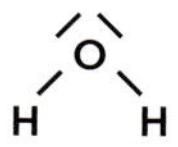
Kohlenstoffdioxid	CO_2	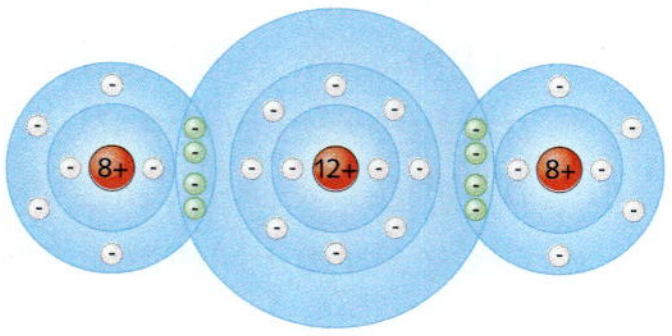	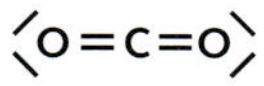

1 Moleküle aus unterschiedlichen Atomen

1. ≡ A
Erkläre, warum das Kohlenstoffdioxid-Molekül zwei Doppelbindungen hat.

2. ≡ A
a) Zeichne die vereinfachte Strukturformel von Methan (CH_4).
b) Vergleiche sie mit der Strukturformel von Kohlenstoffdioxid. Erkläre die Unterschiede.

3. ≡ A
Zeichne das Schalenmodell von Fluorwasserstoff (HF).

4. ≡ A
Ammoniak ist eine chemische Verbindung aus Stickstoff und Wasserstoff mit der Summenformel NH_3. Bestimme die Anzahl der bindenden Elektronenpaare im Molekül und gib die Lewis-Formel von Ammoniak an.

Das Wasser-Molekül

Das Wasser-Molekül besteht aus zwei Wasserstoff-Atomen und einem Sauerstoff-Atom. Das Sauerstoff-Atom mit seinen sechs Außenelektronen benötigt zwei Elektronen, um eine Edelgaskonfiguration zu erreichen. Die zwei Wasserstoff-Atome benötigen jeweils ein Elektron. Das Sauerstoff-Atom ist deshalb mit den beiden Wasserstoff-Atomen durch jeweils eine Elektronenpaarbindung verbunden. So verfügt jedes Atom im Wasser-Molekül über eine gefüllte Außenschale (Bild 1).

Neben den beiden bindenden Elektronenpaaren zeichnest du beim Sauerstoff-Atom auch die restlichen freien, nicht bindenden Elektronenpaare. Die freien Elektronenpaare stoßen sich von den bindenden Elektronenpaaren ab. Durch die elektrostatische Abstoßung ergibt sich der gewinkelte Bau des Wasser-Moleküls.

Das Kohlenstoffdioxid-Molekül

Das Kohlenstoffdioxid-Molekül besteht aus einem Kohlenstoff-Atom und zwei Sauerstoff-Atomen. Das zentrale Kohlenstoff-Atom benötigt vier Elektronen, um eine Edelgaskonfiguration zu erreichen. Die Sauerstoff-Atome benötigen jeweils zwei Elektronen. Das Kohlenstoff-Atom geht mit den Sauerstoff-Atomen jeweils eine Doppelbindung ein. Damit erreichen sowohl das Kohlenstoff-Atom als auch die Sauerstoff-Atome eine Edelgaskonfiguration.
Da keine weiteren freien Elektronen am Kohlenstoff-Atom vorhanden sind, ergibt sich ein gestrecktes Molekül.

Du kannst die Bindungen im Wasser- und Kohlenstoffdioxid-Molekül mit Elektronenpaarbindungen erklären.

Basiskonzepte S. 41

Methan – ein Stoff aus Kohlenstoff und Wasserstoff

1. Ⓥ **Lehrerversuch**
Ein umgekehrter Trichter wird wie in Bild 1 mit einem gekühlten U-Rohr und einer mit Kalkwasser gefüllten Gaswaschflasche verbunden. Ein Gasbrenner mit kleiner, blauer Flamme wird unter den Trichter gestellt. Auf der rechten Seite saugt eine Wasserstrahlpumpe die Verbrennungsgase durch die Apparatur.

2. Ⓥ
a) Notiere, was du bei Versuch 1 im U-Rohr und in der Waschflasche erkennen kannst.
b) Gib Tropfen der im U-Rohr gesammelten Flüssigkeit auf weißes Kupfersulfat. Notiere deine Beobachtungen.
c) Benenne die Stoffe, die du nachgewiesen hast.
d) Finde heraus, aus welchen Atomsorten Methan besteht.

3. Ⓥ
a) Baue mit einem Molekülbaukasten ein Strukturmodell des Moleküls CH_4.
b) Stelle die Verbrennungsreaktion mit dem Molekülbaukasten dar.

4. Ⓐ
Nenne den Unterschied zwischen einer Strukturformel und einer Summenformel.

Die Analyse von Methan

Methan ist ein farbloser, gasförmiger Stoff. Um herauszufinden, aus welchen Atomsorten Methan besteht, wird das Gas **analysiert,** also in seine Bestandteile zerlegt. Dazu wird Methan an der Luft verbrannt. Die entstehenden Stoffe werden, wie in Versuch 1 beschrieben, aufgefangen und nachgewiesen.

Im U-Rohr schlägt sich an den kalten Glaswänden eine klare Flüssigkeit nieder. Wird weißes Kupfersulfat hinzugeben, färbt sich dieses blau. Bei der Flüssigkeit handelt es sich also um Wasser.

In der dahinter stehenden Gaswaschflasche ist Kalkwasser. Das hindurch gesaugte Gas verursacht eine Trübung. Es wird Kohlenstoffdioxid nachgewiesen.

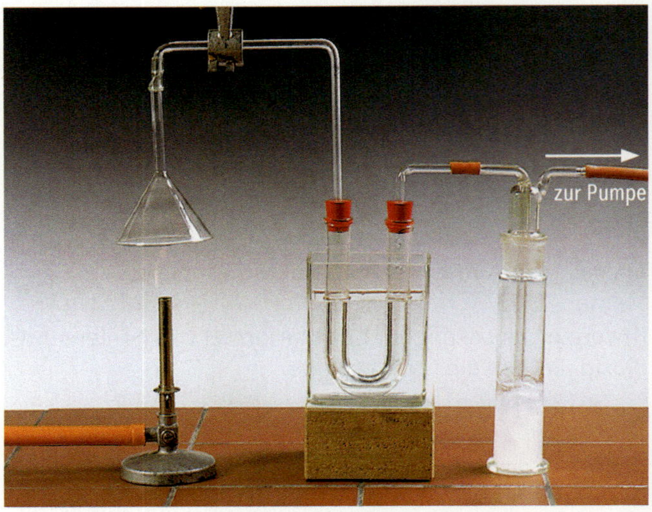

1 Versuchsaufbau der Methananalyse

Bestandteile des Methans

Bei der Verbrennung von Methan sind demnach Wasserdampf (H_2O) und Kohlenstoffdioxid (CO_2) entstanden. Der zur Verbrennung benötigte Sauerstoff stammt aus der Luft. Methan besteht also aus Wasserstoff- und Kohlenstoff-Atomen. Es ist der einfachste **Kohlenwasserstoff.**

Der Aufbau des Methan-Moleküls

Aus den bei der Verbrennung entstehenden Mengen an Wasser und Kohlenstoffdioxid kann die **Summenformel** von Methan bestimmt werden. Diese lautet CH_4. Im Methan-Molekül ist jedes Kohlenstoff-Atom von vier Wasserstoff-Atomen umgeben.

Vom Reaktionsschema zur Reaktionsgleichung

❶ Reaktionsschema:

Methan + Sauerstoff → Kohlenstoffdioxid + Wasser

❷ Reaktionsgleichung:

$$CH_4 + O_2 \rightarrow CO_2 + H_2O$$

❸ Ausgleich der Wasserstoff-Atome:

$$CH_4 + O_2 \rightarrow CO_2 + 2\,H_2O$$

❹ Ausgleich der Sauerstoff-Atome:

$$CH_4 + 2\,O_2 \rightarrow CO_2 + 2\,H_2O$$

Du kannst die Atomsorten im Methan-Molekül nachweisen.

Räumlicher Bau von Methan- und Wasser-Molekülen

1. Erkläre die Bindungen im Wasser-Molekül mithilfe des Schalenmodells.

2. Wasser kann mithilfe einer Projektion auch als gestrecktes Molekül gezeichnet werden. Nimm dazu Stellung.

3. Recherchiere den Bindungswinkel im Ammoniak-Molekül (NH_3) und erkläre diesen mit einem Modell.

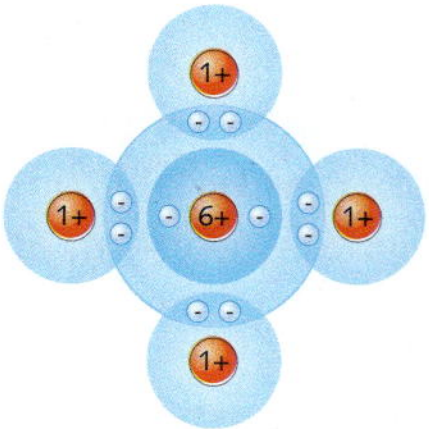

1 Methan-Molekül: Schalenmodell

2 Methan-Molekül: Luftballonmodell

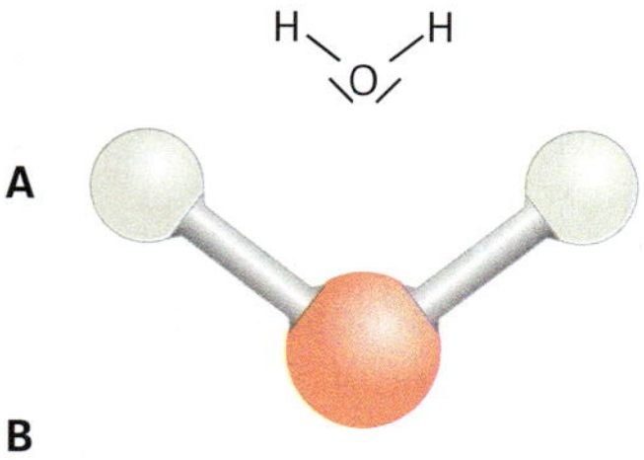

3 Wasser-Molekül **A** Lewis-Formel, **B** räumliche Darstellung

Schalenmodell von Methan

Methan hat die Formel CH_4. Im Methan-Molekül bilden die Außenelektronen des Kohlenstoff-Atoms mit den Außenelektronen der Wasserstoff-Atome vier Elektronenpaarbindungen. In einer zweidimensionalen Darstellung wie in Bild 1 sehen die Bindungen so aus, als ob sie jeweils einen Winkel von 90° einschließen.

Struktur vom Methan-Molekül

Tatsächlich jedoch stehen die Bindungen in alle Richtungen des Raums. Der Winkel zwischen den einzelnen Bindungen beträgt 109° und wird **Tetraederwinkel** genannt.

Darstellung von Methan

Die tatsächliche Anordnung der Atome im Methan-Molekül ist mit dem Luftballonmodell anschaulich darstellbar (Bild 2).

Eine ähnliche Darstellung ist mit dem Kugel-Stab-Modell möglich, dessen Bauteile sich in Molekülbaukästen wiederfinden (Bild 4 A).

Wird das Methan-Modell von links beleuchtet, so entsteht eine Projektion, in der die Bindungen in einem Winkel von 90° stehen (Bild 4 B). Diese Projektion ähnelt der Strukturformel von Methan (Bild 4 C).

Struktur vom Wasser-Molekül

Im Wasser-Molekül bildet das Sauerstoff-Atom je eine Einfachbindung zu einem der beiden Wasserstoff-Atome. Am Sauerstoff-Atom befinden sich zudem zwei freie Elektronenpaare. Diese benötigen ähnlich viel Platz wie die Elektronenpaarbindungen. Die beiden Wasserstoff-Atome werden gegeneinander gedrückt. Es entsteht ein Winkel, der dem Tetraederwinkel von 109° ähnlich ist. Das Molekül ist gewinkelt (Bild 3).

Du kannst den räumlichen Bau von Methan- und von Wasser-Molekülen beschreiben und unterschiedliche Darstellungen begründen.

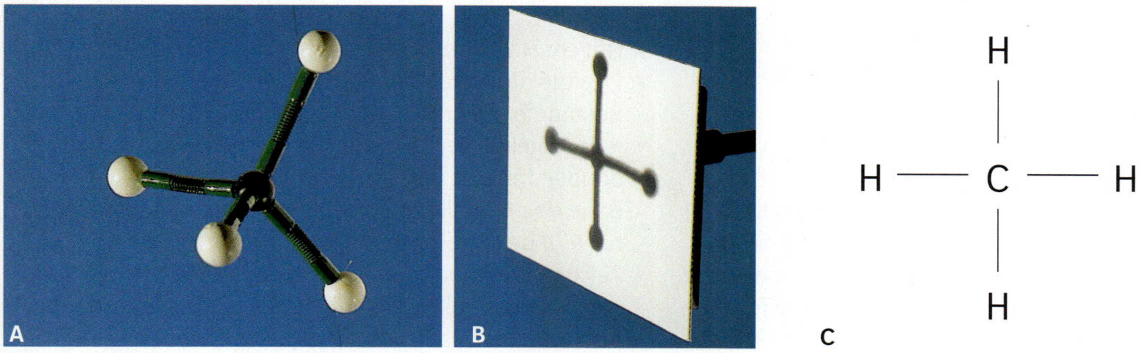

4 Methan-Molekül: **A** räumliche Darstellung, **B** Projektion, **C** Strukturformel

Basiskonzepte S. 41

Das Kugelwolkenmodell

Die Außenelektronen eines Atoms sind nicht willkürlich angeordnet. Mit dem Kugelwolkenmodell kannst du den Ort der Außenelektronen bestimmen und damit die Geometrie von Molekülen vorhersagen.

Material
- Trinkhalme ohne Knick
- kleine, kugelförmige Luftballons
- Bindfaden

Vorbereitung
- Blase vier Ballons auf, sodass sie gleich groß sind. Knote die Ballons zu.
- Befestige an jedem Ballon einen etwa 40 cm langen Bindfaden.

Aufbau
Wenn du mehrere Ballons am zugeknoteten Ende zusammenhältst, ordnen sie sich so an, dass die den maximalen Abstand zueinander haben. Damit deine Hand nicht im Weg ist, führst du die Fäden durch den Trinkhalm und ziehst sie am unteren Ende zusammen (Bild 1).

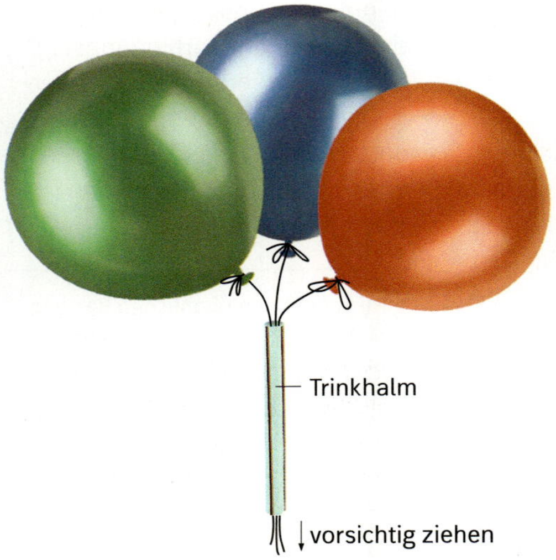

1 Kugelwolkenmodell aus Luftballons

Was sind Kugelwolken?
Die Ballons stehen im Modell für Kugelwolken. Mit Kugelwolken lässt sich der Aufenthaltsort von Außenelektronen eines Atoms modellhaft darstellen. Die Knoten der Ballons treffen oben am Trinkhalm zusammen. Dort befindet sich das Zentrum des Atoms.

Regeln des Modells
- Ist die Außenschale des betrachteten Atoms die K-Schale, gibt es eine Kugelwolke. In allen anderen Fällen gibt es vier Kugelwolken.
- Die Außenelektronen werden auf die Kugelwolken verteilt. Dabei wird jede Kugelwolke erst einfach befüllt. Erst wenn alle vorhandenen Kugelwolken ein Elektron enthalten, werden sie doppelt besetzt.
- Sind bei weniger als 4 Außenelektronen alle Elektronen verteilt, werden die unbesetzten Kugelwolken entfernt.
- Die restlichen Kugelwolken ordnen sich mit größtmöglichem Abstand um ein gemeinsames Zentrum, den Atomkern, an.

Beispiele
Sauerstoff: Die 6 Außenelektronen des Sauerstoffs werden auf 4 Kugelwolken verteilt. Es ergeben sich zwei doppelt und zwei einfach besetzte Kugelwolken. Die Kugelwolken bilden einen Tetraeder. Der Winkel zwischen ihnen beträgt 109°.

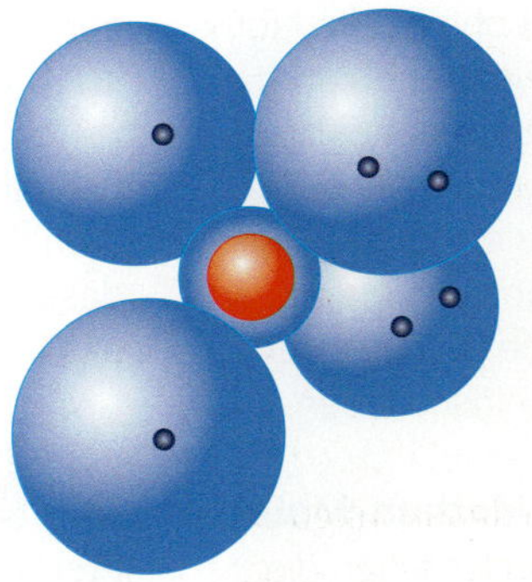

2 Kugelwolkenmodell eines Sauerstoff-Atoms

Aufgabe
Baue nacheinander alle Atome der zweiten Periode mit dem Ballonmodell und beschreibe jeweils die Anordnung der Ballons. Dabei gehst du für jedes Atom wie folgt vor:

- Notiere Hauptgruppe des Atoms.
- Ermittle die Anzahl der Außenelektronen.
- Bestimme die Anzahl der Kugelwolken und bestimme für jede Kugelwolke, ob sie unbesetzt oder einfach oder doppelt besetzt ist.
- Baue das Modell der einzelnen Atome mit Luftballons nach. Jede Kugelwolke entspricht einem Ballon.
- Zeichne die Anordnung der Kugelwolken mit ihrer Elektronenverteilung in dein Heft.
- Notiere dazu zusätzlich die Lewis-Schreibweise des jeweiligen Atoms.

PRAKTIKUM

Das Kugelwolkenmodell in der Anwendung

1.
a) Zeichne die Kugelwolken eines Wasserstoff-Atoms und eines Fluor-Atoms.
b) Zeichne ein Fluorwasserstoff-Molekül im Kugelwolkenmodell.

2.
Das Ammoniak-Molekül besteht aus einem Stickstoff-Atom und mehreren Wasserstoff-Atomen.
a) Zeichne die Kugelwolken eines Stickstoff-Atoms und eines Wasserstoff-Atoms.
b) Bestimme die Anzahl der Wasserstoff-Atome in einem Ammoniak-Molekül.

3.
a) Recherchiere ein Element, in dessen Molekülen eine Dreifachbindung vorkommt.
b) Beschreibe die Anordnung der Kugelwolken im Molekül.
c) Begründe mithilfe des Luftballon-Modells, dass es im Kugelwolkenmodell keine Vierfachbindungen geben kann.

Elektronenpaarbindung

Das Kugelwolkenmodell eignet sich nicht nur zur Beschreibung von Atomen. Mit ihm kann auch der Zusammenhalt und die dreidimensionale Anordnung von Atomen in einem Molekül beschrieben werden.

Zwischen zwei Nichtmetall-Atomen kommt eine Bindung dadurch zustande, dass von jedem der beiden Atome ein Elektron aus der Außenschale beigesteuert wird. Diese beiden Elektronen bilden eine Elektronenpaarbindung, die als Strich zwischen den Atomen gezeichnet wird.

Vom Wasserstoff-Atom zum Molekül

Ein Wasserstoff-Atom besitzt eine Kugelwolke. Diese ist mit einem Elektron besetzt. Zum Erreichen der Edelgaskonfiguration in der K-Schale wird ein weiteres Elektron benötigt. Durch Überlappung kombinieren sich die Kugelwolken zweier Wasserstoff-Atome zu einem Wasserstoff-Molekül (Bild 1).

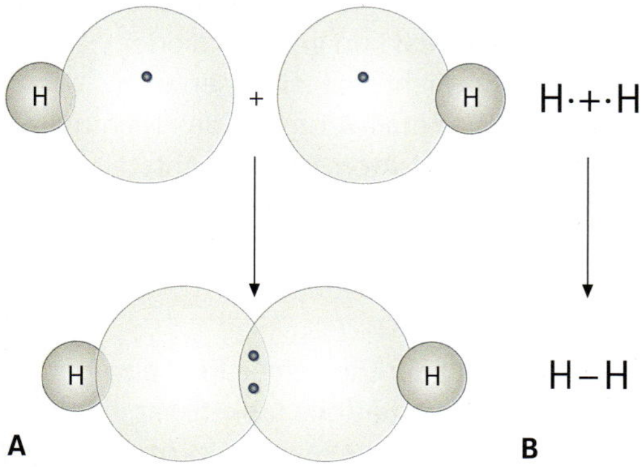

1 Bildung eines Wasserstoff-Moleküls: **A** im Kugelwolkenmodell, **B** in der Lewis-Schreibweise

Chlorwasserstoff

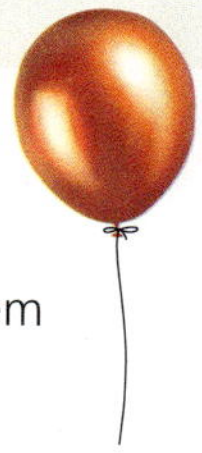

Das Chlorwasserstoff-Molekül ist aus einem Chlor-Atom und einem Wasserstoff-Atom aufgebaut. Das dem Wasserstoff-Atom fehlende Elektron kann von einem Chlor-Atom geliefert werden. Dieses hat neben drei vollbesetzten Kugelwolken auch eine einfach besetzte. Diese kann mit der des Wasserstoffs überlappen und eine Elektronenpaarbindung bilden (Bild 2). Auf diese Weise erhalten beide Atome eine voll besetze Außenschale.

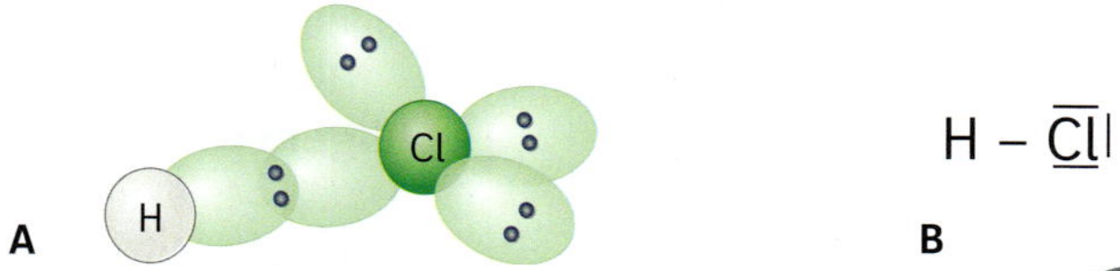

2 Ein Chlorwasserstoff-Molekül: **A** im Kugelwolkenmodell, **B** in der Lewis-Schreibweise

Kohlenstoffdioxid

Ein Kohlenstoff-Atom hat vier, ein Sauerstoff-Atom zwei einfach besetzte Kugelwolken. Im Kohlenstoffdioxid-Molekül überlappen jeweils zwei Kugelwolken der Atome miteinander und bilden so zwei Bindungen in die gleiche Richtung. Diese Art der Bindung wird Doppelbindung genannt. Sie wird mit zwei parallelen Strichen gekennzeichnet. Damit das Kohlenstoff-Atom eine volle Außenschale erhält, wird ein weiteres Sauerstoff-Atom benötigt. Es bildet sich ein gestrecktes Molekül (Bild 3).

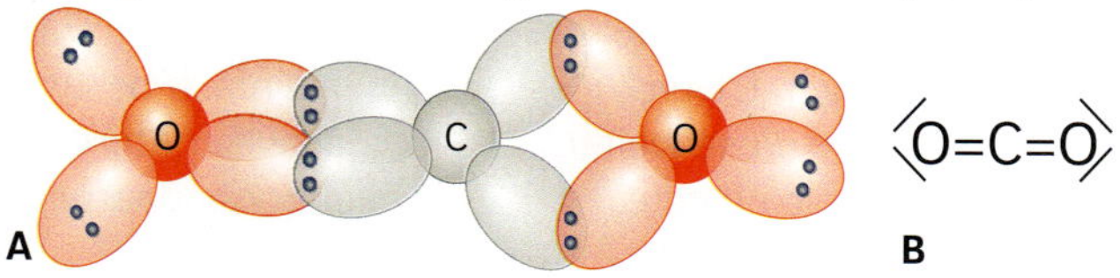

3 Ein Kohlenstoffdioxid-Molekül: **A** im Kugelwolkenmodell, **B** in der Lewis-Schreibweise

Du kannst Elektronenpaarbindungen in Molekülen mithilfe des Kugelwolkenmodells beschreiben.

Chemische Bindungen

Stoffklassen
Stoffe können aufgrund ihrer Eigenschaften in Stoffklassen unterteilt werden.

Die Struktur begründet die Eigenschaften
Die gemeinsamen Eigenschaften der Stoffe lassen sich über die Struktur der Stoffteilchen erklären. Ein wichtiger Gesichtspunkt dafür sind die vorhandenen Bindungen.

Metalle

Die Metallbindung
Metalle sind bei Raumtemperatur zumeist fest. Zwischen den **Atomen** herrschen Anziehungskräfte. Diese werden durch die Metallbindung beschrieben. Die Außenelektronen jedes Metall-Atoms stehen allen Atomen gleichermaßen zur Verfügung.

Elektrische Leitfähigkeit
Wird an einer Seite eines Metallstücks Ladung aufgebracht, so verschieben sich die Elektronen und geben damit die Ladung weiter. Metalle sind gute elektrische Leiter.

Verformung
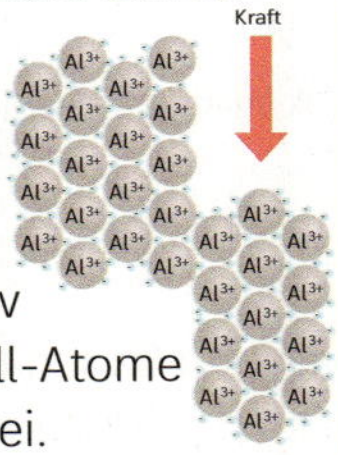

Beim Verformen eines Metalls gleiten die positiv geladenen Metall-Atome aneinander vorbei.
Da sich die Elektronen mitbewegen, bleibt die Anziehung erhalten.

Wärmeleitfähigkeit
Die frei beweglichen Elektronen in einem Metallgitter nehmen leicht die Wärme aus der Umgebung auf. Durch Stöße leiten sie diese weiter. Metalle weisen eine gute Wärmeleitfähigkeit auf.

Flüchtige Stoffe

Die Elektronenpaarbindung
Flüchtige Stoffe bestehen aus Molekülen. In diesen sind zwei oder mehrere Atome über **Elektronenpaarbindungen** verbunden.
Bei der Elektronenpaarbindung werden die Außenelektronen zweier Atome gemeinsam genutzt, um eine **Edelgaskonfiguration** zu erreichen. Jeweils zwei Elektronen bilden dabei eine Bindung.

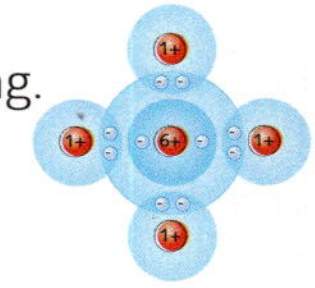

Eigenschaften
Da die Moleküle durch die Elektronenpaarbindung nach außen hin ungeladen bleiben, sind auch die Anziehungskräfte zwischen den Stoffteilchen gering. Die Folge sind niedrige Siede- und Schmelztemperaturen sowie die fehlende elektrische Leitfähigkeit.

Kugelwolkenmodell – ME
Um die Geometrie von Molekülen zu bestimmen, kann das **Kugelwolkenmodell** angewandt werden. Dabei überlappen einfach besetzt Kugelwolken zweier Atome zu einer Elektronenpaarbindung.

Salze

Die Ionenbindung
Salzkristalle sind aus **Ionengittern** aufgebaut. In diesem sind die Ionen fest an ihre Plätze gebunden, sodass sie nicht zur elektrischen Leitfähigkeit beitragen können. Die ungleichnamig geladenen Ionen ziehen sich stark an, so dass Salze hohe Schmelz- und Siedetemperaturen aufweisen. Die Sprödigkeit kommt daher, dass bei einem Bruch im Kristallgitter positiv und negativ geladene Ionen aufeinandertreffen und sich abstoßen.

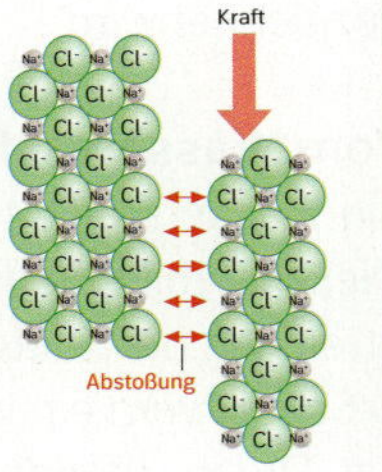

Ionenbildung
Salze bilden sich bei der Reaktion eines Metalls mit einem Nichtmetall. Bei der Reaktion gehen ein oder mehrere Elektronen vom Metall-Atom auf das Nichtmetall-Atom über. Es entstehen positiv geladene Metall-Ionen und negativ geladene Nichtmetall-Ionen.

Elektrochemie
In **Batterien** laufen chemische Reaktionen ab, bei denen **chemische Energie** in elektrische Energie umgewandelt wird.

Umgekehrt kann auch elektrische Energie in chemische Energie umgewandelt werden. Eine solche Reaktion wird **Elektrolyse** genannt.

Ist die chemische Reaktion in einer Batterie umkehrbar, handelt es sich um einen **Akkumulator,** kurz Akku.

→ METHODE S. 8/9

Stoff – Teilchen – Struktur – Eigenschaft

Chemische Reaktion

Stoff – Teilchen – Struktur – Eigenschaft

1. A

H_2O

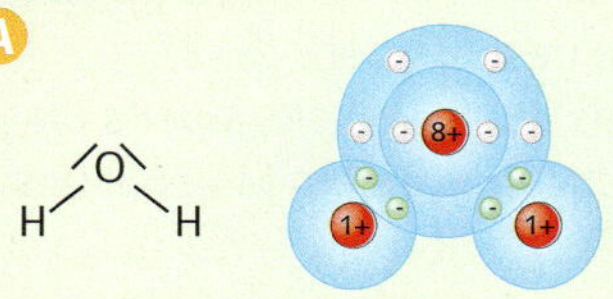

a) Benenne die drei Darstellungsformen des Wasser-Moleküls

b) Nenne die Vor- und Nachteile der jeweiligen Darstellungsform

→ S. 35/37

Stoff – Teilchen – Struktur – Eigenschaft

2. A

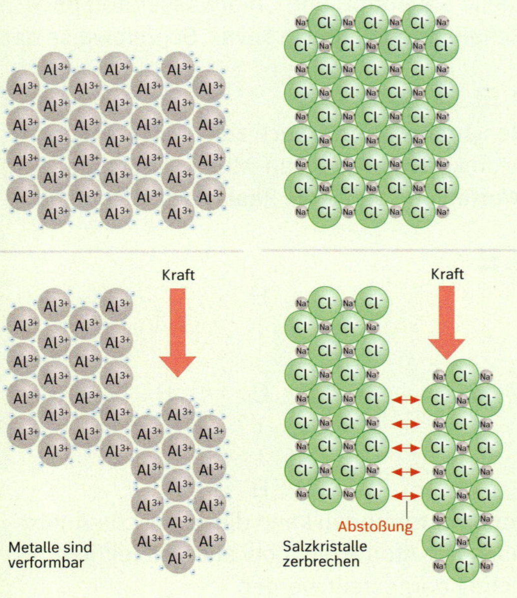

Begründe mithilfe der Abbildungen, warum sich Metalle verformen lassen, Salzkristalle dagegen zerbrechen.

→ S. 16/17

Stoff – Teilchen – Struktur – Eigenschaft, Chemische Reaktion

3. A

Erkläre, warum heißes Natrium mit Chlorgas reagiert.

→ S. 20

Stoff – Teilchen – Struktur – Eigenschaft

4. A

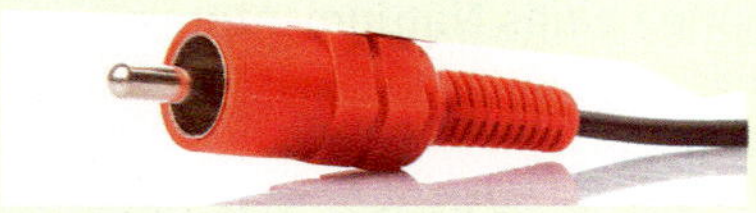

a) Begründe, warum in der Elektronik Steckverbindungen oft vergoldet werden.

b) Nenne das Verfahren, das dabei angewendet wird.

→ S. 25

Chemische Bindungen

Atomaufbau und Metalle

Kannst du schon ...

... typische Eigenschaften von Metallen nennen? (S. 12 – 13)

... durch die Untersuchung der Leitfähigkeit erkennen, ob ein Stoff zur Stoffklasse der Metalle gehört? (S. 13)

... den Aufbau von Atomen, die Ladung der Elementarteilchen und deren Aufenthaltsort im Atom beschreiben? (S. 14)

... den Zusammenhang zwischen der Ladung von Ionen und der Edelgaskonfiguration beschreiben? (S. 15)

... mit der Metallbindung die typischen Eigenschaften der Metalle erklären? (S. 16 – 17)

Zeig, was du kannst!

1. A

a) Nenne vier Eigenschaften, die für alle Metalle typisch sind.

b) Nenne drei weitere typische Eigenschaften, die mit Ausnahmen für die Stoffklasse der Metalle gelten.

2. A

Liste in einer Tabelle die Elementarteilchen eines Atoms mit ihrer Position im Periodensystem und ihrer Ladung auf.

3. A

Natrium hat die Ordnungszahl 11. Zeichne das Schalenmodell eines Natrium-Atoms.

4. A

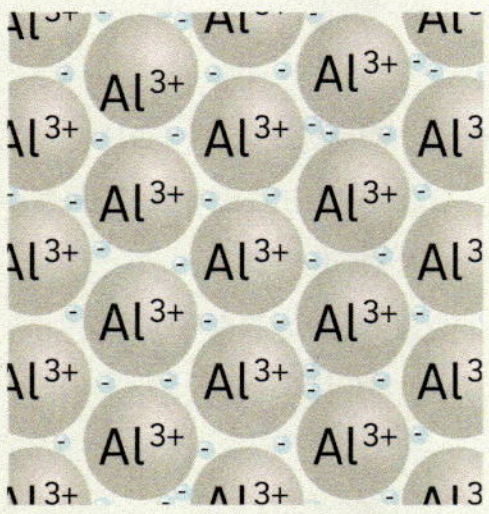

Erkläre mithilfe der Abbildung die Begriffe Atomrumpf, freies Elektron, Metallgitter und Metallbindung.

Moleküle

Kannst du schon ...

... den Zusammenhalt von Atomen in Molekülen mithilfe der Elektronenpaarbindung erklären? (S. 34)

... verschiedene Darstellungsformen von Molekülen begründen und damit den Bau von Molekülen erklären? (S. 35, 37)

... den Nachweis von Atomsorten im Methan-Molekül erklären? (S. 36)

... den räumlichen Bau von Methan- und Wasser-Molekülen beschreiben? (S. 37)

... mithilfe des Kugelwolkenmodells die Elektronenpaarbindungen in einem Molekül beschreiben? (S. 38 – 39)

Zeig, was du kannst!

5. A

Erkläre den Begriff Elektronenpaarbindung an einem Beispiel.

6. A

Stelle Sauerstoff und Chlorwasserstoff im Schalenmodell und in Lewis-Schreibweise dar.

7. A

Beschreibe den Versuch zum Nachweis der Atomsorten im Methan-Molekül mit eigenen Worten und stelle die Reaktionsgleichung auf.

8. A

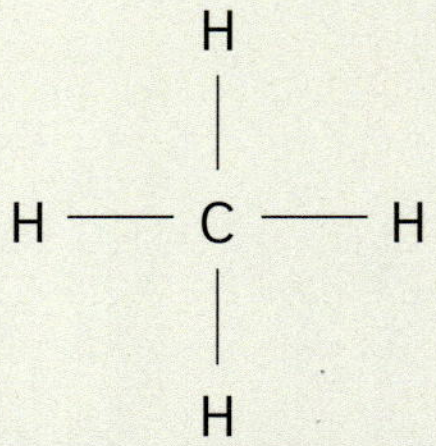

Im Strukturmodell kann die räumliche Anordnung der Atome nicht bei allen Molekülen richtig dargestellt werden.

a) Nenne Modelle, welche die räumliche Anordnung der Atome verdeutlichen.

b) Beschreibe die räumliche Anordnung der Wasserstoff-Atome im Methan-Molekül.

Ionen

Kannst du schon ...

... mit dem Donator-Akzeptor-Prinzip erklären, wie durch Elektronenübergänge bei chemischen Reaktionen Ionen entstehen? (S. 20)
... auf Stoff- und auf Teilchenebene die Verbrennung von Magnesium beschreiben? (S. 21)
... Verhältnisformeln von Salzen mithilfe des Periodensystems aufstellen? (S. 22)
... erklären, was eine Fällungsreaktion ist? (S. 23)

Zeig, was du kannst!

9. A
Beschreibe die Elektronenübergänge bei der Reaktion von Zink mit Sauerstoff mit dem Donator-Akzeptor-Prinzip.

10. A
a) Stelle die Verhältnisformel von Calciumchlorid mithilfe des Periodensystems auf.
b) Stelle die Reaktionsgleichung für die Reaktion von Calcium und Chlor auf.
c) Veranschauliche die Elektronenübergänge mit dem Schalenmodell.

11. A
Erkläre an einem Beispiel, was eine Fällungsreaktion ist.

Elektrochemie

Kannst du schon ...

... das Galvanisieren von Gegenständen erklären? (S. 24)
... die Elektrolyse am Beispiel einer Kupferchlorid-Lösung beschreiben? (S. 26 – 27)
... den Aufbau einer galvanischen Zelle beschreiben? (S. 28)
... Akkus und Batterien unterscheiden? (S. 29)
... beschreiben, wie Akkus und Batterien gesammelt und wiederverwertet werden? (S. 30)

Zeig, was du kannst!

12. A
Begründe, warum Gegenstände aus Eisen oft galvanisiert werden.

13. A
Erkläre den Vorgang des Galvanisierens an einem Beispiel.

14. A
Erkläre den Vorgang der Elektrolyse einer Kupferchlorid-Lösung mithilfe der Begriffe Anode, Kathode, Elektrodenaufnahme und Elektronenabgabe.

15. A
Beschreibe an einem Beispiel, wie aus zwei unterschiedlichen Metallen und einem Elektrolyt eine galvanische Zelle entsteht.

Wichtige Begriffe

- Stoffklasse
- Elementarteilchen, Protonen, Elektronen, Neutronen, Metallgitter, freies Elektron
- Strukturformel, Lewis-Formel, Verhältnisformel
- Elektronenpaarbindung
- Kugelwolkenmodell
- Donator-Akzeptor-Prinzip
- Anode, Kathode, Elektrolyt
- Elektrolyse
- Galvanisieren
- Galvanische Zelle, Batterie, Akku

Wasser – Dipolmoleküle wechselwirken miteinander

Wie kannst du auf Eis Schlittschuh laufen?

Was passiert beim Lösen von Salzen in Wasser?

Alle Lebewesen sind auf Wasser angewiesen. Wie ist es zu erklären, dass Wasser etwas so Besonderes ist?

Wasser – ein wertvoller Stoff

1. ☰ Q
Recherchiere die Wassermenge, die zur Herstellung einer Jeans benötigt wird.

2. ☰ Q
a) Dokumentiere deinen Wasserverbrauch in einer Woche.
b) Überlegt in euer Klasse gemeinsam, wo ihr im Alltag Wasser sparen könntet.

3. ☰ A
Stelle eine Hypothese auf, wie du die Oberflächenspannung von Wasser erklären könntest.

Wasser – ein lebenswichtiger Stoff

Ein Leben auf der Erde ist ohne Wasser nicht möglich. Der Planet Erde besteht zu etwa zwei Dritteln aus Wasser.

Lebewesen bestehen ebenfalls aus Wasser, der Mensch zu rund 65 %. Täglich benötigt ein Erwachsener 2 l bis 3 l Flüssigkeit.

Durchschnittlicher Wasserverbrauch in der Welt

Jeder Einwohner in Deutschland verbraucht durchschnittlich 130 l Wasser am Tag. Auf das Duschen oder Baden und die Körperpflege entfallen 36 % des täglichen Wasserverbrauches, auf die Toilettennutzung 27 % und 12 % sind davon nötig, um Wäsche zu waschen.

Laut einem Bericht der Vereinten Nationen (UN) werden weltweit pro Person und pro Tag 50 l Wasser benötigt, um Essen zuzubereiten und für die persönliche Hygiene. Diese Menge an Wasser ist nötig, um eine Ausbreitung von Krankheiten zu vermeiden. In vielen Ländern Afrikas müssen die Menschen jedoch mit nur 20 l Wasser auskommen.

Virtuelles Wasser

Als **virtuelles Wasser** wird die Menge an Wasser bezeichnet, die für die Herstellung eines Produktes oder Gegenstandes benötigt wird.

Für die Herstellung eines Kilogramms Rindfleisch werden beispielsweise 15 000 l Wasser benötigt, für eine 200 g-Packung Kartoffelchips 185 l, für ein T-Shirt durchschnittlich 4100 l. Für die Herstellung eines Blattes Papier werden 10 l Wasser benötigt.

Die „Haut“ des Wassers

Wasser hat aber auch ganz besondere Eigenschaften. Tropfst du mit einer Pipette langsam Wassertropfen auf ein Geldstück, so läuft das Wasser nicht herunter. Es bildet sich eine Wölbung. Du könntest denken, dass eine Art Haut die Wassertropfen zusammenhält. Natürlich bildet das Wasser keine Haut, so wie dein Körper eine besitzt. Es handelt sich um besondere Kräfte, die die Wassertropfen zusammen halten und für die **Oberflächenspannung** sorgen.

1 Münze mit Wassertropfen

Auf dem Wasser laufen

Der Wasserläufer ist ein Insekt, das auf Wasser laufen kann. Der Körper dieses Tieres ist ebenso wie ein gegliedertes Insektenbein mit feinsten Härchen bedeckt. Mit Hilfe der Oberflächenspannung kann der Wasserläufer sich schnell auf der Wasseroberfläche bewegen ohne einzusinken.

2 Wasserläufer

Du kannst die Bedeutung des Wassers für den Menschen beschreiben und die Oberflächenspannung an Phänomenen aus dem Alltag als besondere Eigenschaft verdeutlichen.

Wasser – ein besonderer Stoff?

1. V
Ein Kunststoffstab kann durch Reibung negativ aufgeladen werden. Halte einen geladenen Kunststoffstab an einen dünnen Wasserstrahl aus einer Bürette. Notiere deine Beobachtungen.

2. A
Überlege, wie Versuch 1 mit einem positiv geladenen Stab ablaufen würde. Fertige dazu eine Skizze wie in Bild 1 an.

3. V
a) Tropfe mithilfe einer Pipette so viel Wasser wie möglich auf eine 2 Cent-Münze.
b) Wiederhole den Versuch mit Reinigungsbenzin. **Achtung:** Führe den Versuch unter dem Abzug durch!
c) Beschreibe die Ergebnisse und erkläre die Unterschiede.

Polare Bindungen im Wasser-Molekül

Ein dünner Wasserstrahl wird von einem elektrisch geladenen Stab angezogen. Dies ist überraschend, weil Wasser-Moleküle ungeladen sind. Eine Anziehung lässt sich aber nur durch elektrische Ladungen erklären.

In Wasser-Molekülen sind jeweils zwei Wasserstoff-Atome durch Elektronenpaarbindungen mit einem Sauerstoff-Atom verbunden. Die Bindungselektronen zwischen den Bindungspartnern sind nicht gleichmäßig verteilt. Das Sauerstoff-Atom zieht die Bindungselektronen stärker an sich heran.

Am Sauerstoff-Atom entsteht ein Überschuss an negativer Ladung. Diese wird als **Teilladung δ⁻** bezeichnet. An den Wasserstoff-Atomen herrscht Elektronenmangel. Die Atome werden jeweils mit der **Teilladung δ⁺** markiert. Bindungen, bei denen positive und negative Teilladungen auftreten, werden **polare Bindungen** genannt.

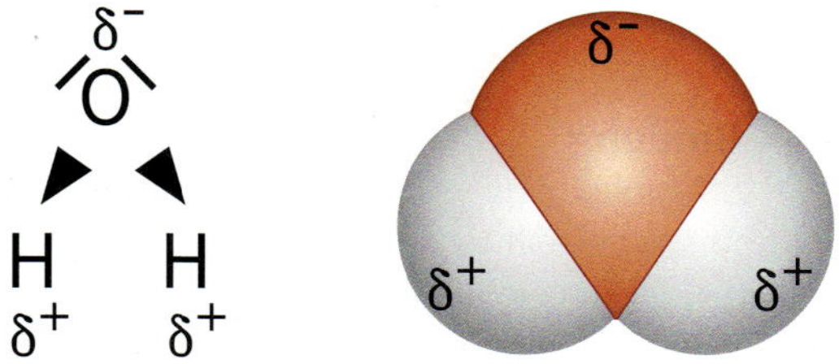

2 Polare Bindungen und Teilladungen im Wasser-Molekül

Wasserstoffbrücken

Wasser bildet kugelförmige Tropfen. Bei einer Berührung der Oberfläche drückt sich diese leicht ein, ähnlich wie die menschliche Haut. Sie wird aber erst bei stärkerer Einwirkung durchbrochen. Dieser Effekt wird **Oberflächenspannung** genannt.
Die Oberflächenspannung kommt durch die gegenseitige Anziehung der Teilladungen unterschiedlicher Wasser-Moleküle zustande. Diese Wechselwirkungen werden **Wasserstoffbrücken** genannt (Bild 3).

Du kannst Auswirkungen von Wasserstoffbrücken auf der Stoffebene und ihre Entstehung durch polare Bindungen auf der Teilchenebene beschreiben.

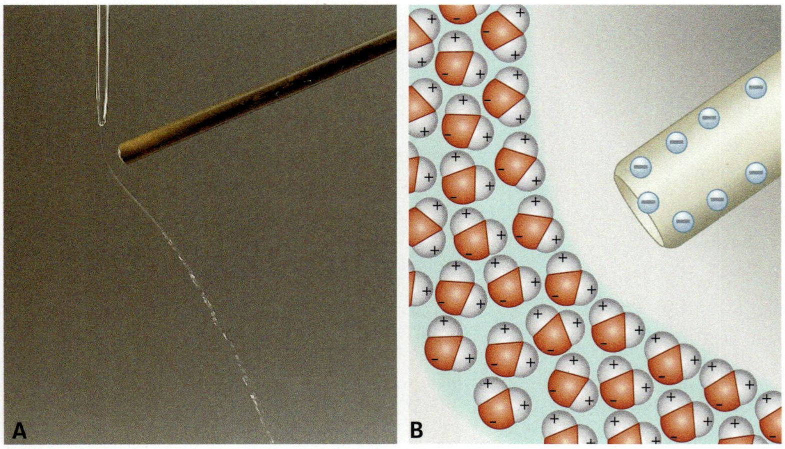

1 Ein Wasserstrahl wird abgelenkt: **A** Versuch, **B** Modell

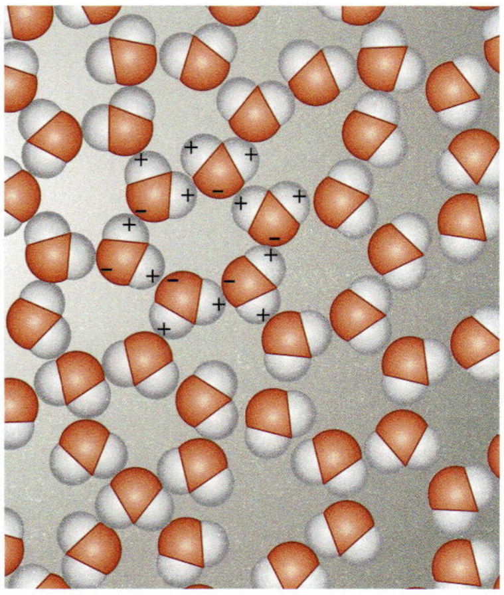

3 Wasserstoffbrücken

Basiskonzepte S. 55

Polare und unpolare Elektronenpaarbindung

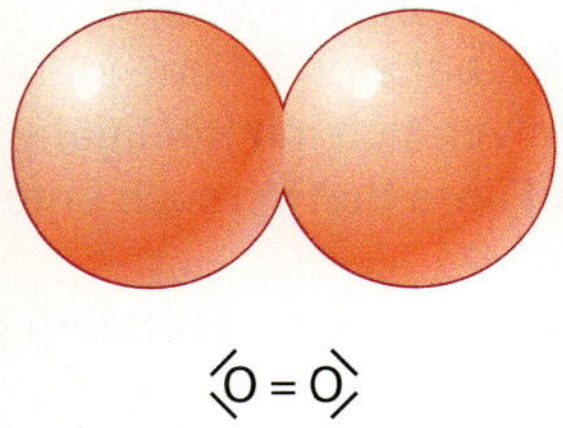

1 Unpolare Elektronenpaarbindung im Sauerstoff-Molekül

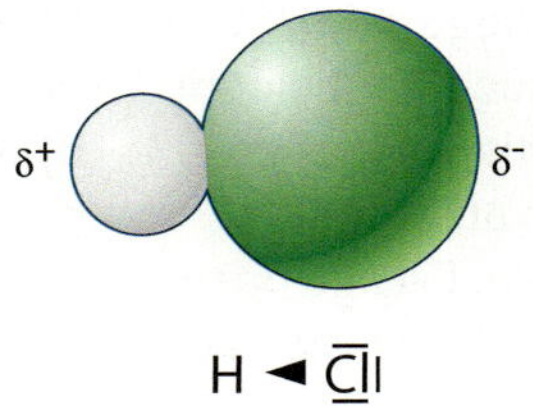

2 Polare Elektronenpaarbindung im Chlorwasserstoff-Molekül

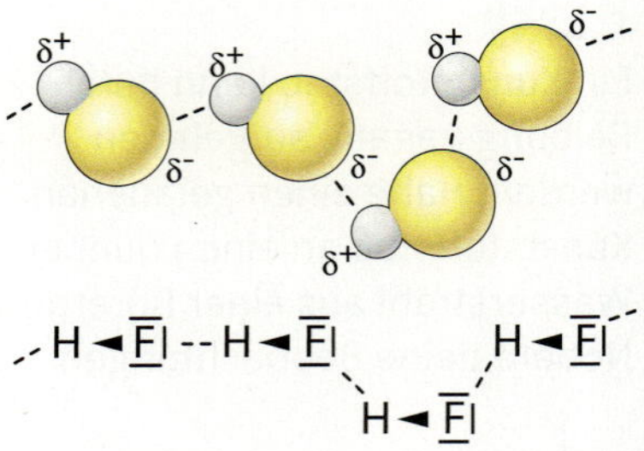

3 Wasserstoffbrücken zwischen polaren Fluorwasserstoff-Molekülen

STREIFZUG

Unpolare Bindung

Im Sauerstoff-Molekül (O_2) sind die elektrischen Ladungen symmetrisch verteilt, da die Bindungselektronen von beiden Atomkernen gleich stark angezogen werden. Es bilden sich keine nach außen wirkenden Teilladungen. Bei dieser Bindung handelt es sich deshalb um eine **unpolare Elektronenpaarbindung** (Bild 1). Alle Moleküle, die aus zwei gleichen Atomen aufgebaut sind, verhalten sich ebenso. Sie sind nach außen hin elektrisch neutral:

|N≡N|, H – H, |F̲ – F̲|, ⟨O=O⟩

Polare Bindung

Bei Molekülen aus verschiedenen Atomen sind die Ladungen oft ungleich verteilt. Diese Art der Bindung heißt **polare Elektronenpaarbindung.** So werden im Chlorwasserstoff-Molekül (HCl) die Bindungselektronen vom Chlor-Atom stärker angezogen als vom Wasserstoff-Atom (Bild 2). Es entsteht auf der Seite des Chlor-Atoms ein negativer Pol (δ^-), auf der Seite des Wasserstoff-Atoms ein positiver Pol (δ^+). Ein solches Molekül ist ein **elektrischer Dipol.**

$\overset{\delta^+}{H}$ – $\overset{\delta^-}{\underline{Cl}}|$ H ◄ $\underline{Cl}|$

Elektronegativität

Als Maß für die unterschiedlichen Anziehungskräfte, die auf die Bindungselektronen wirken, wurde vom amerikanischen Chemiker Linus Pauling (1901 – 1994) der Begriff **Elektronegativität (EN)** eingeführt. Dem am stärksten elektronegativen Element, dem Fluor, wurde der Wert 4 zugeordnet (Bild 4).
Ist die Differenz der Elektronegativität beider Atome in einer Verbindung kleiner oder gleich 0,4, liegen unpolare Moleküle vor. Je größer die EN-Differenz (ΔEN) zwischen zwei Atomen ist, desto polarer ist die Bindung zwischen ihnen. Ab einer EN-Differenz größer als 1,7 liegt eine Ionenbindung vor.

Wasserstoffbrücken

Wenn sich Wasserstoff-Atome mit Fluor-, Stickstoff- oder Sauerstoff-Atomen verbinden, kommt es zu einer polaren Bildung mit einer positiven Teilladung am Wasserstoff-Atom. Zwischen den benachbarten Molekülen wirken dann starke Anziehungskräfte (Bild 3). Die negativ teilgeladenen Fluor-, Stickstoff- oder Sauerstoff-Atome in diesen Molekülen ziehen die Wasserstoff-Atome in benachbarten Molekülen an. Diese starken Anziehungskräfte zwischen den Molekülen werden als **Wasserstoffbrücken** bezeichnet.

1. ≡ A
a) Berechne ΔEN zwischen folgenden Atomen: S und H, H und Br, Na und Cl.
b) Begründe, ob die Bindungen zwischen den genannten Atomen Elektronenpaarbindungen oder Ionenbindungen sind.

	I	II	III	IV	V	VI	VII	VIII
1	2,1 $_{1}$H							-- $_{2}$He
2	1,0 $_{3}$Li	1,5 $_{4}$Be	2,0 $_{5}$B	2,5 $_{6}$C	3,0 $_{7}$N	3,5 $_{8}$O	4,0 $_{9}$F	-- $_{10}$Ne
3	0,9 $_{11}$Na	1,2 $_{12}$Mg	1,5 $_{13}$Al	1,8 $_{14}$Si	2,1 $_{15}$P	2,5 $_{16}$S	3,0 $_{17}$Cl	-- $_{18}$Ar
4	0,8 $_{19}$K	1,0 $_{20}$Ca	1,6 $_{31}$Ga	1,8 $_{32}$Ge	2,0 $_{33}$As	2,4 $_{34}$Se	2,8 $_{35}$Br	-- $_{36}$Kr
5	0,8 $_{37}$Rb	1,0 $_{38}$Sr	1,7 $_{49}$In	1,8 $_{50}$Sn	1,9 $_{51}$Sb	2,1 $_{52}$Te	2,5 $_{53}$I	-- $_{54}$Xe
6	0,7 $_{55}$Cs	0,9 $_{56}$Ba	1,8 $_{81}$Tl	1,8 $_{82}$Pb	1,9 $_{83}$Bi	2,0 $_{84}$Po	2,2 $_{85}$At	-- $_{86}$Rn

4 Elektronegativitätstabelle nach Pauling

Basiskonzepte S. 55

Dipolmoleküle

1. ≡ Ⓐ
Bestimme, ob Ammoniak (NH_3), Methan (CH_4) und Tetrachlorkohlenstoff (CCl_4) aus Dipolmolekülen aufgebaut sind. Begründe deine Antworten mithilfe von Zeichnungen.

Dipolmoleküle wechselwirken stark mit anderen Molekülen. Daher haben die Stoffe höhere Schmelz- und Siedetemperaturen und zeigen eine bessere Wasserlöslichkeit als Stoffe mit Molekülen ohne Dipol.

Ablenkung oder nicht?

Wasser wird durch einen elektrisch geladenen Stab abgelenkt. Das liegt am Dipolcharakter des Wasser-Moleküls. Auch andere Stoffe wie Ammoniak (NH_3) und Chlorwasserstoff (HCl) liegen aufgrund ihrer polaren Bindungen als Dipolmoleküle vor.
Es gibt jedoch Ausnahmen. Obwohl Kohlenstoffdioxid (CO_2) ebenfalls polare Bindungen im Molekül hat, handelt es sich nicht um einen Stoff, der aus Dipolmolekülen aufgebaut ist.

Dipolmoleküle

Ein Stoff wird durch einen elektrisch geladenen Gegenstand abgelenkt, wenn seine Moleküle nach außen hin einen **Dipol** bilden. Dies ist dann der Fall, wenn seine Moleküle zum einen polare Bindungen aufweisen und zum anderen das Molekül trotz seiner negativen und positiven Teilladungen nach außen hin geladen ist. Ein solches Molekül wird dann als **Dipolmolekül** bezeichnet.

Chlorwasserstoff-Molekül

In Bild 1 ist das HCl-Molekül abgebildet. Zwischen Wasserstoff und Chlor beträgt die Elektronegativitätsdifferenz 0,9. Es handelt sich um eine polare Bindung. Das Wasserstoff-Atom trägt eine positive Teilladung, das Sauerstoff-Atom eine negative. Die beiden Teilladungen sind an unterschiedlichen Stellen. In Bild 1B sind die **Ladungsschwerpunkte** eingezeichnet: rot für die positive und blau für die negative Teilladung. Nach außen ist das Chlorwasserstoff-Molekül ist ein Dipolmolekül.

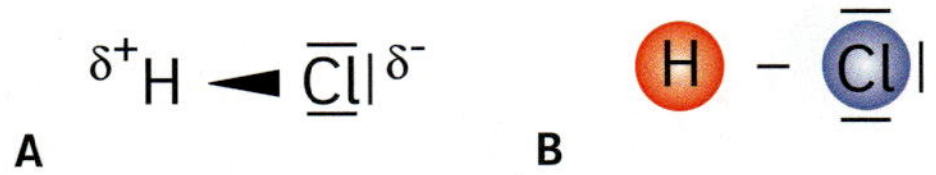

1 Chlorwasserstoff als Dipolmolekül: **A** polare Bindung, **B** Ladungsschwerpunkte

Wasser-Molekül

Zwischen Wasserstoff- und Sauerstoff-Atomen herrscht eine Elektronegativitätsdifferenz von 1,4. Im Wasser-Molekül gibt es daher zwei polare Elektronenpaarbindungen. Die negative Teilladung (Bild 2 B blau) befindet sich am Sauerstoff-Atom, die beiden positiven Teilladungen befinden sich an den Wasserstoff-Atomen. Der Ladungsschwerpunkt der positiven Ladungen liegt damit zwischen den beiden Wasserstoff-Atomen (Bild 2 B rot). Die Ladungsschwerpunkte der negativen und positiven Teilladungen fallen nicht auf die gleiche Stelle. Somit ist das Wasser-Molekül ein Dipolmolekül.

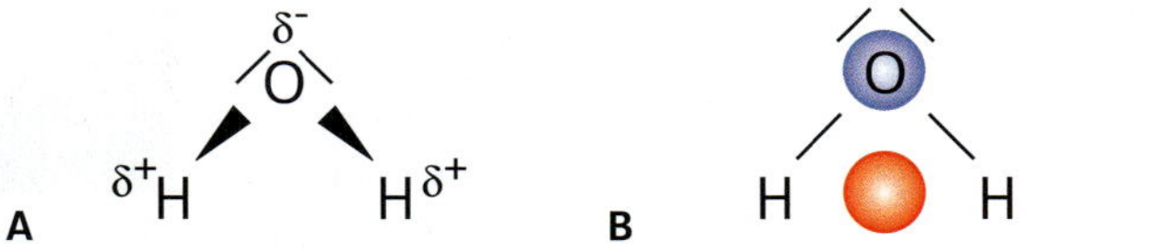

2 Wasser als Dipolmolekül: **A** polare Bindungen, **B** Ladungsschwerpunkte

Kohlenstoffdioxid-Molekül

Auch die beiden Doppelbindungen zwischen dem Kohlenstoff- und den Sauerstoff-Atomen im Kohlenstoffdioxid-Molekül sind polar (ΔEN = 1,0). Die positive Teilladung befindet sich am Kohlenstoff, die negativen Teilladungen befinden sich jeweils an einem Sauerstoff-Atom. Der Ladungsschwerpunkt der negativen Teilladungen liegt in der Mitte und fällt damit auch auf das Kohlenstoff-Atom (Bild 3 B). Die Folge ist, dass das Molekül trotz seiner polaren Bindungen nach außen hin unpolar wirkt. Es ist kein Dipolmolekül.

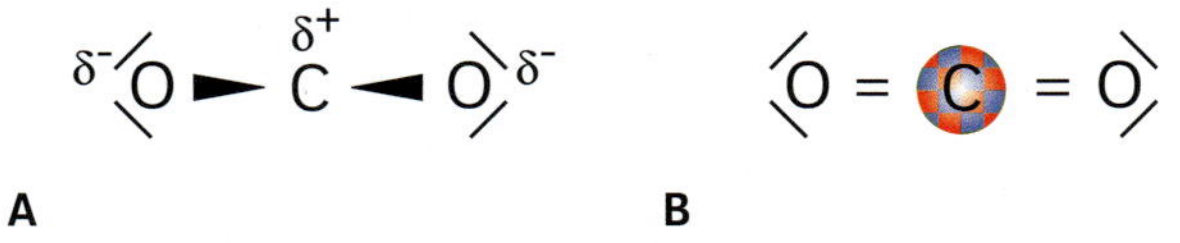

3 Kohlenstoffdioxid ist kein Dipolmolekül: **A** polare Bindungen, **B** Ladungsschwerpunkte

Du kannst Moleküle anhand ihrer räumlichen Anordnung und ihrer Bindungen als Dipolmoleküle identifizieren.

Basiskonzepte S. 55

Wasser ist besonders

1. Ⓐ
Nenne den Grund dafür, dass Eis auf Wasser schwimmt.

2. Ⓐ
Erkläre die unterschiedliche Dichte von Wasser bei 0 °C, 4 °C und 110 °C mithilfe der Grafiken in Bild 3.

3. Ⓐ
Begründe, warum Wasser nicht als Thermometerflüssigkeit geeignet ist.

4. Ⓐ
Seen und Teiche frieren im Winter von oben nach unten zu. Erkläre dieses Phänomen.

5. Ⓐ
Begründe, weshalb zwischen Molekülen, die nur aus Kohlenstoff- und Wasserstoff-Atomen bestehen, keine Wasserstoffbrücken ausgebildet werden können.

Dichteanomalie des Wassers

Eisberge schwimmen auf Wasser, aber nahezu alle anderen festen Stoffe gehen in ihren Schmelzen unter. Wasser hat also eine größere Dichte als Eis.
Wasser dehnt sich beim Gefrieren aus. Wasserflaschen oder Wasserleitungen können bei Frost platzen (Bild 1 A). In Gebirgen bilden sich Geröllkegel, da einfrierendes Wasser das Gestein zum Platzen bringt (Bild 1 B).
Das Wasser am Grund tieferer Seen ist im Sommer als auch im Winter 4 °C kalt. Der Grund dafür ist, dass bei dieser Temperatur die Dichte des Wassers am größten ist. Da die Dichte von Stoffen gewöhnlich mit der Temperatur sinkt, wird diese besondere Eigenschaft des Wassers **Dichteanomalie** genannt.

Wasser hat eine hohe Siedetemperatur

Wasser ist bei Raumtemperatur flüssig. Dies ist etwas Besonderes. Die meisten Stoffe, die ähnliche Stoffteilchen wie Wasser besitzen, sind bei Raumtemperatur bereits gasförmig, wie zum Beispiel Schwefelwasserstoff (H_2S) oder Ammoniak (NH_3).

Wasserstoffbrücken

Je stärker die Wechselwirkungen zwischen den Stoffteilchen eines Stoffs sind, desto höher ist seine Siedetemperatur. Wasser ist bei Raumtemperatur flüssig, weil seine Stoffteilchen von starken Wasserstoffbrücken zusammengehalten werden (Bild 2 A).
Auch zwischen Ammoniak-Molekülen bilden sich in verflüssigtem Ammoniak Wasserstoffbrücken, weil die N-H-Bindungen polar sind (Bild 2 B). Hier sind die Wasserstoffbrücken jedoch schwächer. Ihre Stärke reicht nicht aus, dass Ammoniak bei Raumtemperatur flüssig ist.

1 Schäden durch Wasser: **A** Wasserleitung, **B** Geröllkegel

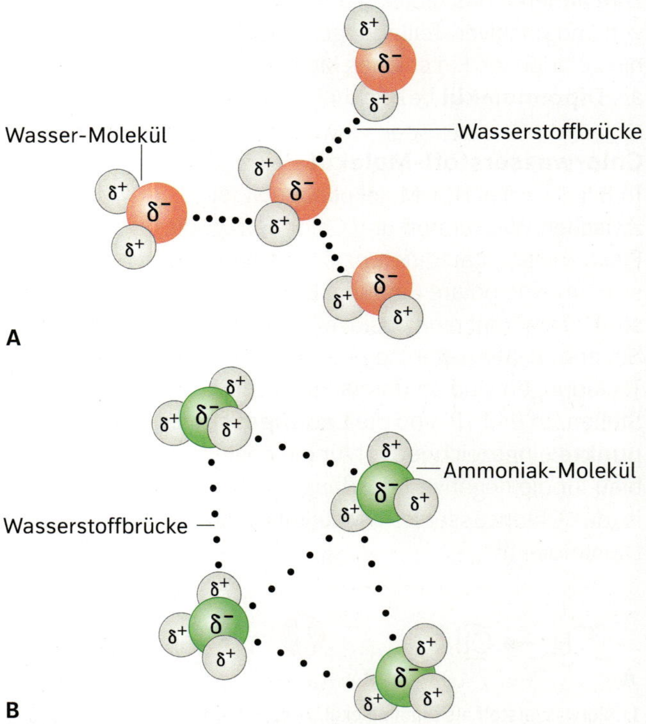

2 Wasserstoffbrücken: **A** in Wasser, **B** in flüssigem Ammoniak

3 Wasser in verschiedenen Aggregatzuständen auf Stoff- und Teilchenebene: **A** Wasserdampf, **B** flüssiges Wasser, **C** Eis

Stärke von Wasserstoffbrücken

Ob ein Stoff starke oder schwache Wasserstoffbrücken ausbilden kann, hängt von der Polarität seiner Bindungen ab. Wasserstoffbrücken finden sich nur bei polaren Bindungen von Wasserstoff mit Fluor ($\Delta EN = 1{,}9$), mit Sauerstoff ($\Delta EN = 1{,}4$) und mit Stickstoff ($\Delta EN = 0{,}9$).

Je größer die Elektronegativitätsdifferenz ist, desto größer sind die Teilladungen. Je größer die Teilladungen sind, desto stärker sind die Wechselwirkungen zwischen den Molekülen und desto höher ist die Siede- und die Schmelztemperatur.

Dass Fluorwasserstoff bei Raumtemperatur gasförmig und Wasser dagegen flüssig ist, liegt daran, dass die Wasser-Moleküle im Gegensatz zu den Fluorwasserstoff-Molekülen zwei Bindungen besitzen, die für die Bildung von Wasserstoffbrücken geeignet sind. Ein Ammoniak-Molekül hingegen hat sogar drei Bindungen. Diese sind aber wenig polar und bilden schwache Wasserstoffbrücken, sodass Ammoniak bei Raumtemperatur lediglich gasförmig ist.

Regelmäßige Sechsecke in Eis

Aufgrund der Wasserstoffbrücken ordnen sich die Wasser-Moleküle in Eis in einer Gitterstruktur mit sechseckigen Hohlräumen an (Bild 3 C). Die Wasser-Moleküle können sich nicht bewegen und sind fest an ihrem Ort im Kristall fixiert. Die weitmaschige Struktur des Eises hat ein um etwa 10 % größeres Volumen als flüssiges Wasser. Aus 1 l Wasser werden 1,1 l Eis.
In gasförmigem Wasser hingegen bewegen sich die Wasser-Moleküle schnell und mit großem Abstand voneinander, sodass keine Wasserstoffbrücken auftreten (Bild 3 A).

Du kannst die besonderen Eigenschaften von Wasser nennen und mithilfe der Wasserstoffbrücken erklären.
Du kannst die Eigenschaften von Wasser und Ammoniak vergleichen.

Wasser löst Salze

1. V
Gib 5 g Kochsalz in ein Becherglas mit 50 ml Wasser. Rühre langsam um und notiere deine Beobachtungen.

2. V
Gib 5 g Calciumcarbonat in ein Becherglas mit 50 ml Wasser. Rühre ebenfalls langsam um und notiere deine Beobachtungen.

1 Kochsalz wird in Wasser gelöst.

2 Calciumcarbonat wird in Wasser gelöst.

3. A
Zeichne im Teilchenmodell einen Ausschnitt einer Lösung, in der das Salz Kaliumiodid gelöst ist.

4. Q
Recherchiere, ob alle Salze in Wasser löslich sind.

5. A
Beschreibe den Löseprozess eines Salzes in Wasser auf der Ebene der Stoffteilchen.

Wie Wasser Salz löst

Die Suppe ist versalzen und nicht genießbar. Dass zu viel Salz in der Suppe ist, konntest du erst beim Abschmecken feststellen.

Das Lösen von Salzen in Wasser, wie im Falle des Kochsalzes lässt sich mit den Dipoleigenschaften des Wassers erklären. Werden Kochsalzkristalle ins Wasser gegeben, greifen die Dipolmoleküle des Wassers zuerst an den Ecken und Kanten an. Um die positiv geladenen Natrium-Ionen drängen sich die Dipol-Moleküle mit ihrer negativen Ladungsseite und lösen die Natrium-Ionen aus dem Gitter heraus. Bei den Chlorid-Ionen ist es umgekehrt. Der Lösevorgang geht von außen nach innen voran, bis das Ionengitter völlig aufgelöst ist.

Hydratisierung

Die Wasser-Moleküle umhüllen jedes Ion und bilden eine **Hydrathülle.**
Die Ladung des Ions und die Teilladungen der polaren Wasser-Moleküle wechselwirken miteinander. Es kommt zu einer Anziehung zwischen den unterschiedlichen Ladungen. Die Hydrathülle verhindert, dass sich erneut Salzkristalle bilden. Erst wenn das Wasser, zum Beispiel durch Verdunsten, entzogen wird, kristallisiert das Salz aus.

> Du kannst Löslichkeit von Salzen in Wasser mithilfe der Dipoleigenschaften des Wassers erklären. Du kannst beschreiben, wie Wasser-Moleküle eine Hydrathülle bilden.

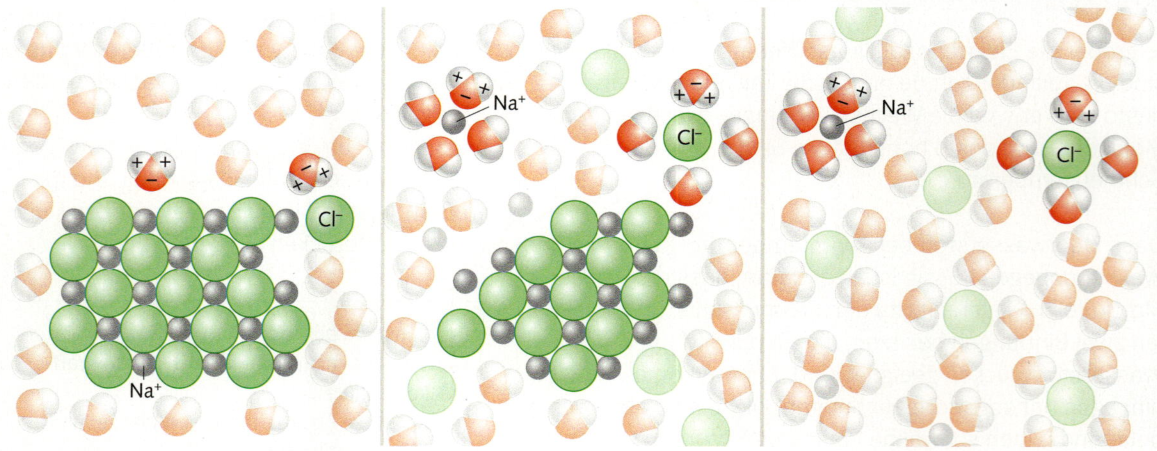

3 Der Lösevorgang von Kochsalz in Wasser

Wasserverbrauch

Was zu tun ist

In diesem Lernen im Team sollt ihr in mehreren Gruppen

- Wasserkreisläufe erkunden
- die Gewinnung von Trinkwasser recherchieren
- den Wasserverbrauch sowohl des sichtbaren als auch des virtuellen Wassers ermitteln.

Alle Gruppen sollen ihre Ergebnisse anschließend auch präsentieren, zum Beispiel als Plakat oder Vortrag.

1 Eine Station in einem der Wasserkreisläufe

TEAM ❶

Wasserkreisläufe

Alles Wasser dieser Erde befindet sich in ständigen Kreisläufen. Kein Tropfen Wasser verschwindet. Manchmal ist Wasser eben unsichtbar.

Erkundet und macht euch vertraut mit unterschiedlichen Wasserkreisläufen, zum Beispiel mit dem in der Natur oder mit dem Kreislauf über den Wasserhahn in der Wohnung. Stellt diese Kreisläufe anschaulich dar.

Unterscheidet Salz- und Süßwasserbereiche.
In ergänzenden Darstellungen könntet ihr auch Mengenangaben machen.

TEAM ❷

Trinkwassergewinnung

Unser Lebensmittel Nr. 1, das Wasser, kommt wie selbstverständlich, wann immer es benötigt wird, aus dem Wasserhahn in der Küche oder dem Bad. Aber bis dahin hat das Trinkwasser schon viele Stationen hinter sich und ist mehrfach behandelt worden.
Recherchiert, aus welchen Vorräten in der Natur Trinkwasser gewonnen werden kann. Erstellt Übersichten, wie das Wasser behandelt und kontrolliert wird, bevor es in die Wasserversorgung eingespeist wird.
Stellt möglichst auch die dabei ablaufenden chemischen und biologischen Reaktionen dar.

TEAM ❸

Tatsächlich und virtuell

Täglich verbraucht jeder von uns etwa 130 l Wasser, sowohl als lebensnotwendige Flüssigkeit als auch zum Kochen, zum Reinigen, für die Toilettenspülung und viele andere Zwecke mehr.
Es gibt aber auch unsichtbares Wasser, das zur Erzeugung von Nahrungsmitteln und zur Herstellung all der Dinge, die täglich gebraucht werden notwendig ist. Dieses Wasser wird virtuelles Wasser genannt.
Erkundet diesen Wasserverbrauch für möglichst viele Produkte, erläutert den Wasserfußabdruck und recherchiert den tatsächlichen täglichen Wasserverbrauch.

2 Fußabdruck aus Wasser auf Holz – mit einem Wasserfußabdruck ist aber etwas anderes gemeint!

Wasser – Dipolmoleküle wechselwirken miteinander

Wasser – ein lebenswichtiger Stoff

Ohne Wasser ist ein Leben auf der Erde nicht möglich. Unser Planet besteht zu etwa zwei Drittel aus Wasser. Auch der Mensch selbst und andere Lebewesen bestehen zum großen Teil aus Wasser.

Oberflächenspannung

Wasser bildet kugelförmige Tropfen. Die Oberfläche drückt sich bei einer leichten Berührung ein, ähnlich wie die menschliche Haut. Sie wird aber erst bei stärkerer Einwirkung durchbrochen. Dieser Effekt wird **Oberflächenspannung** genannt.

Die Oberflächenspannung kommt durch die gegenseitige Anziehung der Teilladungen unterschiedlicher Wasser-Moleküle zustande. Diese Wechselwirkungen werden **Wasserstoffbrücken** genannt.

Wasserstoffbrücken und Elektronegativität

Starke oder schwache **Wasserstoffbrücken** hängen von der Polarität der Bindungen eines Moleküls ab. Wasserstoffbrücken finden sich nur bei den polaren Bindungen von Wasserstoff mit Fluor ($\Delta EN = 1{,}9$), mit Sauerstoff ($\Delta EN = 1{,}4$) und mit Stickstoff ($\Delta EN = 0{,}9$).

Je größer die **Elektronegativitätsdifferenz ΔEN** ist, desto größer ist die Partialladung. Je größer die Teilladungen sind, desto stärker sind die Wechselwirkungen zwischen den Molekülen und desto höher sind die Siede- und die Schmelztemperatur der Stoffe.

Dipolmoleküle

Wird ein Stoff durch einen elektrisch geladenen Gegenstand abgelenkt, dann bilden seine Moleküle nach außen hin einen **Dipol.** Dies ist dann der Fall, wenn seine Moleküle zum einen polare Bindungen aufweisen und zum anderen das Molekül trotz seiner negativen und positiven Teilladungen nach außen hin geladen ist. Ein solches Molekül wird als **Dipolmolekül** bezeichnet.

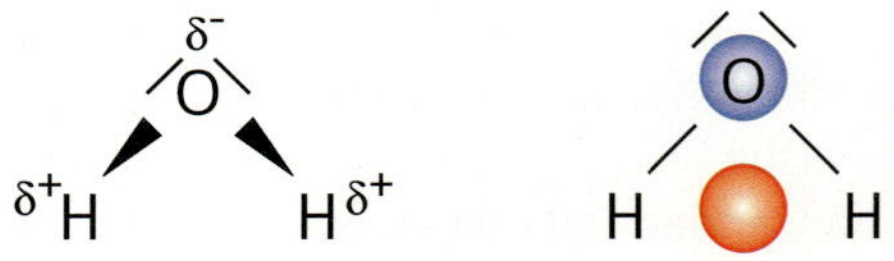

Wasserstoffbrücken und Stoffeigenschaften

Je stärker die Wechselwirkungen zwischen den Teilchen eines Stoffs sind, desto höher ist seine Siedetemperatur. Wasser ist bei Raumtemperatur flüssig, weil seine Stoffteilchen von starken Wasserstoffbrücken zusammengehalten werden.

Salz in Wasser

Die Dipoleigenschaften des Wassers erklären, wie Salze in Wasser aufgelöst werden. Dabei greifen die Dipolmoleküle des Wassers zuerst an den Ecken und Kanten des Salzkristalles an. Um die positiv geladenen Salz-Ionen drängen sich die Dipolmoleküle mit ihrer negativen Ladungsseite und lösen so die Salz-Ionen aus dem Gitter heraus.

→ METHODE S. 8/9

Wasser – Dipolmoleküle wechselwirken miteinander

Stoff-Teilchen-Struktur-Eigenschaften

Stoff-Teilchen-Struktur-Eigenschaften

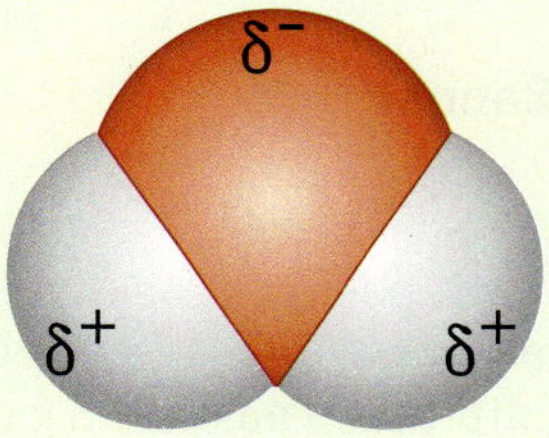

1. A
Erkläre, woran du erkennst, ob es sich bei einem Molekül um eine Dipolmolekül handelt oder nicht.

2. A
Erkläre, warum sich Wasser und Ethanol ineinander lösen.

3. A
Entscheide, ob die folgenden Bindungen polar oder unpolar sind. N-H, C-H, Cl-Cl, H-I.

4. A
Erkläre, ob die folgenden Moleküle Dipole sind. Begründe deine Antwort mithilfe der Strukturformeln: HBr, $SiCl_4$, H_2S, O_2, BF_3, NH_3.

→ S. 47/48/49

Stoff-Teilchen-Struktur-Eigenschaften

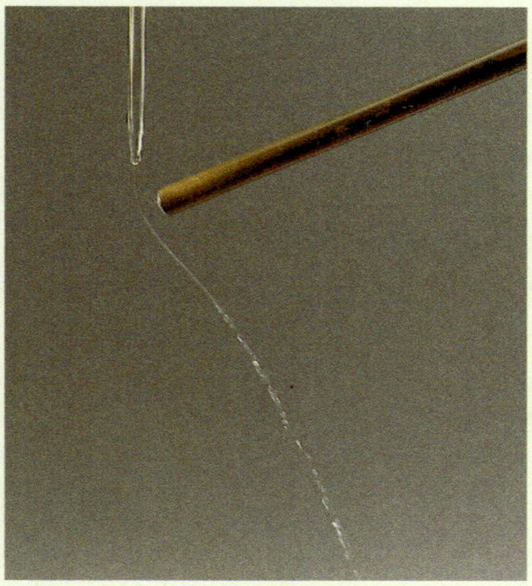

5. A
Reibst du einen Plexiglasstab mit Watte, lädt er sich positiv auf. Erläutere, was du erwartest, wenn du den geladenen Stab in die Nähe eines dünnen Wasserstrahls hältst.

6. A
Nenne und erkläre die besonderen Eigenschaften von Wasser.

→ S. 47

Wasser – Dipolmoleküle wechselwirken miteinander

Dipolmoleküle

Kannst du schon ...

... Auswirkungen von Wasserstoffbrücken auf der Stoffebene beschreiben? (S. 47, 51)
... die unterschiedlichen Siedetemperaturen von Stoffen mit den verschieden starken Anziehungskräften zwischen Molekülen begründen? (S. 50 – 51)
... Moleküle anhand ihrer räumlichen Anordnung und ihrer Bindungen den Dipolmolekülen zuordnen? (S. 49)
... die Entstehung der Wasserstoffbrücken durch polare Bindungen auf der Teilchenebene beschreiben? (S. 50)

Zeig, was du kannst!

1. A
a) Berechne ΔEN für die Verbindungen aus den folgenden Atomen: Mg und F, Cl und Br, Be und Al, C und S.
b) Übertrage die Tabelle in dein Heft und trage die Paare aus a) in die entsprechende Spalte ein.

Unpolare Elektronenpaarbindung	Polare Elektronenpaarbindung	Ionenbindung

2. A
„Na und Cl liegen als Ionenbindung vor." Stimmt diese Aussage? Begründe.

3. A
Beschreibe die Eigenschaft, die Stoffe haben, die aus Dipolmolekülen bestehen.

Wasser – ein besonderer Stoff?

Kannst du schon ...

... die besonderen Eigenschaften von Wasser nennen und mithilfe der Wasserstoffbrücken erklären? (S. 47, 50 – 51)
... die Eigenschaften von Wasser und Ammoniak vergleichen? (S. 50 – 51)

Zeig, was du kannst!

4. A
Beschreibe die Bedingungen, damit ein Molekül Wasserstoffbrücken ausbilden kann.

5. A
Erkläre, warum Fische in einem vollkommen zugefrorenen See überleben können.

6. A
Bestimmst du die Außentemperatur mit einem Thermometer, hast du die Wahl zwischen verschiedenen Arten von Thermometern. Begründe, warum du unter den vielen verschiedenen Thermometern keines mit Wasser als Thermometerflüssigkeit finden wirst.

7. A
Erkläre die unterschiedliche Dichte von Wasser bei 0 °C, 4 °C und 20 °C.

Wasser löst Salze

Kannst du schon ...

... die Löslichkeit von Salzen in Wasser mithilfe der Dipoleigenschaften des Wassers erklären? (S. 52)
... beschreiben, wie Moleküle eine Hydrathülle bilden? (S. 52)
... den Löseprozess eines Salzes auf der Ebene der Stoffteilchen darstellen? (S. 52)
... Phänomene beim Lösen von Salz in Wasser beschreiben? (S. 52)

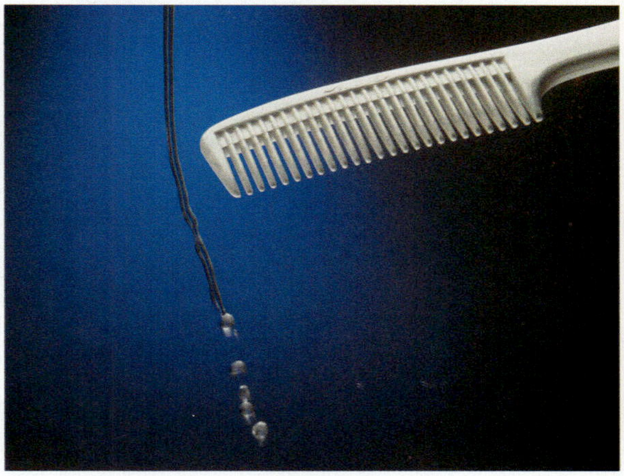

Zeig, was du kannst!

8. A
Bei vielen in Wasser zu kochenden Nahrungsmitteln wird Salz dazugegeben. Beschreibe den Löseprozess von Salz in Wasser auf der Teilchenebene.

9. A
Zeichne im Teilchenmodell einen Ausschnitt einer Lösung, in der das Salz Calciumfluorid gelöst ist.

10. A
Nimmst du ein Glas Wasser und gibst einen Löffel Natriumchlorid, also Kochsalz hinzu, kannst du beobachten, wie sich das Salz auflöst. Ist dies eine Eigenschaft aller Salzen? Begründe.

11. A
Zwei Salze werden in Wasser gegeben. Das eine Salz löst sich vollständig, das andere nur teilweise. Beschreibe das Aussehen der entsprechenden Lösungen.

12. A
Begründe, weshalb sich Salzkristalle bevorzugt an den Ecken und Kanten lösen.

13. A
Beschreibe einen Versuch, mit dem das Salz aus einer wässrigen Salzlösung zurückgewonnen werden kann.

Wichtige Begriffe

- Dipol
- Dipolmolekül
- Teilladung δ^-
- Teilladung δ^+
- polare Bindungen
- Oberflächenspannung
- Wasserstoffbrücken
- unpolare Elektronenpaarbindung
- polare Elektronenpaarbindung
- elektrischer Dipol
- Elektronegativität (EN)
- Elektronegativitätsdifferenz (ΔEN)
- Hydrathülle

Der Kohlenstoffkreislauf

In welchen Produkten ist Kohlenstoff enthalten?

Reicht der Erdölvorrat der Erde noch für deine Urenkel?

Wie kann aus Kleinstlebewesen Erdöl entstehen?

Kohlenstoff – ein vielseitiges Element

1.
Erstelle eine Mindmap zum Begriff Kohlenstoff.

2.
Viele Produkte enthalten Kohlenstoff.
a) Recherchiere und erstelle eine Liste mit unterschiedlichen Produkten, die Kohlenstoff in gebundener Form enthalten.
b) Ordne die Produkte in einer Tabelle bestimmten Lebensbereichen zu.

	Essen	Transport
Kartoffel		
Reifen		

Kohlenstoff in uns selbst

Nach einer intensiven Sportaktivität fühlst du dich erschöpft. Dies kann den Grund haben, dass ein Großteil deiner Energievorräte aufgebraucht ist. Um diese Vorräte wieder aufzufüllen, hast du ein starkes Verlangen nach Nahrungsmitteln, die **Kohlenhydrate** enthalten. Kohlenhydrate bestehen aus Kohlenstoff, Sauerstoff und Wasserstoff und sind in Brot und Brötchen, Nudeln, Pommes und vielen Süßigkeiten zu finden. Genau diese drei Elemente – Kohlenstoffe, Sauerstoff und Wasserstoff – sind die wichtigsten Elemente in unserem Körper.

Kohlenstoff als Energielieferant

Kohlenstoff steckt in unserem Körper in vielerlei organischen Verbindungen und liefert Energie, damit du morgens in die Schule laufen oder fahren, dem Unterricht folgen und Inhalte lernen kannst.
Aber auch Autos und Flugzeuge beziehen Energie aus Kohlenstoffverbindungen. Benzin oder Diesel wird für den Antrieb von Autos benötigt und ein Flugzeug braucht Kerosin um vom Boden abzuheben.

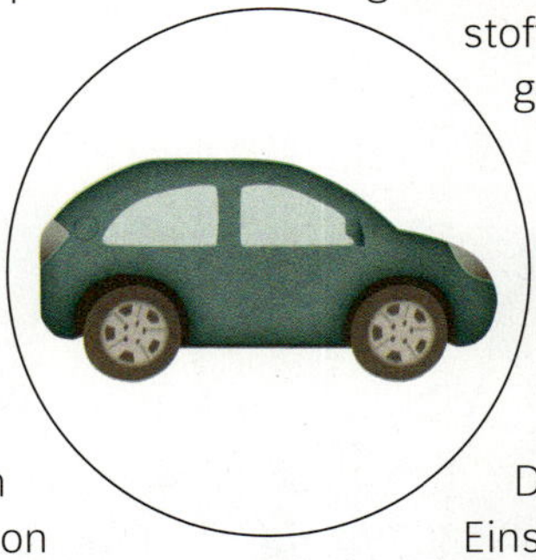

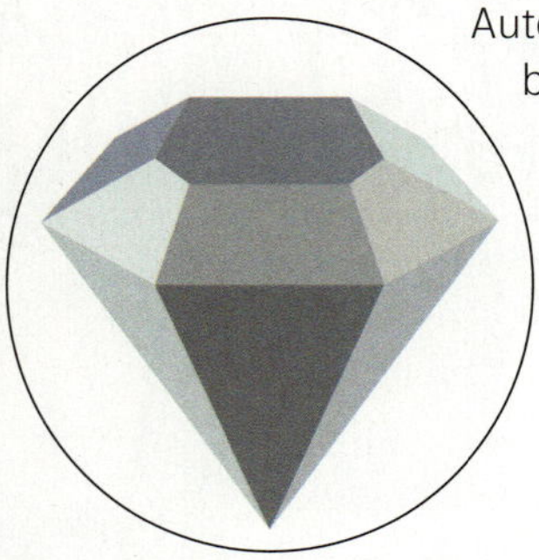

In der Natur kommt Kohlenstoff in seiner reinsten Form als Diamant und als Grafit vor.

Kohlenstoff als Alltagsprodukt

Kohlenstoffverbindungen kommen nicht nur in unserem Körper, sondern auch in vielen anderen Bereichen im Alltag vor.
Eine Plastikflasche mit Wasser, das du nach dem Sport trinkst, besteht aus Kohlenstoffverbindungen. Die Zahnbürste und die Zahnpastatube, deine Stifte und der Radiergummi sowie die Hülle deiner Spielkonsole bestehen genauso aus Kohlenstoffverbindungen.

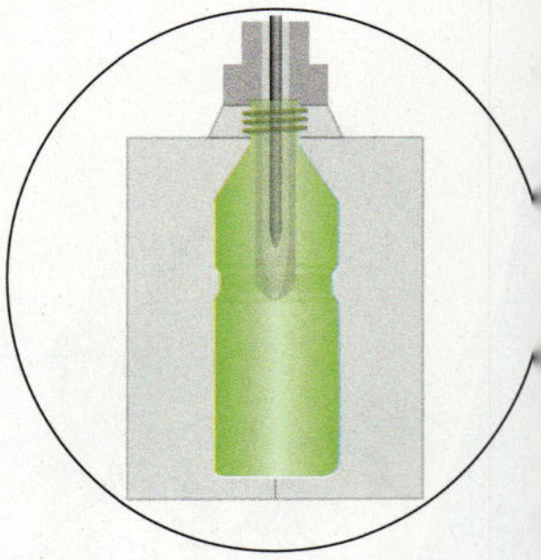

Die Vielzahl an Einsatzmöglichkeiten von Kohlenstoffverbindungen birgt auch Gefahren. In den Weltmeeren schwimmen ganze Kunststoffinseln aus Einkaufstüten und Verpackungsmaterial und bedrohen die Lebewesen.

3. V
Entzünde den Gasbrenner und halte einen Metalllöffel über die leuchtende Flamme. Beschreibe und erkläre deine Beobachtungen am Löffel.

4. V
Entzünde den Gasbrenner und erhitze nacheinander Natriumchlorid, Zucker, ein kleines Stück Gemüse und ein Stück weiße Schokolade.
a) Halte deine Beobachtungen in Form einer Tabelle fest.
b) Erkläre, warum sich die Materialien jeweils auf diese Art verändern.

5. Q
Informiere dich im Internet über die Gefahren von Kohlenstoffmonooxid und erstelle ein Informationsblatt für deine Klasse.

6. Q
Es gibt verschiedene Möglichkeiten, Verpackungsmüll zu verringern. Informiere dich über Projekte und Möglichkeiten in deiner Nähe und erstelle einen Beitrag zum Beispiel für die Homepage eurer Schule.

Kohlenstoff als Brennstoff

In Deutschland wurde eine lange Zeit Kohlenstoff als Kohle im Ruhrgebiet abgebaut. Bergbauarbeiter untertage und riesige Bagger übertage gewannen Stein- und Braunkohle für die Industrie. Die Industrie verbrannte die Kohle zur Gewinnung von Wärme und elektrischer Energie. Heute kommen auch andere kohlenstoffhaltige Energieträger wie Erdöl und Erdgas zum Einsatz.

Kohlenstoff als Giftstoff

Sobald das Wetter wärmer und trockener ist, fangen viele Menschen an zu grillen. Dabei wird meist Holz oder Holzkohle verbrannt. Ist dabei aber die Verbrennungstemperatur nicht hoch genug, können Holz oder Holzkohle nicht richtig verbrennen und es entsteht **Kohlenstoffmonooxid**.
Kohlenstoffmonooxid ist ein geruch- und farbloses Atemgift. Menschen mit einer Kohlenstoffmonooxid-Vergiftung leiden an Übelkeit, Kopfschmerzen und Ohnmacht. Ein hoher Kohlenstoffmonooxid-Gehalt im Blut führt oft zum Tod. Aus diesem Grund ist Grillen in geschlossenen Räumen strengstens verboten.

Kohlenstoffnachweis

Kohlenstoff kannst du mithilfe eines Gasbrenners oder einer Kerze nachweisen. Die Kerzenflamme und die leuchtende Brennerflamme sind nicht heiß genug, um das Wachs oder das Gas vollständig zu verbrennen. Hältst du einen metallischen Gegenstand über die Flamme, setzt sich ein schwarzer Film auf die Oberfläche. Bei dieser schwarzen Schicht handelt es sich um Kohlenstoff.

Du kannst das Element Kohlenstoff beschreiben und Produkte daraus aus deinem Alltag nennen.

Kreisläufe des Kohlenstoffs

1.
a) Plane Versuche zum Nachweis von Kohlenstoff in Stoffen wie Holz, Zucker, Kochsalz, Stärke, Lampenöl oder Pflanzenöl.
b) Führe die Versuche unter dem Abzug durch.
c) Vergleiche die Beobachtungen und die Ergebnisse.
d) Entscheide, welche Stoffe zu den organischen Stoffen gehören. Begründe deine Entscheidung.

2.
a) Wiege auf einer Feinwaage Siedesteinchen und eine noch ungeöffnete 1 l-Mineralwasserflasche. Öffne die Flasche, gib die Siedesteinchen hinein und warte, bis möglichst viel Kohlenstoffdioxid ausgetrieben worden ist. Wiege dann die Flasche erneut.
b) Berechne die Masse des gelösten Kohlenstoffdioxids.
c) Berechne, wie viel Kohlenstoffdioxid bei gleicher Konzentration in der Nordsee mit einem Wasservolumen von 54 000 km³ gelöst sein müsste.

Der natürliche Kreislauf

Kohlenstoff kommt auf der Erde fast immer in Verbindungen vor, vor allem in Kohlenstoffdioxid (CO_2) und in kohlenstoffhaltigen Gesteinen wie Kalkstein. Wichtig sind auch der in allen Lebewesen gebundene Kohlenstoff und die großen Mengen an Kohlenstoff in den fossilen Brennstoffen. Ein Teil dieses Kohlenstoffs ist nicht auf Dauer fest gebunden, sondern durchläuft verschiedene Kreisläufe.

Kohlenstoffkreislauf an Land

Der meiste Kohlenstoff wird im Kohlenstoffkreislauf an Land umgesetzt (Bild 2 A). Pflanzen nehmen Kohlenstoffdioxid aus der Luft auf und bauen den Kohlenstoff durch Fotosynthese in Biomasse ein. Zusammen mit Wasser und der Energie des Sonnenlichtes bildet sich Zucker. Daraus produziert die Pflanze zum Beispiel Holz und Stärke oder Öle.
Der Kohlenstoff ist in den lebenden Pflanzen und in Pflanzenresten wie Humus oder Torf gespeichert. Auch die Pflanzen atmen einen kleinen Teil Kohlenstoffdioxid aus. Pflanzliches Material wird von Tieren gefressen und im eigenen Stoffwechsel später als Kohlenstoffdioxid ausgeatmet. Bakterien zersetzen Biomasse, wobei wieder Kohlenstoffdioxid freigesetzt wird.

1 Kohlenstoff ist auch in Gesteinen gebunden.

A

2 A – C Jährliche Kohlenstoffumsätze

Kohlenstoffkreislauf in und über den Meeren

Zwischen den Meeren und der Atmosphäre wird Kohlenstoff ausgetauscht (Bild 2 B). Kohlenstoffdioxid wird im Wasser gelöst. Dabei entsteht auch etwas **Kohlensäure.** Algen brauchen Kohlenstoffdioxid für die Fotosynthese. Tiere im Meer geben beim Atmen Kohlenstoffdioxid ins Wasser ab. Korallen nehmen gelöste Carbonate auf und bauen aus Calciumcarbonaten Riffe auf. Dabei wird etwas Kohlenstoffdioxid freigesetzt.
Ein Teil des Kohlenstoffs sinkt eingebaut in den Panzern und Schalen abgestorbener Meeresbewohner auf den Grund und bildet dort Kalksedimente.

Der Einfluss des Menschen

Für viele Millionen Jahre war eine sehr große Menge Kohlenstoff in Form von Kohle, Erdöl und Erdgas fest gebunden. Heute wird durch die Verbrennung dieser fossilen Energieträger und großer Mengen Holz viel Kohlenstoffdioxid freigesetzt. Da es nicht im gleichen Maße wieder durch Pflanzen verwertet werden kann, steigt der Kohlenstoffdioxid-Gehalt in der Atmosphäre ständig an (Bild 2 C).

Du kannst die Kohlenstoffkreisläufe beschreiben.

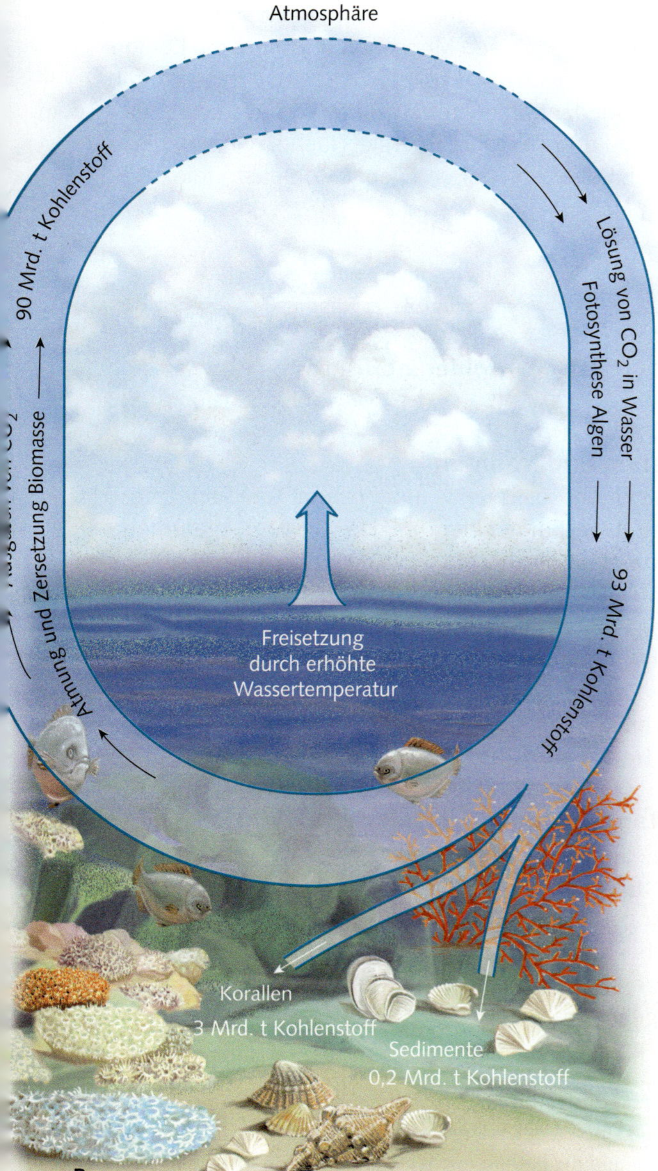

B

C

Kohlenstoffkreislauf Pflanze – Tier – Mensch

1.
Nenne Bestandteile der Nahrung, die die zum Leben notwendige Energie liefern.

2.
a) Beschreibe, wie der menschliche Körper die Energie bekommt, die er braucht.
b) Wie lässt sich das dabei entstehende Kohlenstoffdioxid nachweisen?

3.
a) Informiere dich über den Glucosegehalt des menschlichen Blutes.
b) Beschreibe die Bedeutung des Glucosegehalts für den Körper.

Kohlenstoffkreislauf in der Natur

Die **Fotosynthese** ermöglicht das Leben auf der Erde. Dabei nehmen Pflanzen Kohlenstoffdioxid auf. Es wird in den Blättern der Pflanzen mithilfe der Energie der Sonne und mit Wasser zunächst in Glucose (Traubenzucker) und Sauerstoff umgewandelt. Den Sauerstoff geben die Pflanzen ab.

Kohlenstoffdioxid + Wasser → Glucose + Sauerstoff

Die Glucose wird in andere Kohlenstoffverbindungen wie Stärke oder Cellulose umgewandelt. Beim Verzehr pflanzlicher Nahrung nehmen Menschen und Tiere die Kohlenstoffverbindungen auf, oxidieren diese und geben durch Atmung wieder Kohlenstoffdioxid ab. Daraus schöpfen Menschen und Tiere ihre Energie. Nachts nehmen die Pflanzen Sauerstoff auf und geben Kohlenstoffdioxid ab.

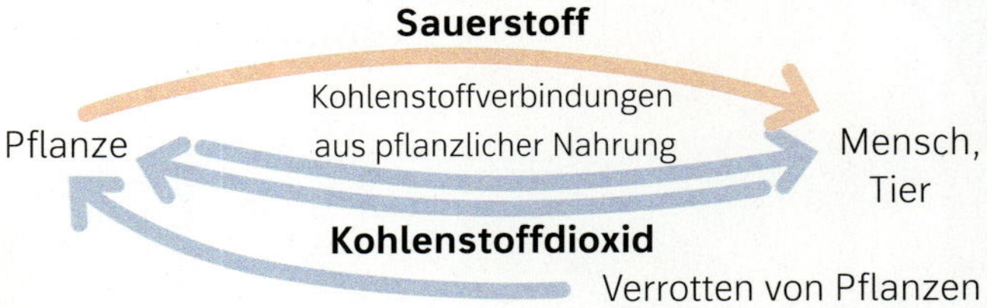

Geben und Nehmen

Sitzt du beispielsweise unter einem Apfelbaum, so nimmt der Baum einen Teil des von dir ausgeatmeten Kohlenstoffdioxids auf. Er bildet zusammen mit Wasser Glucose und gibt Sauerstoff ab, den du wieder einatmen kannst. Die Glucose und die daraus hergestellten Verbindungen dienen dem Wachstum des Baums und der Früchte. Den Kohlenstoff in Form von Kohlenstoffverbindungen nimmst du auf, wenn du beispielsweise im Herbst vom Baum einen Apfel pflückst und ihn isst.

Pflanzen sind im Vorteil

Die Pflanzen sind nicht auf die Abgabe vom Kohlenstoffdioxid der Menschen und Tiere angewiesen. Große Mengen von Kohlenstoffdioxid entstehen beispielsweise bei der Verrottung von abgestorbenen Pflanzen. Wir dagegen sind auf die Sauerstoffabgabe der Pflanzen angewiesen.

Du kannst den Kohlenstoffkreislauf in der Natur beschreiben und die Bedeutung der Pflanzen für Mensch und Tier begründen.

Basiskonzepte S. 81

Kohlenstoffkreislauf Atmosphäre – Meer

1.
a) Nenne Möglichkeiten, wie im Lebensraum Meer Kohlenstoffdioxid gespeichert werden kann.
b) Erläutere die Prozesse, durch die Kohlenstoffdioxid aus dem Meer in die Atmosphäre gelangen kann.

2.
a) Gib an, welchen Einfluss der durch den Menschen verursachte Treibhauseffekt auf die Speichermöglichkeit der Meere hat.
b) Beschreibe die Folgen für das Klima.

Löslichkeit

Die Löslichkeit von Kohlenstoffdioxid in Wasser hängt von der Temperatur ab. In kaltem Wasser löst es sich besser als in warmem Wasser. Das kannst du bei einer Mineralwasserflasche beobachten. Ist das Mineralwasser in der Flasche warm, so entweicht beim Öffnen mehr Kohlenstoffdioxid als im kalten Zustand.
In der Arktis und Antarktis ist daher mehr Kohlenstoffdioxid im Meerwasser gelöst als in den tropischen Zonen. Das im kalten Oberflächenwasser der Meere gelöste Kohlenstoffdioxid sinkt mit dem Wasser in tiefere Schichten und wird so für lange Zeit der Atmosphäre entzogen.

Kohlenstoffdioxidabbau

Algen nehmen bei der Fotosynthese im Wasser gelöstes Kohlenstoffdioxid auf und bilden organische Kohlenstoffverbindungen. Solange im Wasser die für die Algen notwendigen Nährstoffe wie Nitrate vorhanden sind, wachsen sie. Sind die Nährstoffe aufgebraucht, sterben die Algen ab und sinken langsam auf den Meeresboden.

Kohlenstoffdioxidfreisetzung

Im Laufe der Zeit werden die Kohlenstoffverbindungen zersetzt. Dabei wird wieder Kohlenstoffdioxid frei. Es steigt an die Wasseroberfläche und dann in die Atmosphäre.

Atmosphäre

Die Bildung kalkhaltiger Lebewesen im Meer führt zu einer höheren Kohlenstoffdioxid-Konzentration im Meerwasser. Ist die maximale Löslichkeit von Kohlenstoffdioxid im Wasser erreicht, wird das überschüssige Kohlenstoffdioxid in die Atmosphäre abgegeben.
Korallen bilden sich vermehrt in warmen Zonen der Meere. Dabei wird deutlich mehr Kohlenstoffdioxid abgegeben als bei der Bildung von Kalkalgen. Da das warme Wasser aber nicht viel Kohlenstoffdioxid lösen kann, wird das Gas bei der Korallenbildung größtenteils in die Atmosphäre abgegeben.

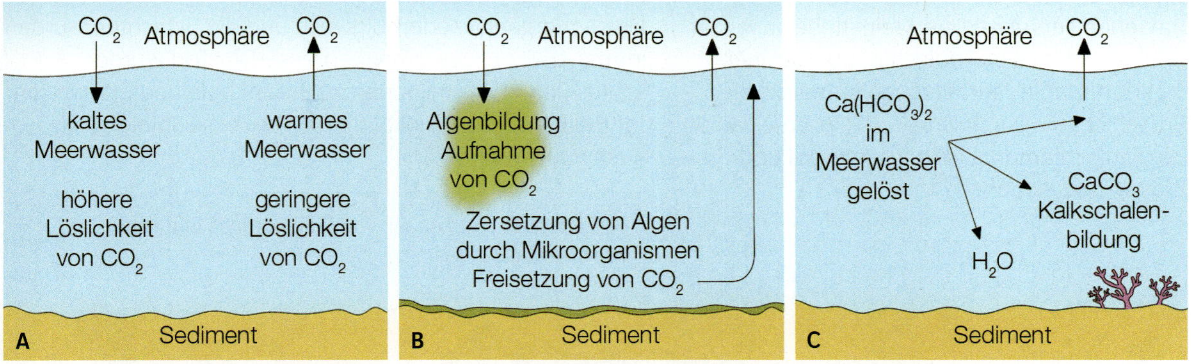

1 Kohlenstoffdioxidkreislauf: **A** durch Veränderung der Löslichkeit, **B** durch Algen, **C** bei der Kalkbildung

Das kalte Tiefenwasser strömt in wärmere Zonen und wird wieder zu wärmerem Oberflächenwasser. Dadurch verringert sich die Fähigkeit des Wassers, Kohlenstoffdioxid aufzunehmen. Kohlenstoffdioxid wird wieder in die Atmosphäre abgegeben.

Zur Bildung von Lebewesen im Meer wie Korallen und Kalkalgen wird Calciumcarbonat benötigt. Es wird aus dem im Meerwasser gelösten Calciumhydrogencarbonat gebildet. Dabei werden Wasser und Kohlenstoffdioxid frei.

$$Ca(HCO_3)_2 \rightarrow CaCO_3 + H_2O + CO_2$$

Du kannst den Kohlenstoffdioxidkreislauf zwischen Meer und Atmosphäre beschreiben.

Basiskonzepte S. 81

Die Entstehung von Erdöl, Erdgas und Kohle

1.
Nenne je vier Länder
a) mit Erdgasvorkommen,
b) mit Erdölvorkommen,
c) mit Braunkohlevorkommen,
d) mit Steinkohlevorkommen.

2.
Beschreibe die Entstehung von
a) Erdöl und Erdgas,
b) Braunkohle und Steinkohle.

3.
Nenne Gemeinsamkeiten und Unterschiede bei der Entstehung von Erdöl und Kohle.

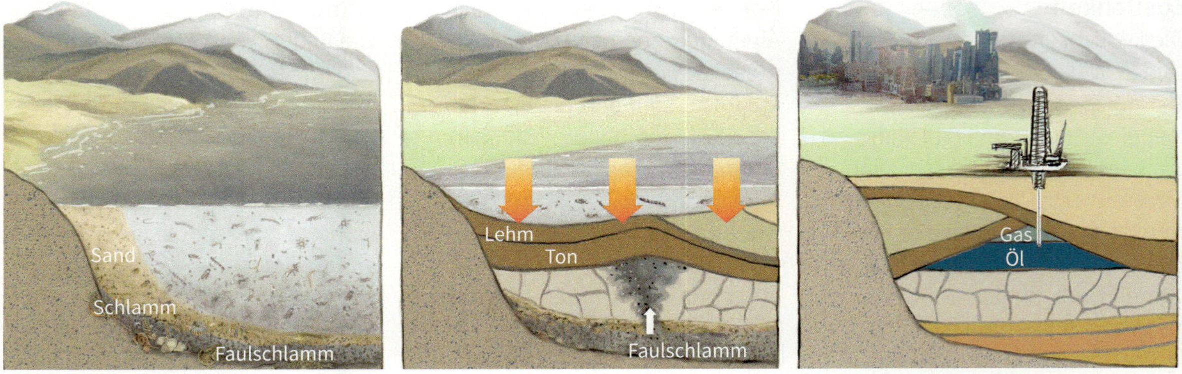

1 So entstand Erdöl.

Erdöl und Erdgas entstehen

Vor Millionen Jahren waren weite Teile der Erde von Meeren bedeckt, in denen unzählige Kleinstlebewesen lebten. Abgestorben sanken sie auf den Meeresboden. Sie bildeten dort mächtige Schichten, die von der Luft abgeschlossen waren.
Bakterien zersetzten die Kleinstlebewesen und es bildete sich Faulschlamm. Darüber lagerten sich in Jahrmillionen immer wieder Erdschichten. Durch Druck und Wärme wurde der Faulschlamm allmählich in Erdöl und Erdgas umgewandelt.

Kohle entsteht

Vor mehr als 300 Millionen Jahren waren große Teile der Erde von tropischen Sumpfwäldern bedeckt, die immer wieder von Wasser überflutet wurden. Bäume und andere Pflanzen starben ab, Ton und Sand deckten die abgestorbenen Pflanzen zu. Dadurch wurden diese von der Luft abgeschlossen. Sie wandelten sich um zu Torf.
Dieser Vorgang wiederholte sich und die Schichten wurden immer stärker zusammengepresst. Der Torf wurde schließlich in Jahrmillionen zu Braunkohle und in weiteren Jahrmillionen zu Steinkohle. Die Prozesse spielen sich auch heute noch ab.

Du kannst die Entstehung von Erdöl, Erdgas und Kohle beschreiben.

2 So entstand Kohle.

Basiskonzepte S. 81

Ein merkwürdiger Stoff verändert ein Dorf

STREIFZUG

Der merkwürdige Stoff

Im Jahre 1652 schrieb der Vogt von Winsen/Aller an den Großvogt in Celle über einen Stoff, der auf den Wiesen und auf den Äckern des Dorfes Wietze aus dem Boden quoll. Die Bewohner des Dorfes gruben den mit Sand vermischten Stoff aus. In großen Trögen wurde das Gemisch mit Wasser versetzt und kräftig gerührt. Der Sand setzte sich am Boden des Troges ab, der Stoff schwamm auf dem Wasser und konnte abgeschöpft werden. Er wurde zum Abdichten von Fässern, Kähnen und Dächern, als Wagenschmiere und Teer genutzt. Noch ahnten die Einwohner nicht, dass sie Erdöl gefunden hatten.

Jetzt ging es richtig los

1859 wurde in Wietze die erste Bohrung nach Bodenschätzen in Deutschland durchgeführt. Es wurde nach Braunkohlelagerstätten gesucht. Dabei wurde überraschend Erdöl gefunden. Die anfänglich geringe Fördermenge wurde durch das Auffinden neuer Erdölfelder immer größer. Ein Erdölboom war ausgebrochen. 1910 konnten etwa 80 % des Erdölbedarfs von Deutschland durch das Erdöl aus den Erdölquellen in Wietze gedeckt werden.

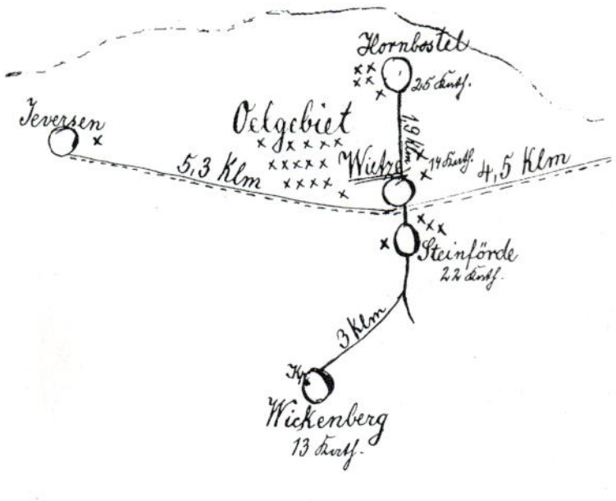

1 Lage des Erdölfeldes um 1910

2 Erdölfeld bei Wietze um 1910

Der Ort verändert sich

Mit den Erdölquellen und der Förderung des Erdöls veränderten sich die Einwohnerzahl und die wirtschaftliche Struktur des Ortes Wietze. Aus einer ruhigen und stillen Ortschaft wurde der Mittelpunkt der Erdölförderung in Deutschland. Es wurden viele Arbeitskräfte für die Förderung des Öls benötigt, weit mehr als Wietze zu der Zeit an Einwohnern hatte. Arbeitskräfte von auswärts wurden angeworben. Schnell hatte sich die Einwohnerzahl des Ortes verzehnfacht.

Erdöl schmiert die Wirtschaft

Das geförderte Öl musste zur Weiterverarbeitung abtransportiert werden. Dazu waren viele Fuhrleute und Fuhrwerke notwendig, die außerdem auch das benötigte Baumaterial herbeischafften.
Geräte und Fuhrwerke mussten repariert, Wohnungen und Fahrwege mussten gebaut und Baumaterial hergestellt werden. So wirkte die Erdölförderung auf viele andere Wirtschafts- und Berufszweige und verschaffte vielen Menschen Arbeit und Brot.

Umweltbelastungen durch das Erdöl

Die Umwelt wurde durch die Erdölförderung sehr stark belastet. Oft waren die Bohrlöcher nicht ausreichend abgedichtet, sodass große Mengen von Erdöl unkontrolliert an der Erdoberfläche austraten und anschließend im Boden versickerten.

Beim Abfüllen des Erdöls in Fässer traten weitere Verunreinigungen auf. Weite Landflächen, Bäche und Flüsse waren schwarz vom Erdöl.

Das war's – fast

1963 wurde die Erdölförderung in Wietze eingestellt. Die vorhandenen Quellen waren erschöpft, die Erschließung weiterer Quellen war zu teuer. Heute ist in Wietze von den ursprünglichen Umweltbelastungen durch das Erdöl nichts mehr zu sehen.
So ganz hat sich das Erdöl aber nicht von Wietze verabschiedet. Hier befindet sich nämlich das bedeutendste Erdölmuseum Europas mit seltenen Ausstellungsstücken und einer großen Außenanlage mit Bohrgeräten.

Lagerstätten von Erdgas und Erdöl

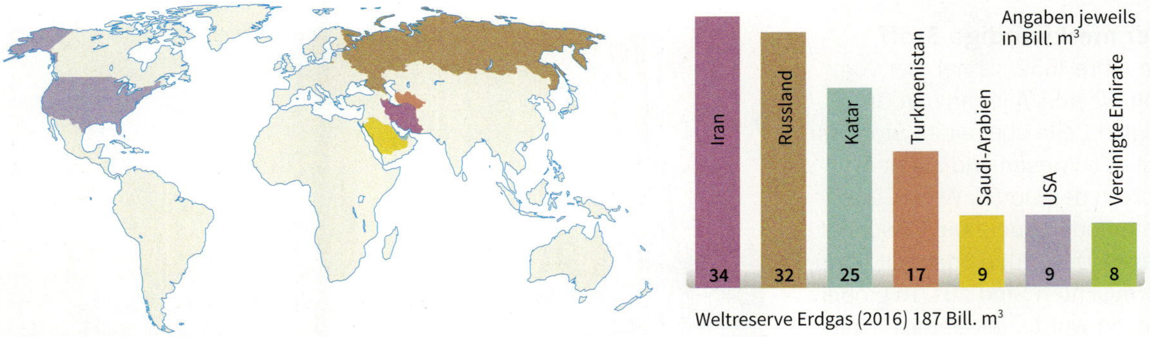

1 Sicher gewinnbare Erdgasmengen

1. Gib den Vorrat an Erdgas in den jeweiligen Lagergebieten in Prozent des Gesamtvorrats an.

2. Nenne mithilfe des Atlas drei Lagerstätten von Erdgas in Westeuropa.

3. Gib den Vorrat an Erdöl in den jeweiligen Lagergebieten in Prozent des Gesamtvorrats an.

4. Nicht alle nachgewiesenen Erdölvorräte werden abgebaut. Nenne Gründe dafür.

Bekannte Erdgas- und Erdöllagerstätten

Die förderbaren Vorräte in den bekannten Lagerstätten reichen bei gleichbleibendem Verbrauch von Erdgas noch für etwa 60 Jahre. Die größten Vorräte liegen im Nahen Osten und in Russland.

Weitere riesige Mengen von Erdgas befinden sich als Gashydrat vor der nordamerikanischen Ostküste in 2000 m bis 3000 m Tiefe. Dieses **Gashydrat** ist ein Gemisch aus Erdgas und Wasser. Es liegt als dicker schneeartiger Teppich auf dem Meeresboden. Allerdings gibt es bis heute noch keine Möglichkeit, diese Vorräte wirtschaftlich zu fördern. Die mit Abstand größten Lagerstätten von Erdöl liegen in Südamerika und Nahen Osten. Doch auch in Europa wird Erdöl gefördert.

Die Vorräte sind endlich

Die Vorräte an Erdöl in den nachgewiesenen Erdöllagerstätten reichen bei gleichbleibendem Verbrauch noch für etwa 50 Jahre. Das ist eine relativ kurze Zeit. Durch geringeren Verbrauch kann die Zeitspanne, in der das Erdöl noch vorhanden ist, ausgedehnt werden. Ganz wichtig ist, dass jetzt schon Alternativen zur Energieversorgung für die Zeit nach dem Erdöl erarbeitet werden.

Du kannst Lagerstätten von Erdgas und Erdöl angeben.

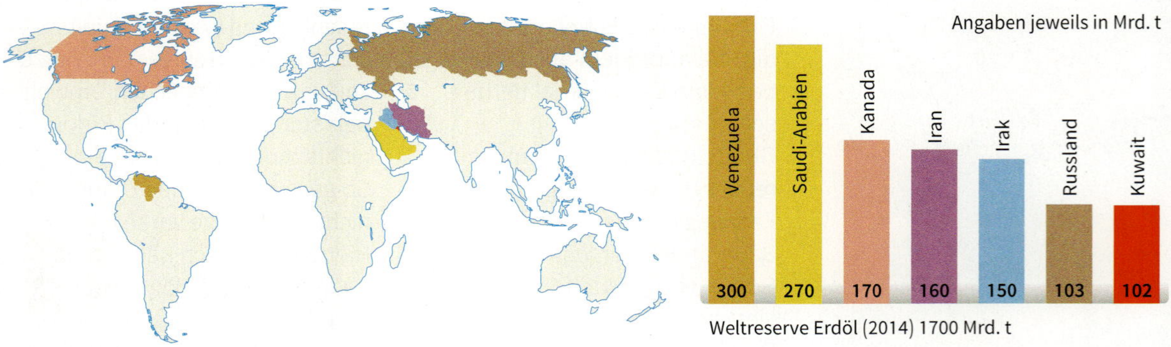

2 Nachgewiesene Erdölreserven

Fördermengen als Wirtschaftsfaktor

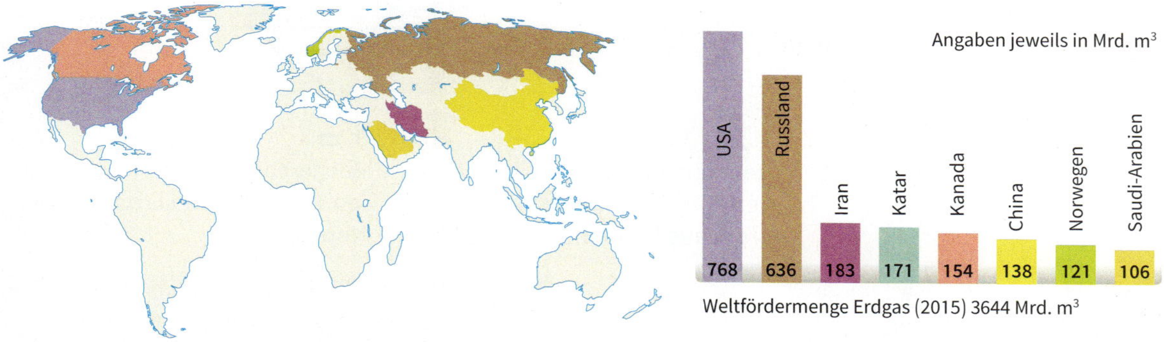

1 Die wichtigsten Erdgasförderländer mit Fördermengen

1. Berechne, wie viel Prozent der Gesamtfördermengen jeweils die ersten drei Länder fördern (Bild 1).

2. Nenne Gründe für die Zunahme der Erdgasfördermengen von Jahr zu Jahr.

3. Nenne jeweils die wirtschaftlichen Interessen der Länder, die Erdgas oder Erdöl importieren, und der Länder, die Erdgas oder Erdöl exportieren.

4. Informiere dich und berichte über Interessen der OPEC.

OPEC
Organization of the
Petroleum
Exporting
Countries

Erdgas und Erdöl werden exportiert

Die Einnahmen aus dem Export von Erdgas und Erdöl sichern den Förderländern die wirtschaftliche Grundlage. Sie sind daran interessiert, dass sie einen möglichst hohen Preis für ihre Produkte bekommen.
Wird aber Erdgas oder Erdöl in zu großen Mengen angeboten, so sinkt durch das Überangebot der Preis. Wird weniger exportiert, so kann ein höherer Preis für kleinere Mengen erreicht werden. Das geht aber nur, wenn die Erdöl exportierenden Länder sich einig sind. Deshalb haben sie sich zu einem Kartell, der OPEC, zusammengeschlossen.

Erdgas und Erdöl werden importiert

Die Industriestaaten benötigen Erdgas und Erdöl in großen Mengen als Energieträger oder Rohstoff. Doch nicht alle Industriestaaten verfügen selbst über die benötigten Mengen. Sie müssen diese Stoffe aus Ländern importieren, die mehr fördern, als im eigenen Land benötigt wird. Die Importländer wollen möglichst wenig für die Energieträger und Rohstoffe bezahlen und erwarten sie, dass Erdgas und Erdöl immer in den von ihnen gewünschten Mengen zur Verfügung gestellt werden.

Du kannst jeweils die Interessen der Erdgas und Erdöl exportierenden und importierenden Länder angeben.

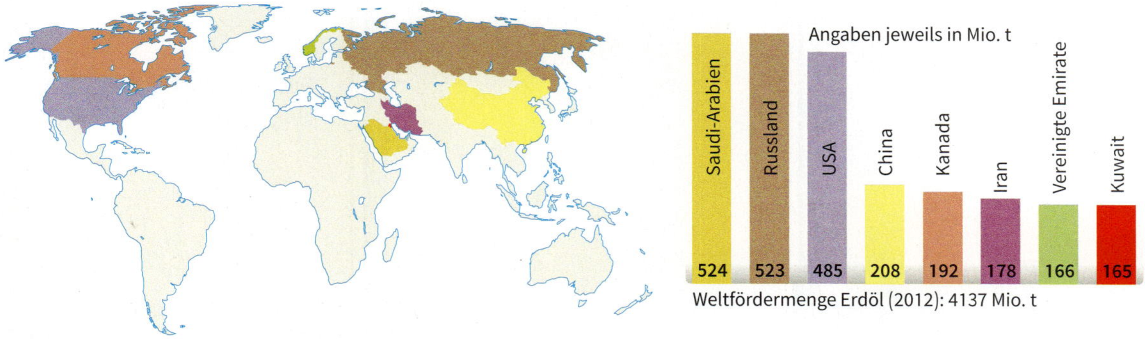

2 Die wichtigsten Erdölförderländer mit Fördermengen

Die Förderung von Erdöl und Erdgas

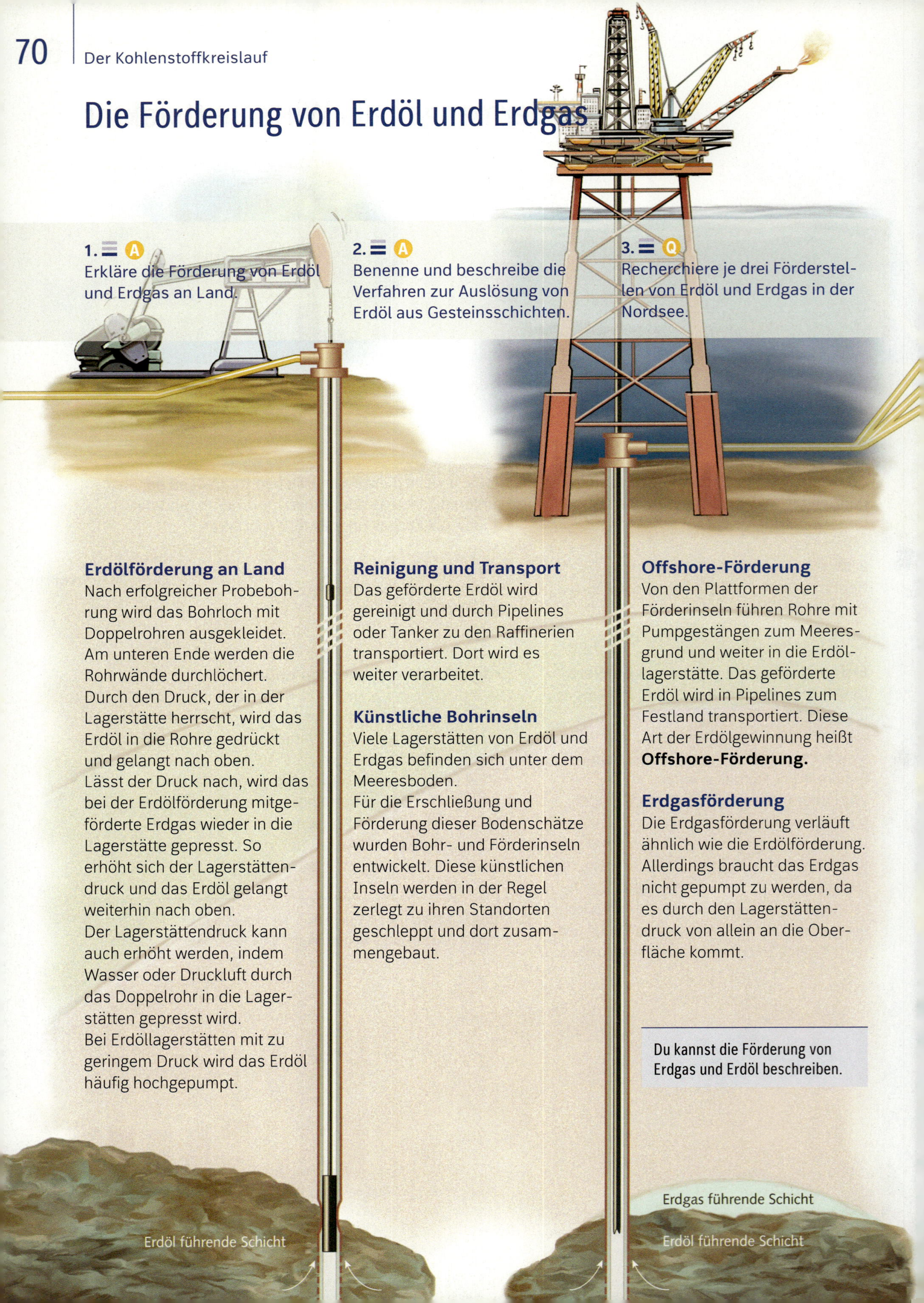

1. Erkläre die Förderung von Erdöl und Erdgas an Land.

2. Benenne und beschreibe die Verfahren zur Auslösung von Erdöl aus Gesteinsschichten.

3. Recherchiere je drei Förderstellen von Erdöl und Erdgas in der Nordsee.

Erdölförderung an Land

Nach erfolgreicher Probebohrung wird das Bohrloch mit Doppelrohren ausgekleidet. Am unteren Ende werden die Rohrwände durchlöchert.
Durch den Druck, der in der Lagerstätte herrscht, wird das Erdöl in die Rohre gedrückt und gelangt nach oben.
Lässt der Druck nach, wird das bei der Erdölförderung mitgeförderte Erdgas wieder in die Lagerstätte gepresst. So erhöht sich der Lagerstättendruck und das Erdöl gelangt weiterhin nach oben.
Der Lagerstättendruck kann auch erhöht werden, indem Wasser oder Druckluft durch das Doppelrohr in die Lagerstätten gepresst wird.
Bei Erdöllagerstätten mit zu geringem Druck wird das Erdöl häufig hochgepumpt.

Reinigung und Transport

Das geförderte Erdöl wird gereinigt und durch Pipelines oder Tanker zu den Raffinerien transportiert. Dort wird es weiter verarbeitet.

Künstliche Bohrinseln

Viele Lagerstätten von Erdöl und Erdgas befinden sich unter dem Meeresboden.
Für die Erschließung und Förderung dieser Bodenschätze wurden Bohr- und Förderinseln entwickelt. Diese künstlichen Inseln werden in der Regel zerlegt zu ihren Standorten geschleppt und dort zusammengebaut.

Offshore-Förderung

Von den Plattformen der Förderinseln führen Rohre mit Pumpgestängen zum Meeresgrund und weiter in die Erdöllagerstätte. Das geförderte Erdöl wird in Pipelines zum Festland transportiert. Diese Art der Erdölgewinnung heißt **Offshore-Förderung.**

Erdgasförderung

Die Erdgasförderung verläuft ähnlich wie die Erdölförderung. Allerdings braucht das Erdgas nicht gepumpt zu werden, da es durch den Lagerstättendruck von allein an die Oberfläche kommt.

Du kannst die Förderung von Erdgas und Erdöl beschreiben.

Die Transportwege des Erdöls

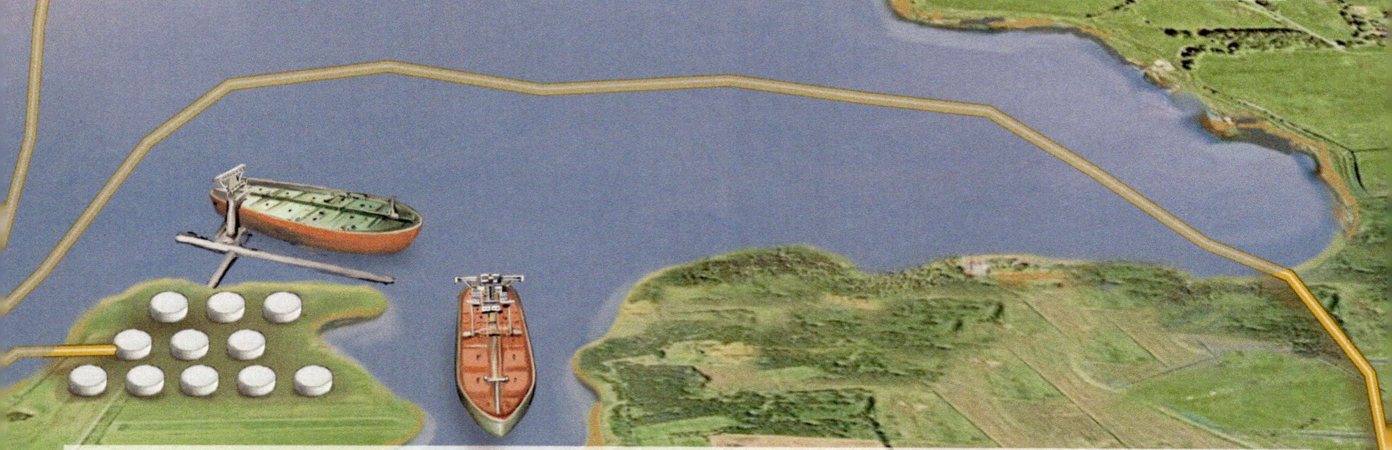

1. Beschreibe mögliche Wege des Erdöls von Kuwait nach Deutschland.

2. Nenne die Vorteile und Nachteile des Öltransports durch Pipelines.

3. Nenne Gefahren, die beim Transport von Erdöl durch Tanker bestehen.

4. Informiere dich über das Tankerunglück der Prestice Galicien 2002 und gestalte ein Informationsplakat.

Öl muss transportiert werden

Das geförderte Erdöl muss in der Regel vom Bohrloch über weite Wege transportiert werden, bis es in den Raffinerien zu gebrauchsfertigen Produkten verarbeitet werden kann.

Transport durch Pipelines

Pipelines sind Rohrleitungen, durch die Flüssigkeiten oder Gase über weite Strecken transportiert werden können. Die Rohre werden in der Regel aus dicken Stahlblechen hergestellt. Sie haben einen Durchmesser von bis zu 1,5 m und erhalten von außen eine zusätzliche Kunststoffbeschichtung. Die Rohre werden zusammengeschweißt und meistens unterirdisch verlegt. Pipelines sind sehr sichere Transportwege.

Tanker fahren über die Meere

Muss Erdöl über Meere transportiert werden, werden **Tankschiffe** eingesetzt. Das bisher größte Tankschiff ist 380 m lang, 68 m breit und hat einen Tiefgang von 24 m.

Von den Tankern geht eine große Gefahr für die Umwelt aus. Läuft wegen eines Schiffsunglücks Öl aus, werden große Gebiete des Meeres von einem Ölteppich bedeckt und lange Küstenstreifen durch Erdöl verseucht. Viele Tiere, die im Meer oder an der Küste leben, gehen elend zugrunde.
Seit einigen Jahren müssen neue Tankschiffe einen Doppelrumpf haben, damit auch bei einem Unfall das Öl nicht sofort auslaufen kann.

Du kannst die Transportwege von Erdöl beschreiben.

Die Verarbeitung von Erdgas und Erdöl

1.
Nenne verschiedene Gründe, warum Erdgas
a) getrocknet werden muss,
b) entschwefelt werden muss.

2.
Recherchiere, was mit dem Schwefel geschieht, der bei der Entschwefelung des Erdgases anfällt.

3.
Begründe, warum das geförderte Erdöl vor dem weiteren Transport gereinigt wird.

4.
Beschreibe den Unterschied zwischen Erdöl und Rohöl.

5.
Begründe, warum Erdölfraktionen einen Siedebereich und keine Siedetemperatur haben.

6.
Nenne die verschiedenen Fraktionen, die bei der Destillation entstehen. Gib auch ihre Verwendung an.

1 Entschwefelungsanlage für Erdgas

2 Erdölraffinerie

Aufbereitung des Erdgases

Das Erdgas, das aus dem Bohrloch kommt, enthält neben Wasser auch den sehr giftigen, übelriechenden Schwefelwasserstoff (H_2S). Diese beiden Stoffe greifen Pipelines und Verarbeitungsanlagen stark an. Rohre und Leitungen würden sehr schnell korrodieren und müssten immer wieder ersetzt werden. Der giftige Schwefelwasserstoff muss außerdem aus Gründen der Sicherheit und des Umweltschutzes aus dem Erdgas entfernt werden.

Das Erdgas wird in einer Trocknungsanlage vom Wasser befreit. Es wird durch eine Flüssigkeit geleitet, die dem Erdgas das Wasser entzieht. Nach der Trocknung wird das Erdgas in eine Entschwefelungsanlage geleitet.

Bei der Entschwefelung des Erdgases werden pro Jahr fast zwei Millionen Tonnen Schwefel gewonnen. Das deckt mehr als den gesamten Bedarf der chemischen Industrie in Deutschland an Schwefel. Das vollständig entschwefelte Erdgas wird an Haushalte und Industrie geliefert.

Aufbereitung des Erdöls

Das Erdöl, das aus dem Bohrloch fließt, enthält außer Öl auch Gas, Salzwasser und weitere Verunreinigungen. Durch diese Verunreinigungen können Pipelines und Tanks angegriffen und schließlich zerstört werden. Deshalb wird das Erdöl vor dem Weitertransport mit Pipelines oder Tankschiffen von den aggressiven Beimischungen befreit.

Zuerst wird das Erdöl im Gasabscheider vom Gas getrennt. Im anschließenden Nassöltank setzen sich das Salzwasser und weitere Verunreinigungen wie Schlamm und Gesteinsbröckchen wegen ihrer höheren Dichte am Boden ab. Sie können abgezogen werden. Das Erdöl heißt jetzt **Rohöl.**

Das Salzwasser wird wieder in die Lagerstätte des Erdöls gepresst. Das gereinigte Rohöl wird zu den Raffinerien transportiert, wo es verarbeitet wird.

Der Destillationsturm

Das Rohöl wird in einem Röhrenofen auf etwa 350 °C erhitzt. Dabei entsteht ein Gemisch aus Öldampf und flüssigem Öl. Es wird in den bis zu 50 m hohen **Destillationsturm** geleitet. Die flüssigen Bestandteile sinken nach unten und werden zur weiteren Bearbeitung abgezogen. Der Öldampf enthält viele verschiedene Bestandteile des Rohöls. Sie bestehen aus unterschiedlich großen Molekülen, weshalb die Stoffe unterschiedliche Siedetemperaturen haben und so im Destillationsturm getrennt werden können. Der Turm ist durch Zwischenböden in Stockwerke eingeteilt. Vom untersten zu den oberen Stockwerken nimmt die Temperatur ab. Die Zwischenböden enthalten viele Öffnungen, die jeweils mit einem gewölbten Deckel, der **Glocke,** überdeckt sind (Bild 3). Die Zwischenböden heißen deshalb **Glockenböden.**

Vorgänge im Destillationsturm

Jeder Zwischenboden wird auf einer bestimmten Temperatur gehalten. Von unten strömt Öldampf durch die Öffnungen im Boden. Er wird dabei von der Glocke so umgelenkt, dass er durch die Flüssigkeit am Boden hindurchströmen muss (Bild 3). Die heißen Öldämpfe kühlen sich dabei ab. Alle Bestandteile mit einer Siedetemperatur um beispielsweise 200 °C kondensieren hier. Die Bestandteile des Öldampfs, die eine niedrigere Siedetemperatur als 200 °C haben, bleiben gasförmig und steigen weiter zum nächsten Glockenboden auf. Dort wiederholt sich der Kondensationsvorgang bei einer niedrigeren Temperatur. Die Stoffe mit einer sehr niedrigen Siedetemperatur bleiben gasförmig. Sie werden an der Spitze des Turms abgeleitet.

Zerlegen in Fraktionen

Bei der Erdöldestillation wird das Rohöl nicht in einzelne Reinstoffe zerlegt, sondern es entstehen Gemische aus Erdölbestandteilen, deren Siedetemperaturen nahe beieinanderliegen. Sie werden von den Glockenböden regelmäßig abgezogen und in Tanks gesammelt. Solche Gemische heißen **Fraktionen.** Diese Art der Destillation eines Flüssigkeitsgemisches heißt deshalb **fraktionierte Destillation.**

3 Glocke und Glockenboden

Du kannst die Verarbeitung von Erdgas und Erdöl beschreiben.

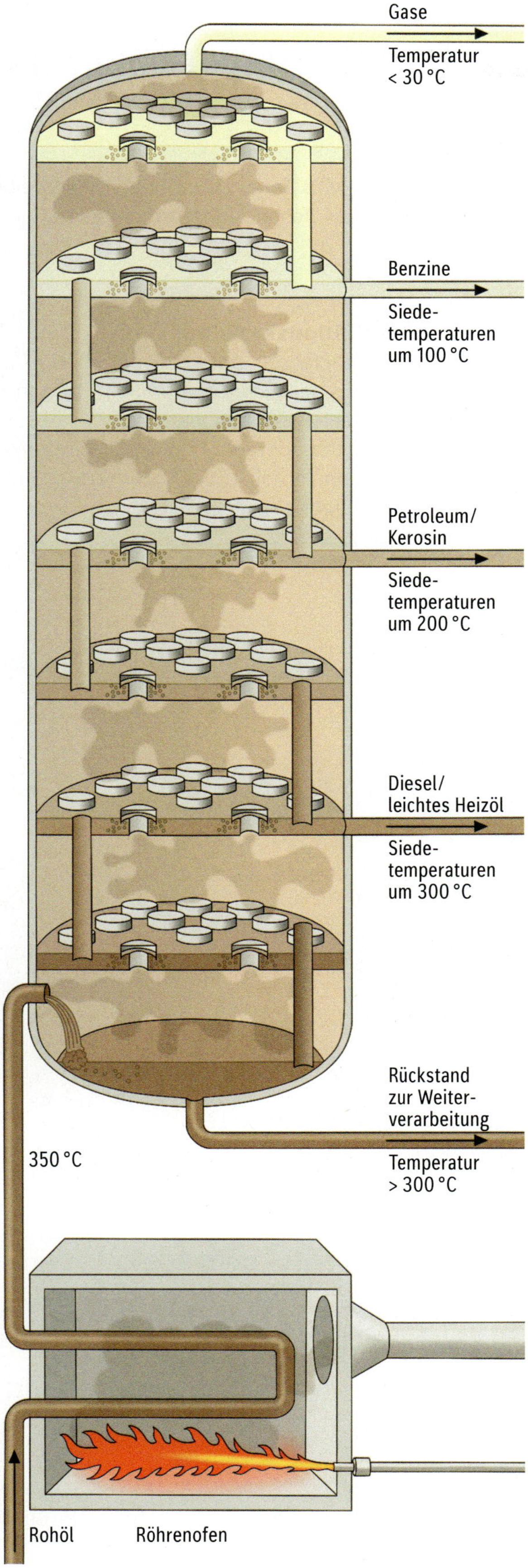

4 Aufbau eines Destillationsturms

Basiskonzepte S. 81

Destillation genauer im Blick

1. Ⓐ
Aus Erdöl wird Benzin gewonnen. Beschreibe, welche Aufgabe der Destillationsturm dabei hat.

2. Ⓐ
Gestalte ein Informationsplakat über den Destillationskreislauf.

Destillationskreislauf
Du hast erfahren, dass Bohrtürme oder Bohrinseln Erdöl aus dem Erdreich pumpen. Danach wird es über Pipelines, Transporter oder Schiffe zu Erdölraffinerien transportiert. In einer Erdölraffinerie wird zu Beginn das Erdöl auf 350 °C erhitzt und in einen Destillationsturm eingeleitet.

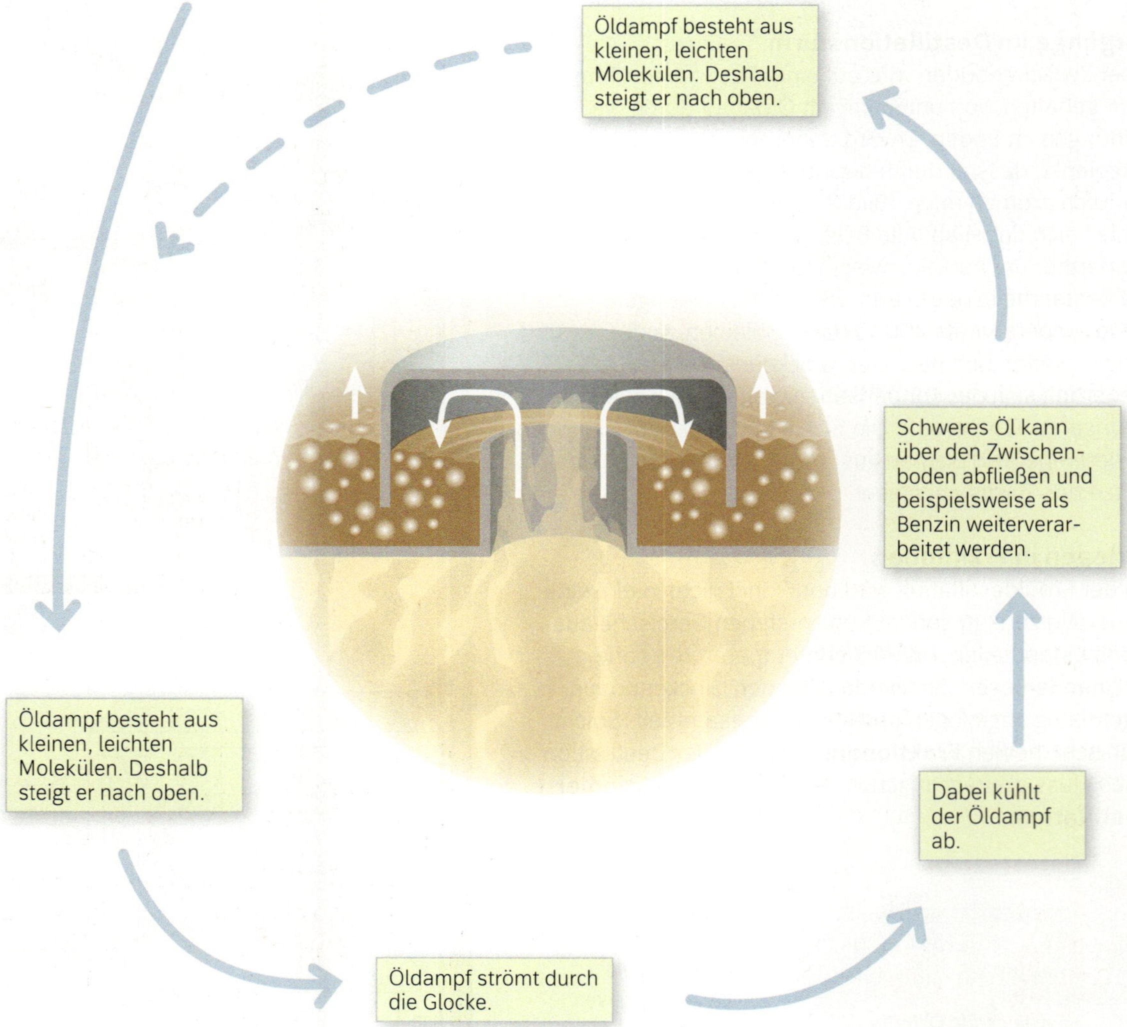

Eigenschaften von Erdölfraktionen

1. V Lehrerversuch
Vier Porzellanschalen werden jeweils mit 3 ml Benzin, Kerosin (Petroleum), Dieselöl und Motorenöl gefüllt. Ein brennender Holzspan wird jeweils dicht über die Schalen gehalten.

2. A
Notiere deine Beobachtungen von Versuch 1 und erkläre die Unterschiede zwischen den Stoffen.

3. V Lehrerversuch
Die Schalen mit Dieselöl und Motorenöl werden auf einer Heizplatte erhitzt. Von Zeit zu Zeit wird ein brennender Holzspan über die Schalen gehalten.

4. A
a) Notiere deine Beobachtungen von Versuch 3.
b) Warum wurden Dieselöl und Motorenöl erhitzt?

5. V Lehrerversuch
In je ein Reagenzglas wird Benzin, Kerosin (Petroleum), Dieselöl und Motorenöl gefüllt. In jedes Reagenzglas wird eine Stahlkugel (d = 3 mm) fallen gelassen und die Absinkzeit gemessen.

6. A
a) Erkläre die Unterschiede bei den Messungen aus Versuch 5.
b) Erläutere, warum Motorenöl als Schmieröl eingesetzt wird.

HINWEIS
Die Versuche sind unter dem Abzug durchzuführen!

1 Die Entzündungstemperaturen sind unterschiedlich.

2 Motorenöl als Schmieröl

Die Entzündungstemperatur

Sollen die verschiedenen Erdölfraktionen bei Raumtemperatur entzündet werden, gelingt das nur bei Benzin und Kerosin (Petroleum). Diese Stoffe bestehen aus kleineren Molekülen als die von Diesel- oder Motorenöl. Deshalb besitzen Benzin und Kerosin niedrigere Siedetemperaturen. Sie verdampfen leicht und haben daher niedrige **Entzündungstemperaturen.** Solche Stoffe sind leicht entzündbar und deshalb besonders feuergefährlich.

Dieselöl und Motorenöl lassen sich bei Raumtemperatur nicht entzünden. Erst nachdem sie erhitzt wurden, entstehen ausreichend entzündbare Dämpfe (Bild 1).

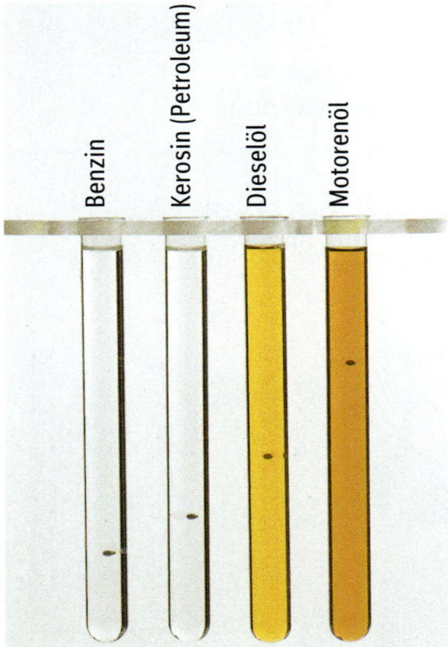

3 Unterschiedliche Viskosität

Die Viskosität

Benzin ist dünnflüssig, Motorenöl ist zähflüssig. Diese unterschiedliche Zähigkeit wird **Viskosität** genannt. Sie lässt sich gut beobachten, wenn eine Kugel in verschiedenen Fraktionen herabsinkt. Je höher die Viskosität der Fraktion ist, desto langsamer sinkt die Kugel (Bild 3). Die Ursache liegt in der unterschiedlichen Größe der Moleküle der Fraktionen. Mit zunehmender Molekülgröße nehmen auch die Anziehungskräfte zwischen den Mole külen und damit die Viskosität der Stoffe zu. Solche Stoffe werden in oft als Schmiermittel verwendet.

Du kannst unterschiedliche Eigenschaften der Erdölfraktionen angeben.

Zum Verbrennen zu schade

1. Informiere dich darüber, wozu die Bestandteile des Erdöls verwendet werden. Fasse deine Ergebnisse übersichtlich zusammen.

2. Nenne Kunststoffprodukte, die aus Erdöl und Erdgas hergestellt werden.

3. Berichte über mögliche Folgen für deinen Alltag, wenn keine Kunststoffe mehr hergestellt werden könnten.

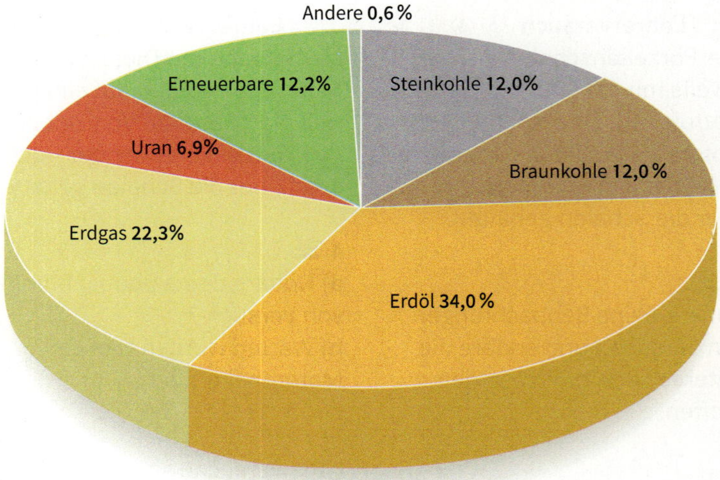

1 Fossile Brennstoffe sind heute die wichtigsten Energieträger.

Verwendung fossiler Brennstoffe

Kohle, Erdöl und Erdgas werden zu etwa 93 % als Energieträger für Kraftwerke, Industrie, Haushalte und Fahrzeuge genutzt. Nur etwa 7 % dienen als Grundstoff in der chemischen Industrie, beispielsweise zur Kunststoffherstellung.

Du kannst die Bedeutung von Erdöl, Erdgas und Kohle als Energieträger und unentbehrliche Rohstoffe erklären.

Was weg ist, kommt so schnell nicht wieder

Die Bildung fossiler Brennstoffe hat viele Millionen Jahre gedauert. Bei dem derzeitigen, hohen Bedarf werden sie in absehbarer Zeit zur Neige gehen. Auch Neufunde werden an diesem Problem grundsätzlich nichts ändern.
Da diese Stoffe als wichtige Grundstoffe für zahllose Produkte dienen, ist es eigentlich nicht zu verantworten, sie als Energieträger zu verbrennen. Um Erdgas, Erdöl und Kohle als wertvolle Rohstoffe zu erhalten, muss ihre Verwendung als Brennstoff deutlich verringert werden.

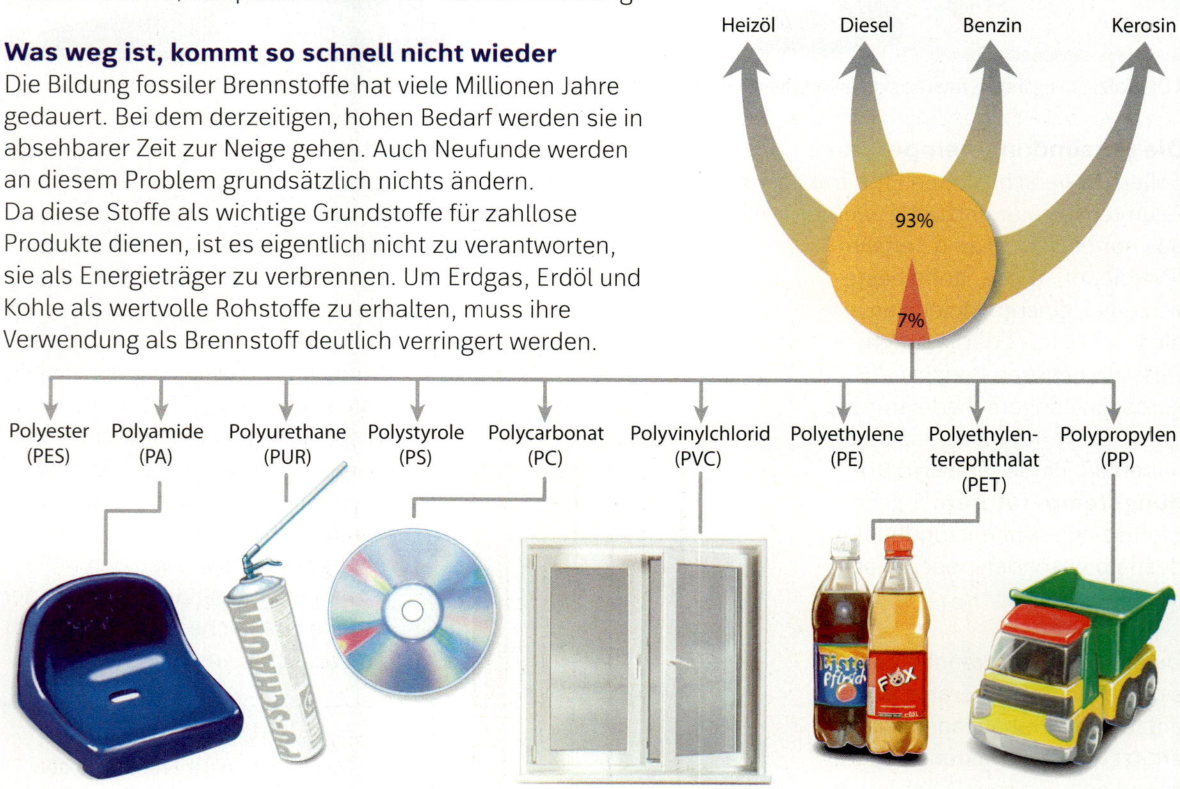

2 Aus Erdölbestandteilen wird eine Vielzahl an Produkten hergestellt.

Brennstoffe, die nachwachsen

1. Führt in der Klasse eine Diskussion über Vor- und Nachteile nachwachsender Brennstoffe.
Bildet dazu zwei Gruppen, die die jeweiligen Argumente recherchieren und vertreten.

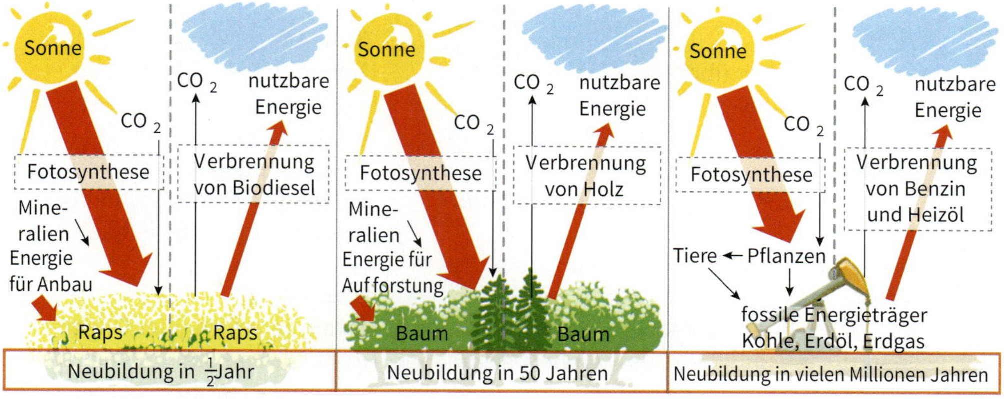

1 Vergleich der Energieträger

Holz

Seitdem der Mensch das Feuer nutzt, dient ihm Holz als nachwachsender Brennstoff. Heute sind Kaminöfen wieder sehr beliebt. Manche Heizungen nutzen Holzpellets als Brennmaterial.

Biodiesel, Bioethanol und Biogas

Aus ölhaltigen Pflanzensamen wie Rapssamen lässt sich Biodiesel gewinnen (Bild 2). Sogar altes Frittierfett kann dazu aufbereitet werden.
Bioethanol wird aus Kartoffeln, Zuckerrüben, Zuckerrohr oder Getreidestroh gewonnen. Es kann dem Benzin beigemengt werden. Aus Mist, Gülle, Müll oder Klärschlamm sowie eigens angebauten Mais wird Biogas erzeugt.

Ein Vergleich

Für den Anbau nachwachsender Brennstoffe wie Holz und Raps ist neben der Energie der Sonne auch Energie für das Betreiben der Maschinen nötig. Hier werden meist fossile Energieträger benutzt. Während Raps innerhalb eines Jahres wieder wächst, dauert die Neubildung von Holz Jahrzehnte.
Für die Entstehung von Erdgas, Erdöl und Kohle lieferte allein die Sonne die Energie. Die Bildung fossiler Brennstoffe dauerte allerdings viele Millionen Jahre. Beim Vergleich nachwachsender und fossiler Brennstoffe ist also der Zeitfaktor zu beachten (Bild 1).

Du kannst erklären, was nachwachsende Brennstoffe von fossilen Brennstoffen unterscheidet.

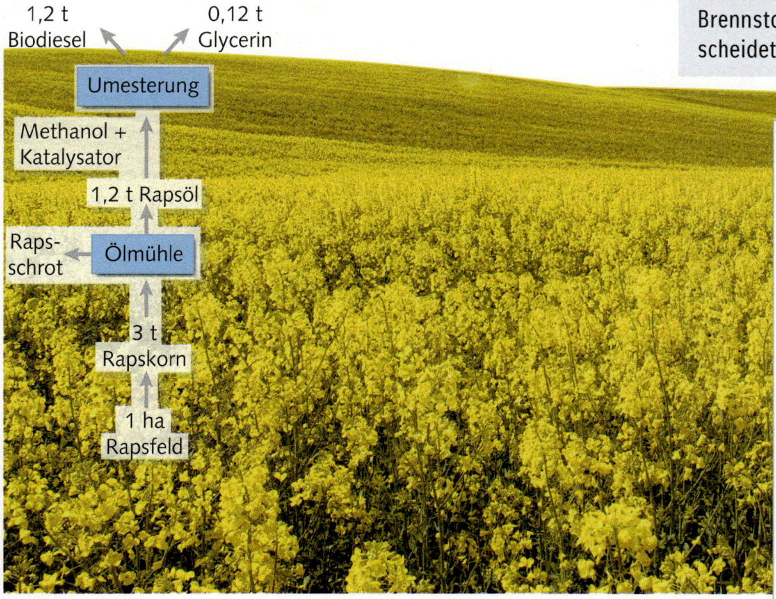

2 Biodiesel-Gewinnung

Die Kehrseite des Biosprit-Booms

Die Ausweitung der Anbauflächen für Pflanzen, die als nachwachsende Brennstoffe dienen, hat auch Nachteile. Es gehen wertvolle Anbauflächen für Nahrungsmittel verloren. Außerdem werden Regenwälder gerodet, um neue Anbauflächen beispielsweise für Ölpalmen zu gewinnen.

Es wird wärmer – leider!

1. Informiere dich über Funktion und Einsatz von Treibhäusern.

2.
a) Beschreibe den natürlichen Treibhauseffekt.
b) Beschreibe den zusätzlichen Treibhauseffekt.
c) Erkläre den Unterschied zwischen dem natürlichen und dem zusätzlichen Treibhauseffekt.
d) Erläutere die Bedeutung, die Treibhauseffekte für die Lebewesen auf der Erde haben.

3. Nenne drei Treibhausgase.

4. Nenne mögliche Ursachen und Folgen der Klimaveränderung in Deutschland und weltweit.

5. Informiere dich über Gegenmaßnahmen, um den Ausstoß von Kohlenstoffdioxid und anderer Treibhausgase zu verringern.

6.
a) Stelle dar, wo in unserer Umwelt das Gas Methan entsteht.
b) Informiere dich über die Auswirkung dieses Gases auf unser Klima.
c) Bereite einen Kurzvortrag über die Auswirkungen des Methans auf das Klima vor.

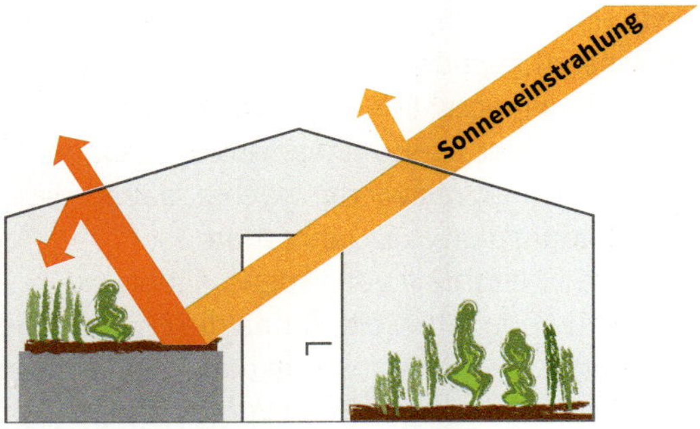

1 Treibhaus: Die Wärmestrahlung kann nicht hinaus.

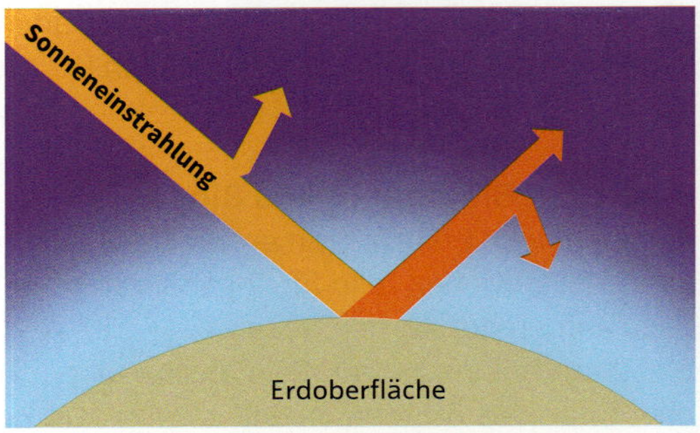

2 Erdatmosphäre: Treibhausgase halten die Wärme.

Der Treibhauseffekt

Im Treibhaus ist es auch ohne Heizung wärmer als draußen. Licht tritt durch die Glasscheiben ein. Dadurch erwärmen sich die Gegenstände im Gewächshaus. Sie geben die Energie als **Wärmestrahlung** an die Umgebung ab. Diese Strahlung wird von den Glasscheiben teilweise nach innen reflektiert. Ein Großteil der Wärme bleibt so im Treibhaus.

Der natürliche Treibhauseffekt

Die Strahlung, die von der Sonne auf die Erde gelangt, erwärmt Boden, Seen und Flüsse, lässt Wasser verdunsten und Wolken entstehen.
Wasser, Boden und Luft geben die aufgenommene Energie in Form von Wärmestrahlung in den Weltraum ab. Wolken und Gase in der Lufthülle wirken ähnlich wie das Glasdach eines Treibhauses. Sie bewirken, dass nur ein Teil der Abstrahlung in den Weltraum gelangt, das ist der **natürliche Treibhauseffekt.**
Durch den natürlichen Treibhauseffekt liegt die Durchschnittstemperatur der Erde bei 15 °C. Ohne ihn würde die Durchschnittstemperatur der Erde –18 °C betragen.

Der zusätzliche Treibhauseffekt

Seit vielen Jahren wird ein Ansteigen der Durchschnittstemperatur der Erde beobachtet. Ursache dafür ist das vermehrte Auftreten bestimmter Gase in der Lufthülle, die die Wärmeabstrahlung von Wärme in den Weltraum zusätzlich behindern. Diese Gase werden **Treibhausgase** genannt.

Zu diesen Gasen gehören hauptsächlich Kohlenstoffdioxid, Methan und Stickstoffoxide (Bild 3). Sie vermindern in den oberen Luftschichten die Abstrahlung von Wärme der Erde in den Weltraum.

Da dadurch langfristig mehr Energie aufgenommen wird als abgegeben wird, steigt die Durchschnittstemperatur auf der Erde. Das ist der vom Menschen verursachte, **zusätzliche Treibhauseffekt.**

Basiskonzepte S. 81

3 Verursacher des zusätzlichen Treibhauseffektes

Anstieg des Gehaltes an Kohlenstoffdioxid

Bei der Verbrennung fossiler Brennstoffe entsteht das Treibhausgas **Kohlenstoffdioxid.**
In Kohlekraftwerken werden Braun- und Steinkohle zur Energieerzeugung verbrannt, in den Motoren der Autos Benzin und Diesel, in Heizungsanlagen Holz, Erdgas und Heizöl. Seit vielen Jahren steigen der Verbrauch der Brennstoffe und damit auch die Erzeugung von Kohlenstoffdioxid. Parallel dazu werden große Waldflächen abgeholzt. Dadurch geht die Aufnahme von Kohlenstoffdioxid durch Pflanzen zurück.

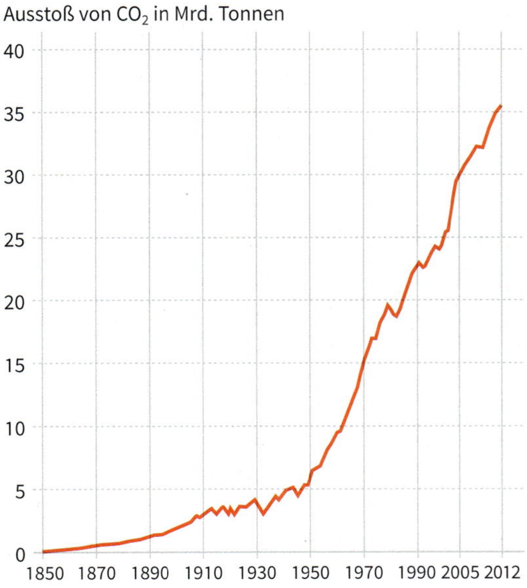

4 Anstieg des Kohlenstoffdioxidgehalts in der Atmosphäre

Methan als Treibhausgas

Neben Kohlenstoffdioxid trägt das Gas **Methan** zur Klimaveränderung bei. Methan entsteht nicht durch Verbrennung, sondern es wird von Wiederkäuern wie Rindern als Verdauungsgas und beim Reisanbau in großen Mengen freigesetzt. Weiter entsteht Methan in Sümpfen und als Deponiegas in Abfalldeponien sowie in Leckagen von Gaspipelines.

Weitere Treibhausgase

FCKW (**F**luor**c**hlor**k**ohlen**w**asserstoffe) und **FKW** (**F**luor**k**ohlen**w**asserstoffe) in Klimaanlagen, Lösungsmitteln, Entfettungsmitteln und Treibmitteln sorgen ebenfalls für eine Erhöhung des Treibhauseffektes. Ebenso verstärken die **Stickstoffoxide** aus Verbrennungen bei hohen Temperaturen den zusätzlichen Treibhauseffekt.

Auswirkungen

Ein Klimawandel mit einer Temperaturerhöhung um einige Grad in den nächsten hundert Jahren wird erwartet. Das Abschmelzen der Gletscher und der polaren Eiskappen sowie die Ausdehnung des Wassers durch Erwärmung lassen den Meeresspiegel steigen.
Meeresströmungen verändern sich, Klimazonen verschieben sich, was zu einer Ausdehnung von Wüsten führt. Dadurch können bestimmte Nahrungspflanzen in erwärmten Gebieten nicht mehr wachsen. Extreme Wettererscheinungen werden häufiger.

Du kannst die Entstehung des zusätzlichen Treibhauseffektes beschreiben und seine Auswirkungen nennen.

Der Kohlenstoffkreislauf

Entstehung von Erdöl, Erdgas und Kohle und ihre Oxidation

Erdöl und Erdgas haben sich vor Jahrmillionen aus Kleinstlebewesen gebildet, Kohle aus Pflanzen. Durch Oxidation dieser Stoffe wird Energie gewonnen. Als Oxidationsprodukt entsteht in großen Mengen Kohlenstoffdioxid (CO_2).

Kohlenstoffkreisläufe

Der Kreislauf **Pflanze–Tier, Mensch–Pflanze** beschreibt die Abgabe von Kohlenstoffdioxid und Aufnahme von Sauerstoff durch Tier und Mensch sowie die Aufnahme von Kohlenstoffdioxid und die Abgabe von Sauerstoff durch die Pflanzen.
Der Kreislauf **Atmosphäre–Meer–Atmosphäre** beschreibt die Aufnahme von Kohlenstoffdioxid aus der Luft ins Meerwasser, dessen Bindung durch Algen und die Abgabe von Kohlenstoffdioxid an die Luft bei deren Zersetzung.

Erdgas und Erdöl

zersetzte Kleinstlebewesen
↓ **über Jahrmillionen Luftabschluss und hoher Druck, Wärme**
Erdgas und Erdöl
↓
Förderung: Offshore, an Land
↓
Transport: Pipelines, Tanker
↗
Verarbeitung: Erdöl: Destillation, Cracken
↓
Verwendung: Erdgas: Energieträger Erdöl: Energieträger, chem. Industrie (zum Beispiel Kunststoffe)

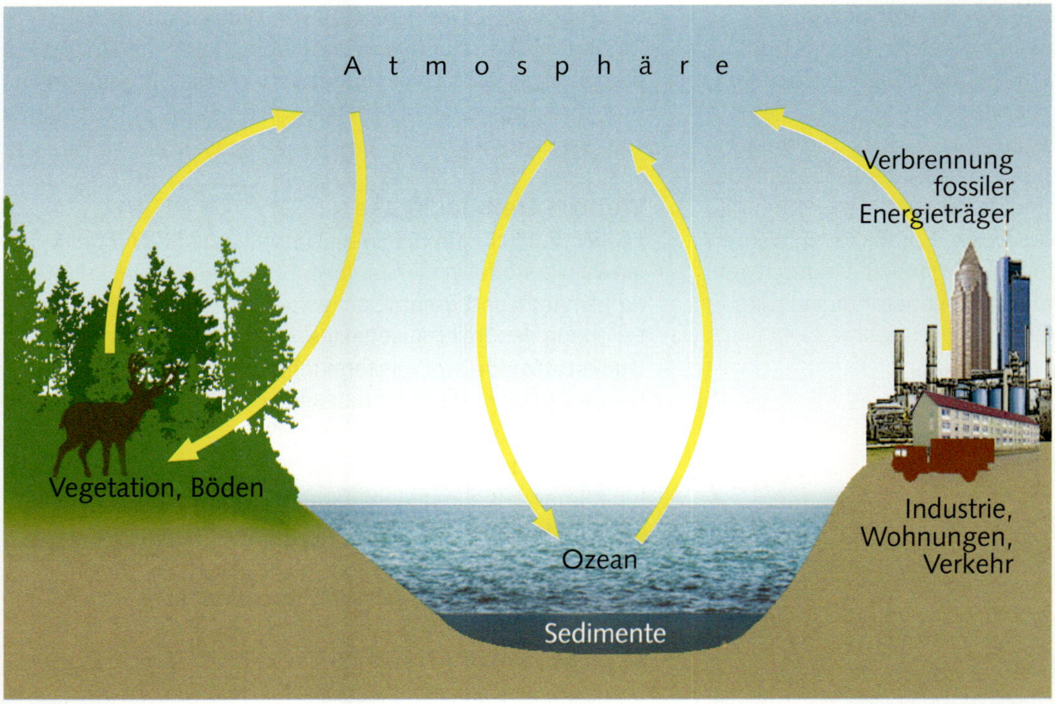

Destillation

Aus einer Lösung zweier Flüssigkeiten lässt sich die Flüssigkeit mit der niedrigeren Siedetemperatur durch **Destillation** abtrennen. Dieses Verfahren wird zur Gewinnung der einzelnen Erdölbestandteile aus Rohöl genutzt.

Erdöldestillation

Durch Reinigung von Erdöl entsteht Rohöl. Es enthält Kohlenwasserstoff-Verbindungen mit unterschiedlicher Kettenlänge. Durch Erdöldestillation werden die unterschiedlichen Bestandteile wie Benzin, Kerosin und Heizöl gewonnen.

Stoff-Teilchen-Struktur-Eigenschaften

Stoff-Teilchen-Struktur-Eigenschaften

1. A

Die Kohlenstoffkreisläufe sind komplexe Systeme.

a) Nenne Beispiele für verschiedene Kohlenstoffkreisläufe in der Natur.

b) Nenne Faktoren, mit denen der Mensch den Kohlenstoffkreislauf beeinflusst.

→ S. 64/65/78

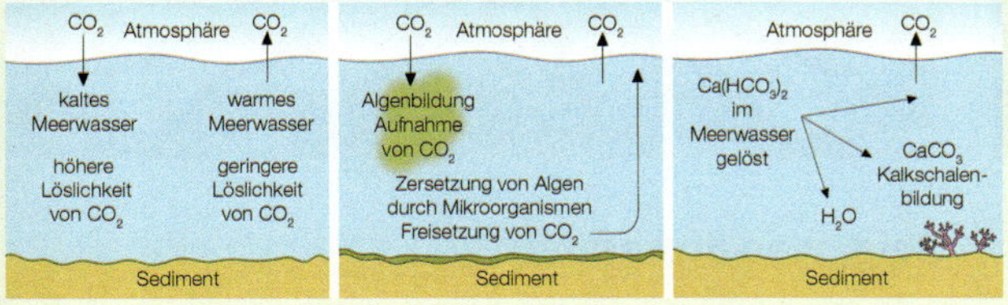

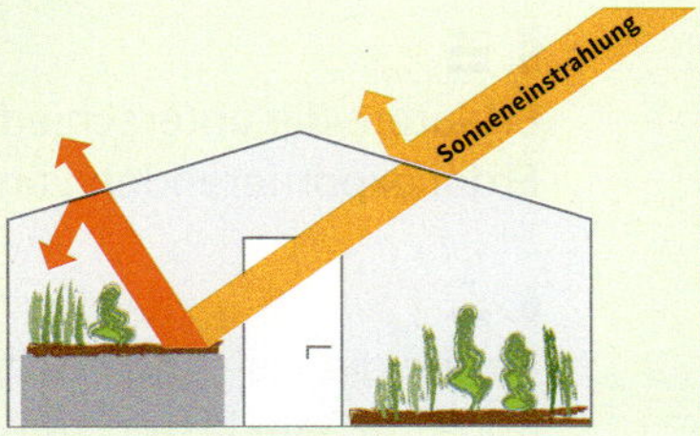

Stoff-Teilchen-Struktur-Eigenschaften

2. A

Beschreibe die stufenweise Entstehung der Steinkohle aus Pflanzen.

3. A

Nenne die drei Regionen oder Staaten mit den

a) größten Erdgaslagerstätten,

b) größten Erdöllagerstätten.

4. A

Beschreibe den Weg des Erdöls von der Lagerstätte bis zur fraktionierten Destillation.

5. A

Fasse die Vorgänge bei der fraktionierten Destillation kurz zusammen.

→ S. 66/73

Der Kohlenstoffkreislauf

Kohlenstoffkreislauf

Kannst du schon ...

... die Bedeutung des Kohlenstoffs für Menschen und Industrie aufzeigen? (S. 60 – 61)

... die Kohlenstoffkreisläufe beschreiben? (S. 62 – 65)

... den Kohlenstoffkreislauf in der Natur beschreiben und die Bedeutung der Pflanzen für Mensch und Tier begründen? (S. 64)

Zeig, was du kannst!

1. A
Gib an, welche Gase Tiere und Menschen jeweils einatmen und ausatmen.

2. A
Beschreibe, wie Kohlenstoffdioxid in der Natur gebunden wird. Gib Beispiele solcher Verbindungen an.

3. A
Nenne Faktoren, mit denen die Menschen den Kohlenstoffkreislauf beeinflussen.

Erdöl, Erdgas und Kohle

Kannst du schon ...

... die Entstehung von Erdöl, Erdgas und Kohle beschreiben? (S. 66)

... Lagerstätten von Erdgas und Erdöl angeben? (S. 68)

... die Interessen der Erdgas und Erdöl exportierenden und importierenden Länder wiedergeben? (S. 69)

... die Förderung von Erdgas und Erdöl beschreiben? (S. 70)

... die Gefahren und Risiken des Transports von Erdgas und Erdöl beschreiben? (S. 71)

Zeig, was du kannst!

4. A
Skizziere in mehreren Bildern die Entstehung von Erdgas oder Erdöl.

5. A
Erläutere die unterschiedlichen Interessen der Erdöl exportierenden Länder.

6. A
Nenne die Vor- und Nachteile des Erdöltransports via Tanklaster, Tankschiff und Pipeline.

7. A
Beschreibe in kurzen Sätzen das Verfahren der Offshore Förderung.

8. A
Nenne Sicherheitsmaßnahmen beim Erdöltransport, die die Gefahr austretenden Erdöls reduzieren sollen.

Destillation

Kannst du schon ...

... die Verarbeitung von Erdgas und Erdöl beschreiben? (S. 72 – 73)
... die fraktionelle Destillation von Erdöl beschreiben? (S. 72 – 73)
... begründen, warum Benzin einen Siedebereich und keine Siedetemperatur besitzt? (S. 73)
... unterschiedliche Eigenschaften der Fraktionen angeben? (S. 75)

Zeig, was du kannst!

9. Ⓐ
Beschreibe den Unterschied zwischen Rohöl und Erdöl.

10. Ⓐ
Erkläre, warum nur Rohöl für den Transport von Erdöl verwendet wird.

11. Ⓐ
In der Destillation entstehen unterschiedliche Fraktionen. Begründe, ob es sich dabei um Reinstoffe oder Gemische handelt.

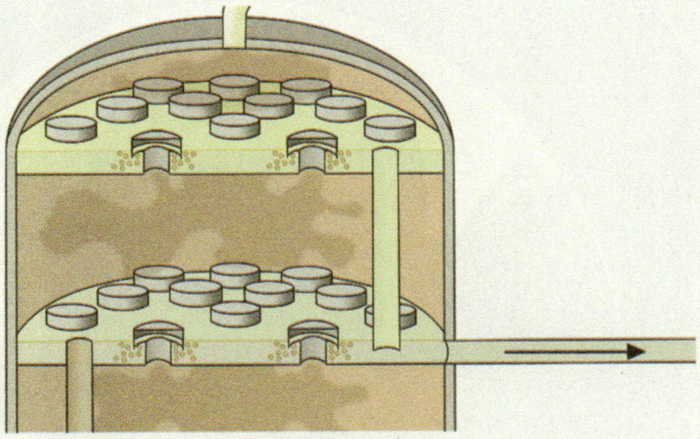

12. Ⓐ
a) Nenne vier Fraktionen, die bei der Destillation entstehen.
b) Gib dazu die jeweilige Verwendung an.

13. Ⓐ
Beschreibe das Verfahren der Erdöldestillation.

Brennstoffe, die nachwachsen

Kannst du schon ...

... die Bedeutung von Erdöl, Erdgas und Kohle als Energieträger und unentbehrliche Rohstoffe erklären? (S. 76)
... mehrere nachwachsende Rohstoffe sowie deren energiereiche Produkte nennen? (S. 77)
... erklären, was nachwachsende Brennstoffe von fossilen Brennstoffen unterscheidet? (S. 77)

Zeig, was du kannst!

14. Ⓐ
Nenne Produkte des Alltags, die aus Erdöl bestehen.

15. Ⓐ
„Ein Leben ohne Erdöl ist heutzutage nicht mehr vorstellbar." Nimm zu dieser Aussage Stellung.

16. Ⓐ
Nenne unterschiedliche Möglichkeite fossile Energieträger zu ersetzen.

Wichtige Begriffe

- Fotosynthese
- Offshore-Förderung
- Pipeline, Tankschiff
- Rohöl
- Destillationsturm
- Glocke, Glockenboden
- Fraktionen
- fraktionierte Destillation
- Entzündungstemperatur
- Viskosität
- Wärmestrahlung
- natürlicher und zusätzlicherTreibhauseffekt
- Treibhausgase
- Kohlenstoffdioxid
- Methan
- FCKW, FKW
- Stickstoffoxide

Kohlenwasserstoffe

Was ist der Brennstoff
im Feuerzeug?

Wie beeinflusst
Viehhaltung
das Klima?

Aus welchen Stoffen besteht
der Treibstoff für unsere Autos?
Worin unterscheiden sich
die verschiedenen Kraftstoffe
an der Tankstelle?

Methan – ein Gas mit vielen Namen

1. Lies die Schlagzeilen in Bild 1. Sortiere die Gasgemische nach Herkunft und Verwendungszweck.

2. Wo kann Methan entstehen?

3. Informiere dich, welche Gase als Treibhausgase bezeichnet werden und Einfluss auf das Klima haben.

1 Ein Gas sorgt immer wieder für Schlagzeilen.

Ein Gas ist allgegenwärtig

Faulgas, Grubengas, Sumpfgas, Biogas, Erdgas – die vielen Namen deuten auf die unterschiedliche Herkunft der Gase hin. Es sind alles Gasgemische, die zum größten Teil aus **Methan** bestehen.

Die Entstehung von Methan

Methan ist ein farbloses und geruchloses Gas. Es entsteht unter anderem, wenn organische Stoffe wie Pflanzen- oder Tierreste unter Luftabschluss zersetzt werden. Das geschieht beispielsweise beim Kompostieren, im Klärschlamm oder auf einer Mülldeponie. Auch im Darm des Menschen entsteht bei der Verdauung Methan.

Verwendung von Methan

Methan ist ein wichtiger Brennstoff. Als Hauptbestandteil des Erdgases werden damit Gasherde und Heizungen betrieben. Methan wird in Kraftwerken zur Erzeugung elektrischer Energie genutzt. Erdgas kann in Autos das Benzin ersetzen. In der Landwirtschaft anfallendes Biogas kann als Energieträger in Kraftwerken genutzt werden.

Methan als Treibhausgas

Immer mehr gerät Methan als Treibhausgas in den Blickpunkt. Aus sumpfigen Reisfeldern, auftauenden Dauerfrostböden und aus den Mägen von Rindern, Ziegen und anderen Wiederkäuern gelangt immer mehr Methan in die Atmosphäre. Zusammen mit anderen Gasen wie dem Kohlenstoffdioxid sorgt es für den Treibhauseffekt in der Atmosphäre. Diese Gase verhindern, dass die von der Erdoberfläche abgestrahlte Wärme ungehindert in den Weltraum gelangen kann. Methan hat dabei die größte Wirkung. Nimmt der Anteil der Treibhausgase in der Atmosphäre zu, verstärkt sich der Treibhauseffekt. Ein Klimawandel durch die fortschreitende Erwärmung der Erde ist die Folge.

2 Reisfelder sind Methanquellen.

Methan ist Bestandteil vieler Gasgemische, die als Energieträger genutzt werden. Als hochwirksames Treibhausgas ist es eine Ursache für den Klimawandel.

Methan und die Umwelt

1. ≡ Ⓐ
Beschreibe, aus welchen Quellen Methan in die Atmosphäre gelangen kann.

2. ≡ Ⓠ
Bewerte die aktuelle Diskussion über das Fracking.

Methan als Umweltproblem

Methan ist als Hauptbestandteil von Erdgas ein sehr wichtiger Energieträger. Die Förderung und die Freisetzung können aber zu Umweltschäden führen. Freigesetzt wird das Gas unter anderem bei der Rinderhaltung, dem Reisanbau, in Abfalldeponien, bei Lecks in Pipelines sowie bei Fäulnisprozessen.

Methan als Treibhausgas

Methan trägt ebenso wie Kohlenstoffdioxid zum Treibhauseffekt bei. Die schädliche Wirkung des Methans (CH_4) als Treibhausgas ist etwa 30mal stärker als die des Kohlenstoffdioxids (CO_2). Seit 1750 hat sich der Anteil von Methan in der Atmosphäre mehr als verdoppelt. Dies ist vor allem auf menschliche Aktivitäten wie Grünlandumbruch, Reisanbau, Viehzucht und Gasförderung zurückzuführen. Unter Druck in der Tiefsee und in der Kälte der Dauerfrostböden ist sehr viel Methan als Methanhydrat gespeichert. Es gibt Schätzungen, dass auf diese Weise doppelt so viel Kohlenstoff gebunden ist wie in fossilen Brennstoffen. Eine wenn auch langsame Freisetzung aus der Tiefsee und beim Auftauen der Dauerfrostböden infolge des Klimawandels würde diese noch beschleunigen.

1 Ein Brocken Methanhydrat

2 Abfackeln von Erdgas

Umweltschäden bei der Förderung

Länger bekannte Umweltschäden bei der Erdgasförderung sind Gasausbrüche oder Grundwasserverunreinigungen. Bestimmte Fördermethoden bergen weitere Gefahren.

Beim **Fracking,** dem Aufbrechen, wird methanhaltiges Gestein angebohrt und mit einem Gemisch zahlreicher Chemikalien sowie kleinen künstlichen Erdbeben aufgebrochen. So kann das Methan entweichen und wird über die Bohrlöcher gefördert. Diese Methode ist umstritten, da es zu gesundheitsschädlichen Verunreinigungen des Grundwassers kommen kann.

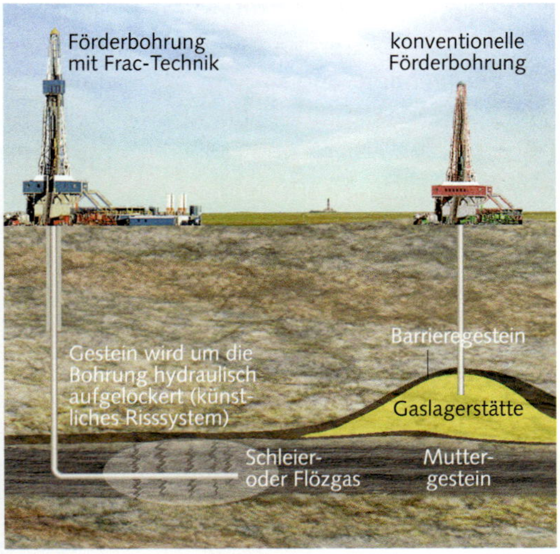

3 Fracking ist eine Erdgasfördermethode.

Methan als Abfall der Erdölförderung

Bei der Ausbeutung von Erdöllagerstätten wird auch Methan freigesetzt. Oft wird es an Ort und Stelle einfach über Fackeltürme verbrannt. Durch Ruß und andere Verunreinigungen belastet dieses sogenannte **Flaring,** Abfackeln, die Umgebung dabei erheblich.

Du kannst beschreiben, welche Umweltprobleme durch Methan ausgelöst werden.

Die Reihe der Alkane

1. Zähle auf, was an der Tankstelle in Bild 1 angeboten wird. Welche Gemeinsamkeiten haben die Stoffe?

2. Nenne Gemeinsamkeiten der Bilder 2 bis 4 auf dieser Seite.

3. a) Nenne die Zahl der Wasserstoff-Atome des Alkan-Moleküls aus 15 Kohlenstoff-Atomen.
b) Erstelle Summen- und Strukturformeln von Alkanen mit 9 und 16 Kohlenstoff-Atomen.

4. Gib die Gemeinsamkeit der Alkane wie beispielsweise Methan, Ethan, Propan an.

1 Tankstelle

Die Vielfalt der Alkane

Im Brennstoff in der Petroleumlampe, im Gas zum Kochen und Heizen, in den Salben im Badezimmerschrank oder in den Kerzen am Weihnachtsbaum – überall spielen bestimmte Kohlenwasserstoffe eine Rolle. Sie werden **Alkane** genannt und sind Bestandteile von Erdgas und Erdöl. Alkane sind brennbar, verhalten sich aber gegenüber vielen Chemikalien sehr reaktionsträge. Selbst mit konzentrierten Säuren und Laugen reagieren sie nicht.

2 Gaslaterne

Gasförmige Alkane

Methan, Ethan, Propan und Butan sind **gasförmige Alkane.** Hauptsächlich werden sie verbrannt, um Wärme zum Heizen und Kochen oder Energie anderer Form zu erhalten. Sie dienen auch in Campinglampen oder Gaslaternen zur Beleuchtung.

Flüssige Alkane

Von großer Bedeutung als Energieträger sind die **flüssigen Alkane** in Benzin, Kerosin, Diesel und Heizöl. Es sind zum Beispiel Pentan, Hexan oder Octan. Sie verdampfen sehr leicht und bilden mit Luft explosive Gasgemische.
Sie haben eine niedrige Entzündungstemperatur und sind deshalb sehr feuergefährlich. Sie sind leichter als Wasser und schwimmen deshalb auf der Wasseroberfläche. In flüssigen Alkanen lösen sich Fette und Öle sehr gut. Mit Wasser sind Alkane nicht mischbar.
Dickflüssigere Alkane werden in großen Mengen als Bestandteile von Schmierölen verwendet. Hochgereinigt werden sie in der Medizin und in der Kosmetikindustrie als Weißöle in Salben eingesetzt.

Feste Alkane

In Salben und Cremes sind **feste Alkane** zu finden, die **Paraffine** genannt werden. Feste Alkane werden auch zur Herstellung von Kerzen, Autowachsen und Linoleum verwendet.

3 Kerze

Größe der Moleküle und Aggregatzustand

Die Anzahl der Kohlenstoff-Atome im Alkan-Molekül bestimmt den Aggregatzustand des Alkans. Alkane, deren Moleküle bis zu 4 Kohlenstoff-Atome enthalten, sind bei Raumtemperatur gasförmig. Alkane, deren Moleküle 5 bis 15 Kohlenstoff-Atome enthalten, sind bei Raumtemperatur flüssig. Alkane, deren Molekülketten aus 16 und mehr Kohlenstoff-Atomen bestehen, sind bei Raumtemperatur fest (Bild 5).

4 Petroleumlampe

Homologe Reihe der Alkane

Kohlenstoff-Atome können lange Ketten bilden. So wird aus dem Methan-Molekül durch Anfügen eines Kohlenstoff-Atoms und zweier Wasserstoff-Atome ein Ethan-Molekül (C_2H_6). Mit einer dritten CH_2-Gruppe ergibt sich das Propan-Molekül:

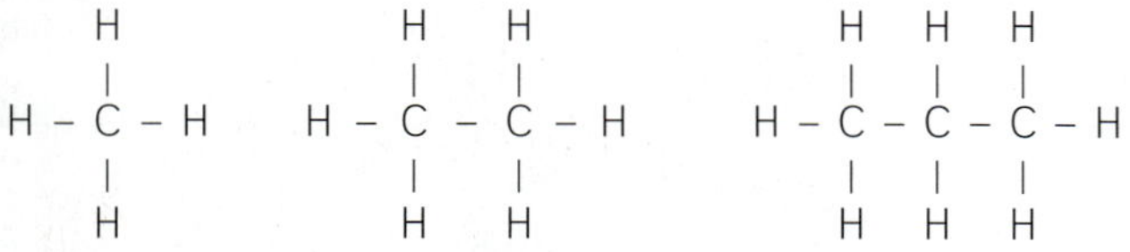

Methan **Ethan** **Propan**

Durch Einfügen weiterer CH_2-Gruppen ergibt sich eine Reihe von immer länger werdenden Kohlenwasserstoff-Molekülen. Sie wird als **homologe Reihe** bezeichnet. Aus der Anzahl der Kohlenstoff-Atome in einem Alkan-Molekül kannst du auch die Anzahl der zugehörigen Wasserstoff-Atome ermitteln.

Die Summenformel

Enthält ein Alkan-Molekül 3 Kohlenstoff-Atome, so beträgt die Anzahl der Wasserstoff-Atome 2 · 3 + 2 = 8. Das ist das Propan-Molekül. Aus diesem Beispiel lässt sich die allgemeine Summenformel der Alkane erstellen:

$$C_nH_{2n+2}$$

n steht für die Anzahl der C-Atome.

Beispiele: Ethan n = 2 C_2H_6
Pentan n = 5 C_5H_{12}

Du kannst die homologe Reihe der Alkane und ihren Molekülbau beschreiben.

Name/ Summenformel	Schmelztemp.	Siedetemp.	Aggregatzustand bei 20 °C	Verwendung	Strukturformel
Methan CH_4	−182 °C	−162 °C	gasförmig	Heizgas, Brennstoff für Gasmotoren	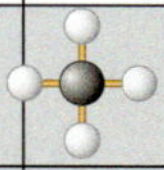
Ethan C_2H_6	−183 °C	−89 °C	gasförmig	Gewinnung von Essigsäure und Ethen	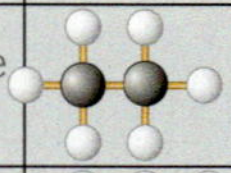
Propan C_3H_8	−188 °C	−42 °C	gasförmig	Heizgas, Treibgas in Sprays, Kältemittel in der Industrie	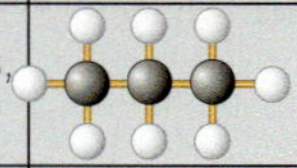
Butan C_4H_{10}	−138 °C	−1 °C	gasförmig	Campinggas, Treibgas in Spraydosen	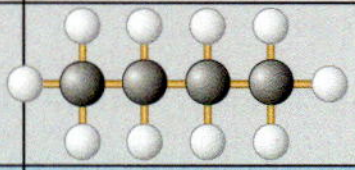
Pentan C_5H_{12}	−130 °C	36 °C	flüssig	Lösemittel, Benzin	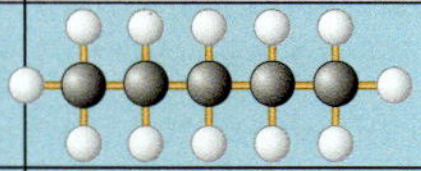
Hexan C_6H_{14}	−95 °C	69 °C	flüssig	Benzin, Lösemittel, Extraktionsmittel	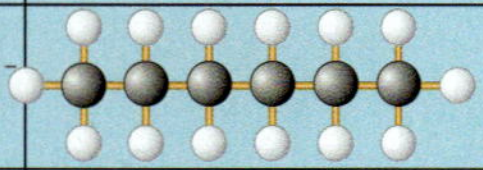
Heptan C_7H_{16}	−90 °C	98 °C	flüssig	Benzin, Lösemittel für Lacke und Klebstoffe	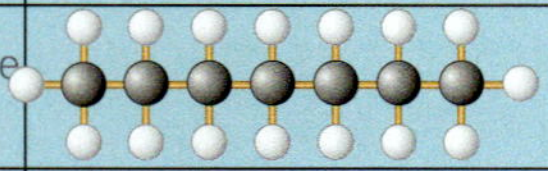
Octan C_8H_{18}	−57 °C	126 °C	flüssig	Bestandteil des Benzins	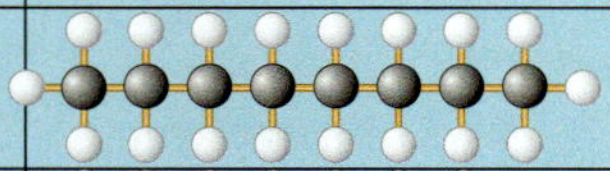
Heptadecan $C_{17}H_{36}$	22 °C	302 °C	fest	Verwendung in der Gaschromatografie	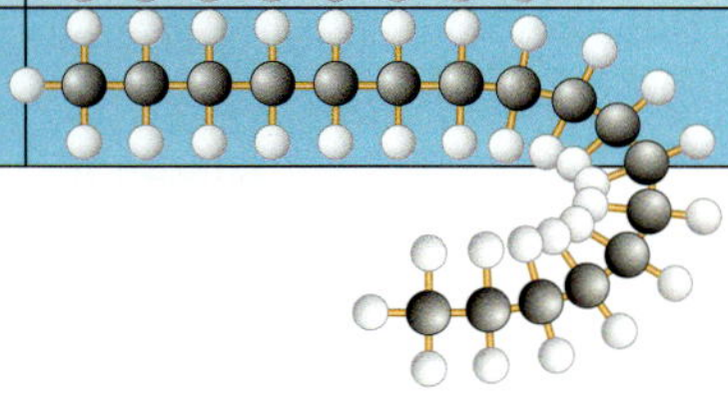

5 Ein Ausschnitt aus der homologen Reihe der Alkane

Basiskonzepte S. 105

Wichtige Alkane

PINNWAND

Butan

Butan ist ein gasförmiger Stoff, der in Erdgas enthalten ist. Butan wird als Feuerzeuggas oder als Brenngas in Gasherden und Campingbrennern verwendet. Bei der Verbrennung von Butan entsteht viel Energie, die zum Erwärmen genutzt werden kann. Wie bei allen Verbrennungen von Alkanen entsteht dabei Kohlenstoffdioxid und Wasser:

Butan + Sauerstoff → Kohlenstoffdioxid + Wasser

Unter Druck lässt sich Butangas leicht verflüssigen. Du sprichst von **Flüssiggas.**

Heptan

Heptan ist bei Raumtemperatur flüssig. Es ist ein wichtiger Bestandteil vieler Benzine. Aufgrund seiner guten Brennbarkeit wird es in Treibstoffen, aber auch als Lösemittel in der chemischen Industrie verwendet.
Die Dämpfe von Heptan sind gesundheitsschädlich und sollten nicht eingeatmet werden. In Verbindung mit Sauerstoff können gefährliche explosive Gas-Luft-Gemische entstehen. Heptan sollte in den Behälter für organische Stoffe entsorgt werden.

Octadecan

Ebenfalls ein Alkan ist **Octadecan.** Dieser Stoff ist bei Raumtemperatur fest. Es handelt sich um eine weiße, wasserunlösliche Substanz, die bei 28 °C schmilzt.
Octadecan wird als Erdöl gewonnen und als geschmeidigmachender Zusatzstoff in Hautcremes und als Lösemittel verwendet. Mithilfe chemischer Reaktion kann Octadecan zu wachsähnlichen Stoffen weiterverarbeitet werden.

MERKE
Alkane sind vielfältig.

1. Ⓐ
a) Nenne wichtige Verwendungsmöglichkeiten der drei oben genannten Alkane.
b) Gib die Aggregatzustände der drei Alkane bei Raumtemperatur an.

2. Ⓐ
a) Erkläre den irreführenden Begriff „Flüssiggas".
b) Nenne ein weiteres „Flüssiggas" außer Butan.

3. Ⓐ
Gib an, welche Alkane bei Raumtemperatur fest, flüssig beziehungsweise gasförmig sind. Gib dazu auch die entsprechenden Kettenlängen an.

Die Struktur bestimmt die Eigenschaften

1. Ⓐ
a) Begründe, ob Butan (C_4H_{10}) oder Pentan (C_5H_{12}) die höhere Siedetemperatur hat.
b) Nenne das Alkan, das die niedrigste Siedetemperatur aller Alkane aufweist.

2. Ⓠ
a) Nenne Voraussetzungen dafür, dass ein Fett- oder Ölabscheider funktioniert.
b) Auch Tankstellen nutzen Abscheider. Recherchiere, wofür diese Abscheider gut sind.

3. Ⓠ
a) Kerzen enthalten Paraffin. Recherchiere die Zusammensetzung von Paraffin und begründe die Brennbarkeit.
b) Nenne die bei der Verbrennung entstehenden Stoffe.

Siedetemperatur

Zwischen kleinen Alkan-Molekülen herrschen schwache Anziehungskräfte. Zwischen großen Molekülen ist die Anziehung größer. Je größer die Anziehung zwischen Molekülen ist, desto höher ist die Siedetemperatur der Stoffe.
Als Maß für die Größe eines Alkan-Moleküls kannst du die Länge der Kohlenstoffkette nehmen.
So hat Propan mit einer Molekülkette aus nur 3 Kohlenstoff-Atomen eine geringere Siedetemperatur als Octan mit einer Molekülkette aus 8 Kohlenstoff-Atomen (Bild 1).

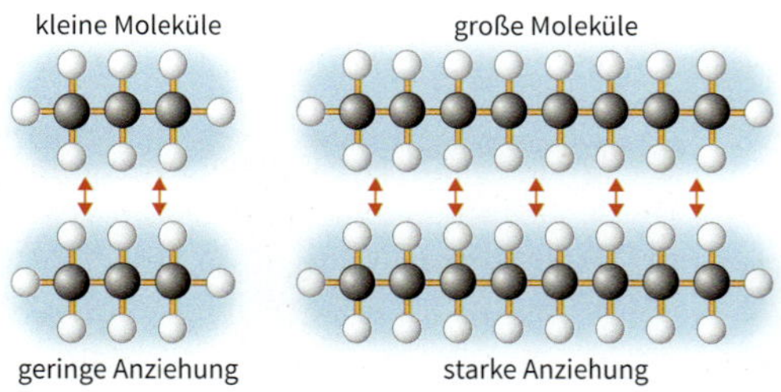

1 Die Stärke der Anziehungskräfte hängt von der Größe der Moleküle ab.

Löslichkeit

Alkane sind unlöslich in Wasser. Untereinander hingegen sind Alkane sehr gut löslich.
Der Grund ist, dass sich Stoffe, die sich in ihrer Struktur ähnlich sind, gut ineinander lösen. Unähnliche hingegen lösen sich nicht, sie unterscheiden sich in ihrer Polarität. Unterschiedliche Polaritäten werden beispielsweise beim Einsatz von Fettabscheidern in der Gastronomie genutzt, damit Fett im Abwasser nicht in die Kanalisation kommt.

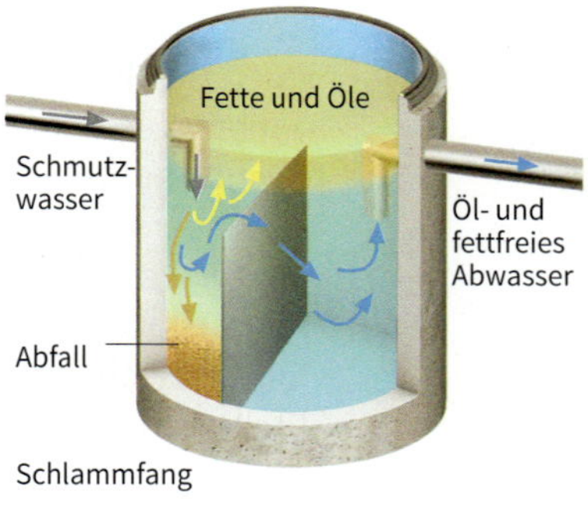

2 Funktionsweise eines Fettabscheiders

Brennbarkeit

Alkane sind gut brennbar. Sie eignen sich deshalb gut als Brennstoffe.
Alkane bestehen nur aus Kohlenstoff- und Wasserstoff-Atomen. Diese werden bei der Reaktion mit dem Sauerstoff der Luft in einer stark exothermen Reaktion zu Kohlenstoffdioxid und Wasser oxidiert:

Alkan + Sauerstoff → Kohlenstoffdioxid + Wasser

3 Alkane als Brennstoff

Du kannst den Zusammenhang zwischen Kettenlänge und Siedetemperatur bei Alkanen erklären. Du kannst die Löslichkeit und die Brennbarkeit von Alkanen beschreiben.

Van-der-Waals-Wechselwirkungen

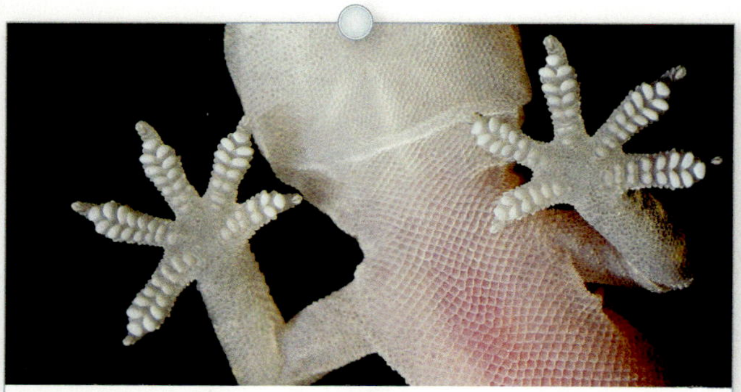

Geckos fallen nicht herunter

Ein Gecko kann glatte Wände hochlaufen oder stundenlang an der Decke hängen, ohne herunter zu fallen.
Das liegt an den Lamellen am Fuß des Geckos. Sie sind in unzählige mikroskopisch feine Härchen verästelt. Zwischen ihnen und den Molekülen der Deckenoberfläche bilden sich zwischenmolekulare Wechselwirkungen, die sogenannten **Van-der-Waals-Wechselwirkungen.** Sie sind so stark, dass der Gecko an der Decke hängen bleibt oder sogar auf ihr laufen kann.

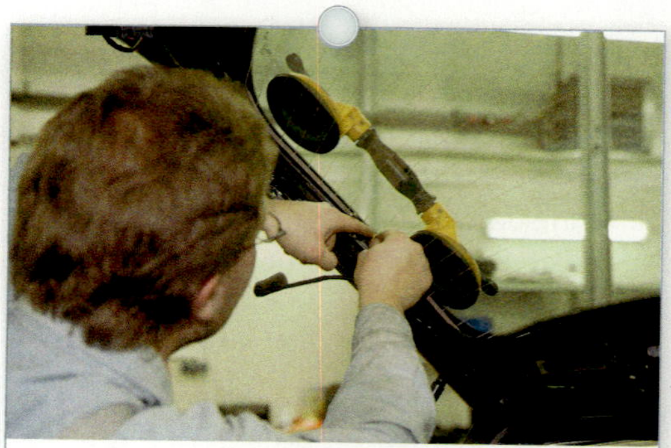

Van-der-Waals-Wechselwirkungen helfen kleben

Auch beim Kleben spielen Van-der-Waals-Wechselwirkungen eine große Rolle. Diese Wechselwirkungen können so stark sein, dass diese Klebstoffe sogar im Flugzeug- und Fahrzeugbau eingesetzt werden.

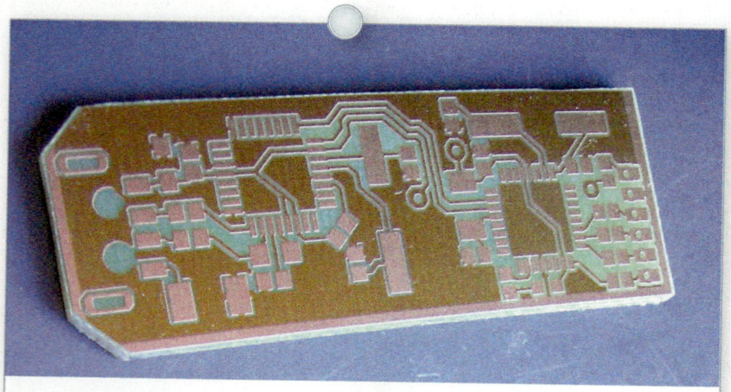

Fotolack hilft Platinen ätzen

Beschichtungen spielen in der Elektronikindustrie eine wichtige Rolle. Ein Beispiel ist die Beschichtung von Silicium-Wafern mit einem speziellen Lack, um Leiterplatten für Computerchips herzustellen. Diese Lacke, Fotolacke genannt, müssen auf dem Wafer sehr gut haften.
Van-der-Waals-Wechselwirkungen zwischen den Lackmolekülen und den Molekülen der Silicium-Oberfläche spielen hier die entscheidende Rolle.

Auch Frischhaltefolien kleben

Frischhaltefolie wird aus Kunststoffkörnchen hergestellt. Die Körnchen werden geschmolzen und beim Austritt durch eine Düse bläst Luft den Kunststoff wie einen Heißluftballon auf. So entsteht ein nur etwa einhundertstel Millimeter dünner, geschmeidiger Film.
Besonders gut haftet Folie an Folie, aber auch Folie an glatten Glasoberflächen. An rauen Oberflächen haftet Frischhaltefolie schlecht, weil nur an wenigen Stellen Van-der-Waals-Wechselwirkugen entstehen können.

Zwischenmolekulare Wechselwirkungen

1 Iod-Molekül-Kristalle

1. Erkläre, wie es in einem unpolaren Molekül zur Bildung eines Dipols kommen kann.

2. Erkläre die unterschiedlichen Schmelz- und Siedetemperaturen bei den Halogenen.

3. Vergleiche die Stärke der Van-der-Waals-Wechselwirkungen mit den Anziehungskräften bei Wasserstoffbrücken und zwischen Ionen.

Die Anziehung macht`s

Ein Gecko kann über Wände und Decken laufen. Fotolacke haften auf glatten Flächen. Aus Ioddampf scheiden sich an kalten Flächen dunkelviolette Iod-Kristalle ab. Wie lassen sich diese unterschiedlichen Erscheinungen erklären?

Wechselwirkungen

Moleküle mit unpolaren Elektronenpaarbindungen bilden keine nach außen wirkenden elektrischen Pole. In Atomen und Molekülen sind die Elektronen in ständiger Bewegung. Dies führt dazu, dass sich die Ladungen kurzzeitig ungleichmäßig verteilen können. Kurzfristig entsteht ein Dipol (Bild 2 A). Es können sich zwischen den Molekülen elektrostatische Kräfte bilden.

Van-der-Waals-Wechselwirkungen

Nähert sich ein solches Dipolmolekül einem unpolaren Molekül, so kann dieses ebenfalls polarisiert werden. Weitere temporäre Dipolmoleküle entstehen (Bild 2 B). Zwischen ihnen bestehen schwache elektrostatische Wechselwirkungen.

Diese schwachen Anziehungskräfte zwischen den Molekülen werden nach JOHANNES VAN DER WAALS (1837–1923) als **Van-der-Waals-Wechselwirkungen** bezeichnet.

Sie sind viel schwächer als die elektrostatischen Anziehungskräfte zwischen Ionen oder die Bindungskräfte zwischen den Atomen innerhalb von Molekülen. Daher haben Molekülverbindungen wie Iod niedrige Schmelz- und Siedetemperaturen.

Die Elektronenanzahl beeinflusst die Stärke

Die Van-der-Waals-Wechselwirkgungen sind umso stärker, je größer die Anzahl der Elektronen in einem Atom ist.

Mit zunehmender Schalenanzahl lassen sich die Außenelektronen leichter verschieben, weshalb größere Atome leichter polarisierbar sind.

Die Molekülgröße beeinflusst die Stärke der Wechselwirkungen

Aber auch die Größe und damit die Oberfläche eines Moleküls beeinflussen die Stärke der Wechselwirkungen. Das hat auch Auswirkungen auf die Schmelz- und Siedetemperaturen. Am Beispiel der Halogene ist dies gut zu erkennen (Bild 3).

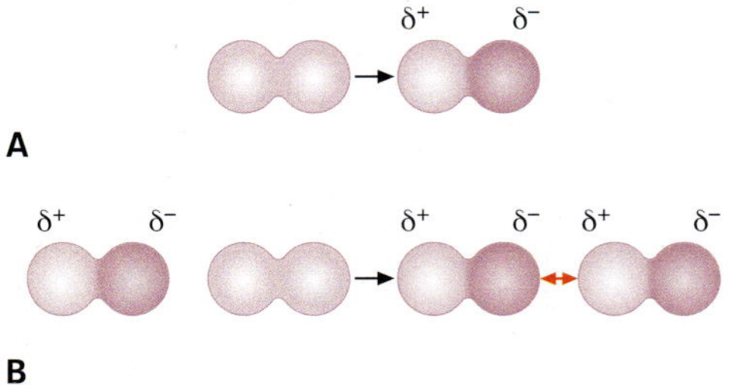

2 Die Bildung von Van-der-Waals-Wechselwirkungen zwischen Iod-Molekülen (I–I): **A** spontanes Auftreten eines temporären Dipols, **B** Polarisierung weiterer Moleküle bei Annäherung

Stoff	Molekül	Schalen	Schmelztemperatur in °C	Siedetemperatur in °C
Fluor		2	– 220	– 188
Chlor		3	– 102	– 34
Brom		4	– 7	58
Iod		5	114	184

3 Schalenanzahl und Schmelz- und Siedetemperaturen der Halogene

Vielfalt durch Verzweigung

1.
a) Zeichne drei Isomere des Hexan-Moleküls.
b) Stelle alle weiteren Isomere des Hexans dar.

2.
Erkläre, warum es keine Isomere von Propan gibt.

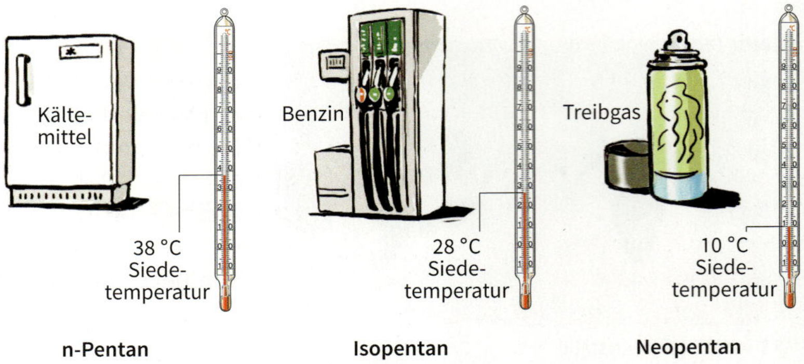

1 Die Pentan-Varianten werden unterschiedlich verwendet.

Ein Molekül – viele Varianten

Pentan ist kein Reinstoff. Es besteht nicht aus einer einzigen Sorte von Molekülen, sondern aus einem Gemisch von drei unterschiedlich gebauten Pentan-Molekülen. Im normalen Pentan, dem n-Pentan, sind die Kohlenstoff-Atome in einer Kette angeordnet. Bei den anderen Pentan-Molekülen sind die Ketten verzweigt.

Alle drei möglichen Pentan-Moleküle haben die gleiche Summenformel C_5H_{12}, doch sie bilden unterschiedlich benannte Stoffe mit unterschiedlichen Eigenschaften. In Bild 1 siehst du, dass die verschiedenen Pentane aufgrund ihrer unterschiedlichen Siedetemperaturen auch unterschiedlich verwendet werden.

Isomerie

Stoffe wie die drei Pentane, die die gleiche Summenformel, aber unterschiedliche Strukturformeln haben, werden **Isomere** genannt. Alkane mit einer unverzweigten Kohlenstoffkette heißen **n-Alkane.** Alkane mit verzweigter Kette heißen **Isoalkane.**

Die Zahl der möglichen Isomere einer Kohlenwasserstoff-Verbindung nimmt mit der Anzahl der Kohlenstoff-Atome zu. Vom Butan gibt es zwei, vom Heptan neun und vom Decan 75 Isomere.

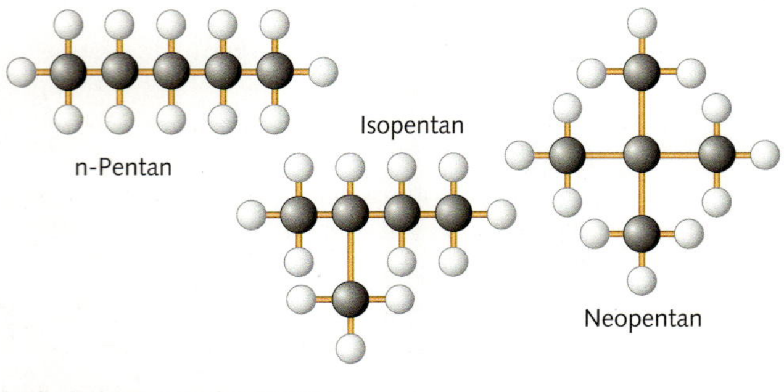

2 Die drei Isomere des Pentans

Verzweigung hilft gegen Klopfen

Am Beispiel des Octans lässt sich die Bedeutung von Verzweigungen zeigen. Octan ist ebenso wie Heptan ein Bestandteil des Benzins. Die unverzweigten Varianten haben die ungünstige Eigenschaft, im Motor zu früh zu verbrennen. Die Folge sind Klopfgeräusche durch Fehlzündungen und Schäden am Motor. Die verzweigten Kohlenwasserstoffe verbrennen dagegen verzögert, weil die Verzweigungen erst aufgebrochen werden müssen, bevor die Kohlenwasserstoffverbindungen mit Sauerstoff reagieren können.

Bedeutung des Begriffs Isomer
Der Name setzt sich aus den griechischen Worten isos = gleich und meros = Teil zusammen. Die Moleküle bestehen also aus den gleichen Bestandteilen.

Du kannst den Begriff Isomere mit Blick auf Summenformel und Strukturformeln erklären.

Ringförmige Alkane

Alkane können nicht nur Ketten bilden, sondern auch Ringe. Wenn das erste und das letzte Kohlenstoff-Atom des Hexans miteinander eine Bindung eingehen, entsteht **Cyclohexan.** Es hat 2 Wasserstoff-Atome weniger als Hexan, also die Summenformel C_6H_{12}.

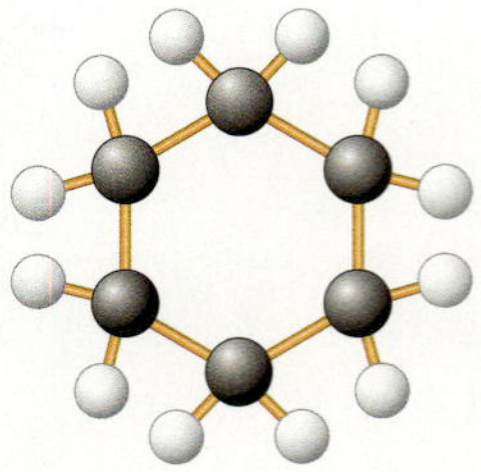

Den verzweigten Alkanen Namen geben

1. V
a) Baue mit einem Molekülbaukasten unterschiedlich verzweigte Butan-Moleküle.
b) Stelle die unterschiedlichen Moleküle mit Strukturformeln dar.

2. V
a) Baue mit einem Molekülbaukasten unterschiedlich verzweigte Alkane mit 6 C-Atomen.
b) Stelle die unterschiedlichen Moleküle mit Strukturformeln dar.

3. A
Schreibe die Strukturformeln für folgende Alkane auf:
a) 3-Methylheptan,
b) 2,2-Dimethylpropan,
c) 4-Ethyl-2,4-dimethyloctan.

Vielfalt benennen

Von Butan gibt es neben dem unverzweigten Molekül, dem n-Butan, noch ein Molekül mit einer Seitenkette. Dieses wird auch Isobutan genannt. Bei längeren Molekülketten gibt es weitere Möglichkeiten der Verzweigung.
Um die verschiedenen Alkane eindeutig zu benennen, gibt es Regeln. Ein verzweigtes Alkan besteht aus einer Hauptkette und den Seitenketten. Die längste Kette ist die Hauptkette und entscheidet über den **Stammnamen**. Die Seitenketten werden **Alkylgruppen** genannt.

Octanzahl

Ein Maß für die Klopffestigkeit des Benzins ist die **Octanzahl** (OZ). Sie ist abhängig von der Verzweigung der Alkan-Moleküle im Benzin. Besonders wenig klopffest ist das n-Heptan. Ihm wurde die Octanzahl 0 zugeordnet. Das sehr klopffeste 2,2,4-Trimethylpentan erhielt die Octanzahl 100. Benzin ist eine Mischung aus vielen unterschiedlichen Alkanen. Darin muss der Anteil klopffester Alkansorten möglichst hoch sein. Superbenzin hat eine Octanzahl zwischen 95 und 98.

Stoff	Summenformel	Oktanzahl
n-Heptan	C_7H_{16}	0
n-Octan	C_8H_{18}	17
3-Methylheptan	C_8H_{18}	35
2,5-Dimethylhexan	C_8H_{18}	56
3-Ethyl-3-methylpentan	C_8H_{18}	89
2,2,4-Trimethylpentan	C_8H_{18}	100
2,3-Dimethylbutan	C_6H_{14}	102

1 Octanzahlen verschiedener Alkan-Isomere

Regeln für die Benennung

❶ Zähle die längste Kette durch. Im Beispiel hat die Hauptkette 7 C-Atome. Der Stammname ist -heptan.
❷ Nummeriere die C-Atome der Hauptkette so durch, dass an den Verzweigungen möglichst kleine Zahlen stehen. Im Beispiel stehen an den Verzweigungen die Zahlen 2 und 4.
❸ Bestimme die Namen der Seitenketten. Am C-Atom 2 gibt es eine Methylgruppe (-CH_3): 2-methyl. Am C-Atom 4 gibt es eine Methyl- und eine Ethyl-Gruppe: 4-methyl, 4-ethyl.
❹ Fasse gleiche Gruppen zusammen, indem du ihrem Namen ein Zahlwort voranstellst. Hier gibt es am 2. und 4. C-Atom je eine, also insgesamt zwei Methylgruppen: 2,4-dimethyl-.
❺ Setze den Namen zusammen. Zähle zuerst die Seitenketten alphabetisch geordnet auf, also Ethyl vor Methyl. Den Stammnamen setze ans Ende: 4-Ethyl-2,4-dimethylheptan

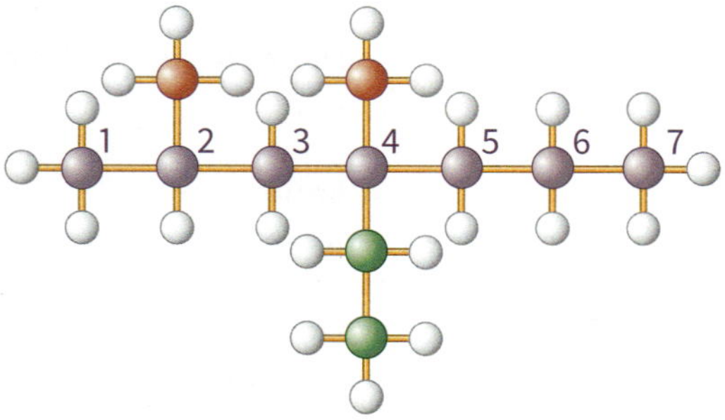

4-Ethyl-2,4-dimethylheptan

Stammname

4 C-Atome: -butan
5 C-Atome: -pentan
6 C-Atome: -hexan
7 C-Atome: -heptan
8 C-Atome: -octan
9 C-Atome: -nonan

Seitenketten

1 C-Atom: methyl
2 C-Atome: ethyl
3 C-Atome: propyl
4 C-Atome: butyl

Zahlworte für mehrere gleiche Gruppen

2: di- 3: tri- 4: tetra- 5: penta-

Du kannst verzweigte Alkane in der Fachsprache benennen.

Alkene – Kohlenwasserstoffe mit Doppelbindung

1. V Lehrerversuch
Unter dem Abzug wird ein Reagenzglas mit etwas Hexen gefüllt. Dann wird langsam die gleiche Menge Bromwasser dazugegeben. Das Reagenzglas wird mit einem Stopfen verschlossen und geschüttelt.

2. A
Notiere deine Beobachtungen zu Versuch 1.

3. A
Erkläre die unteschiedliche Reaktivität von Alkanen und Alkenen.

4. A
Erläutere die Bedeutung der Alkene für die chemische Industrie.

Reaktionsfreudige Moleküle

Neben den reaktionsträgen Alkanen gibt es auch Kohlenwasserstoffe, die reaktionsfreudiger sind. Es sind die **Alkene.** Der Unterschied der Alkene zu den Alkanen besteht darin, dass Alkene eine Doppelbindung zwischen zwei Kohlenstoff-Atomen haben. Dadurch sind sie sehr reaktionsfreudig, denn an Doppelbindungen können sie leicht mit anderen Atomen reagieren. Diese Eigenschaft macht die Alkene zu einer wichtigen Chemikaliengruppe. Alkene sind **ungesättigte Kohlenwasserstoffe.** Sie enthalten weniger Wasserstoff-Atome als die entsprechenden Alkane. Ihre Namen sind von denen der Alkane abgeleitet. Statt der Endung -an haben sie die Endung -en. Wie die Alkane sind auch die Alkene Bestandteile von Erdgas und Erdöl. Die Alkane sind maximal mit Wasserstoff-Atomen besetzt, also **gesättigte Kohlenwasserstoffe.**

Eigenschaften der Alkene

Wie bei den Alkanen hängen die Siede- und Schmelztemperatur und damit der Aggregatzustand der Alkene von der Länge der Molekülketten ab.
Die Reaktion von Hexen mit Bromwasser zeigt die Reaktionsfreudigkeit der Alkene. Beim Mischen beider Stoffe verschwindet die gelbliche Farbe des Broms sofort. Diese Entfärbungsreaktion wird als **Nachweisreaktion** für Alkene benutzt (Bild 2). Die in den Alkenen vorhandene C=C-Doppelbindung wird von den Brom-Molekülen aufgebrochen. An jeder der Doppelbindung verbindet sich ein Brom-Atom mit dem jeweiligen Kohlenstoff-Atom.

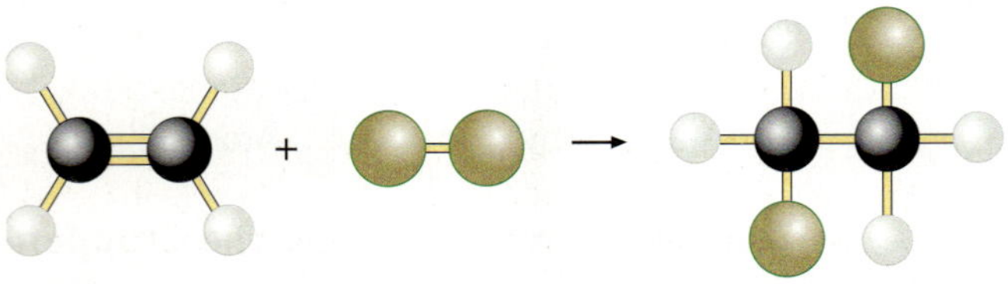

1 An Doppelbindungen lagern sich Brom-Moleküle an

Verwendung der Alkene

Die Reaktionsfreudigkeit der Alkene wird zum Beispiel bei der Herstellung von Kunststoffen genutzt. Kunststoffe bestehen aus sehr langen Molekülketten, die aus kleinen Molekülbausteinen aufgebaut sind. Ethen dient zur Herstellung des Kunststoffes Polyethen. Aus Propen wird Polypropen hergestellt. Die längerkettigen, flüssigen und festen Alkene werden vor allem als Ausgangsstoffe zur Herstellung von Alkoholen, organischen Säuren und Waschmittelrohstoffen eingesetzt.

Ethen in der Natur

In der Natur spielt Ethen als Pflanzenhormon eine Rolle bei der Entwicklung von Blüten und dem Reifen von Früchten. Grün geerntete Bananen werden mit Ethen gezielt zum Ausreifen gebracht.
Bei Schädlingsbefall oder Verwundungen von Pflanzen dient Ethen als Alarmstoff. So regt es unter anderem auch bei benachbarten Pflanzen die Bildung von Pflanzengiften an.

Du kannst Aufbau, Eigenschaften und Verwendung von Alkenen beschreiben.

2 Bromwasser wird entfärbt.

Basiskonzepte S. 105

Alkine – sehr reaktiv durch Dreifachbindung

Reaktionsfähige Alkine

Die Vielfalt der Kohlenwasserstoffe wird noch durch die Möglichkeit der Dreifachbindung zwischen zwei Kohlenstoff-Atomen erweitert. Eine C≡C-Bindung ist noch reaktionsfreudiger als eine C=C-Bindung. Das macht diese Kohlenwasserstoffe besonders interessant für die chemische Industrie. An den Dreifachbindungen können sie leicht mit anderen Atomen reagieren. Kohlenwasserstoffe, deren Moleküle eine Dreifachbindung aufweisen, heißen **Alkine.** Ihre allgemeine Summenformel ist C_nH_{2n-2}.

Das einfachste Alkin

Im einfachsten Fall sind zwei Kohlenstoff-Atome über eine Dreifachbindung miteinander verbunden. So ist jedes Kohlenstoff-Atom nur noch an ein Wasserstoff-Atom gebunden. Diese Verbindung heißt **Ethin.** Ethin ist eine ungesättigte Kohlenwasserstoff-Verbindung mit der Summenformel C_2H_2. Die Strukturformel ist H–C≡C–H.

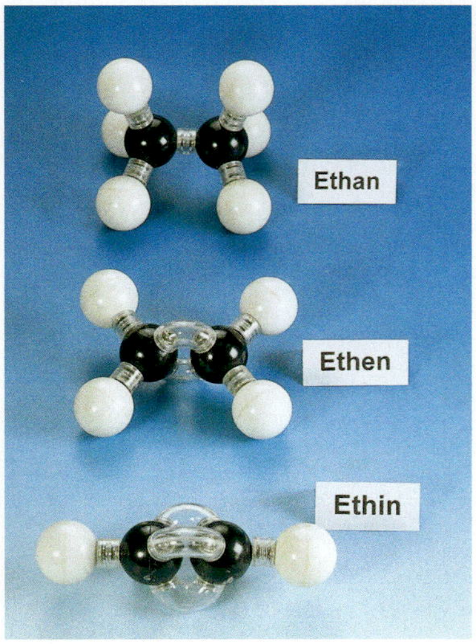

1 Kugelstabmodelle

2 Eine alte Carbidlampe

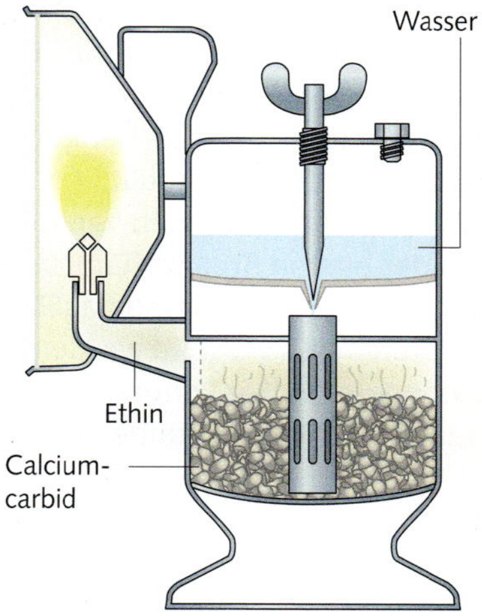

3 Das Innere einer Carbidlampe

Verwendung von Ethin

Bereits vor mehr als 150 Jahren gelang es dem Chemiker FRIEDRICH WÖHLER (1800 – 1882), Ethin aus Calciumcarbid und Wasser herzustellen. Es entsteht ein farbloses Gas, das mit rußender Flamme verbrennt. In speziellen Carbidlampen wurde Ethin für Beleuchtungszwecke hergestellt (Bild 2). Durch eine besondere Brennerform verbrannte das Gas nun mit gleißend heller Flamme.

Vor allem in Bergwerken verwendeten die Bergleute Carbidlampen, um mit ihrem hellen Licht die dunklen Stollen ausreichend zu beleuchten. Die ersten Autos und Fahrräder hatten als Scheinwerfer ebenfalls Carbidlampen.

Reines Ethin wird in der Technik auch Acetylen genannt. Ethin-Luft-Gemische sind sehr explosiv. Mit Sauerstoff verbrennt Ethin mit sehr heißer Flamme. Dabei werden Temperaturen bis zu 3000 °C erreicht. Ethin wird deshalb zum Schweißen und Schneidbrennen von Eisen und Stahl verwendet.

Vorkommen in der Natur

Alkine kommen in der Natur beispielsweise als Gifte zur Selbstverteidigung vor. So findet sich in der Haut der südamerikanischen Baumsteigerfrösche ein stark giftiges Alkin, das von den Regenwaldbewohnern als Pfeilgift verwendet wird (Bild 4). Einige Bakterien sondern Alkine als Antibiotika ab. Da sie auch gegen Tumorzellen wirken, besteht die Hoffnung, aus ihnen Heilmittel gegen Krebs herstellen zu können.

4 Baumsteigerfrosch

1. ≡ Ⓐ
Beschreibe die Funktionsweise einer Carbidlampe.

STREIFZUG

Das Cracken – Teilen langer Molekülketten

1. V Lehrerversuch
In ein schwer schmelzbares Reagenzglas wird Glaswolle gegeben (Bild 2). Sie wird mit 4 ml Paraffinöl getränkt. Anschließend wird das Reagenzglas zu drei Vierteln mit Perlkatalysator aufgefüllt.
Während des gesamten Versuchs wird der Katalysator mit der blauen Brennerflamme erhitzt. Zwischendurch wird mit kleiner Flamme das Paraffinöl erwärmt. Die entstehenden Dämpfe werden über den heißen Katalysator geleitet. Sie können nach einiger Zeit an der Spitze des Glasrohres entzündet werden.

2. A
a) Notiere deine Beobachtungen.
b) Vergleiche Brennbarkeit, Aussehen, Geruch und Zähigkeit von Paraffinöl und der Flüssigkeit im U-Rohr.
c) Benenne die entstandenen Stoffe.

3. A
Begründe die Notwendigkeit des Crackens zähflüssiger Bestandteile des Erdöls.

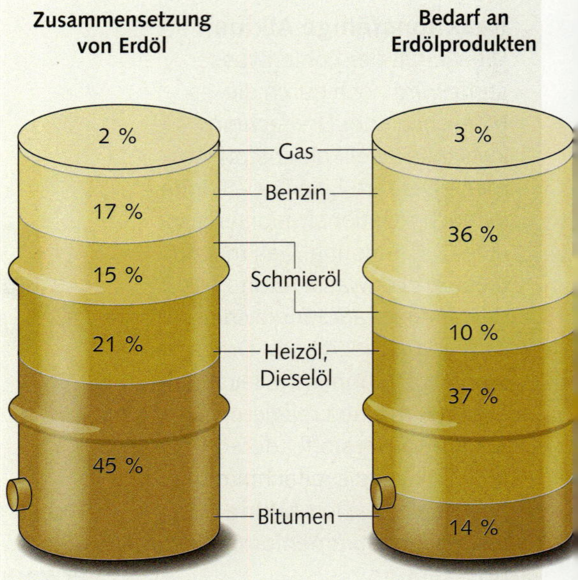

1 Erdöl enthält zu wenig Benzin.

Zu wenig Benzin im Erdöl

Erdöl besteht aus vielen unterschiedlichen, gasförmigen bis zähflüssigen Kohlenwasserstoffen. Nur 20 % des heutigen Benzinbedarfs lassen sich direkt aus dem Erdöl gewinnen. Bei der Erdöldestillation fallen nämlich weit mehr zähflüssige Kohlenwasserstoffe an als tatsächlich gebraucht werden (Bild 1). Sie werden deshalb durch besondere Verfahren in dünnflüssigere Fraktionen umgewandelt.

Mehr Benzin durch Cracken

In der Industrie wurde dazu das katalytische Cracken entwickelt (to crack, engl.: zerbrechen). Dabei werden zähflüssige Kohlenwasserstoffe, die aus langkettigen Molekülen bestehen, bis zum Sieden erhitzt. Die Dämpfe werden über einen Katalysator geleitet. An der Oberfläche des Katalysators zerbrechen die Kohlenwasserstoff-Moleküle. Dabei entstehen kurzkettige Moleküle. Sie bilden Kohlenwasserstoffgemische wie Benzin oder Dieselöl. Es entstehen dabei auch ungesättigte Kohlenwasserstoffe (Bild 3).
Durch die Umwandlung von zähflüssigen in dünnflüssigere Erdölfraktionen lässt sich der Bedarf an diesen Bestandteilen decken.

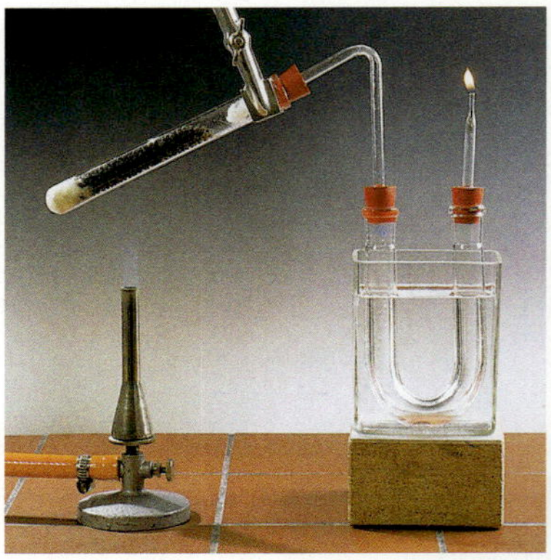
2 Cracken im Versuch

Du kannst beschreiben, wie Erdölbestandteile aus langkettigen Molekülen durch Cracken in Stoffe aus kürzeren Molekülketten aufgespalten werden.

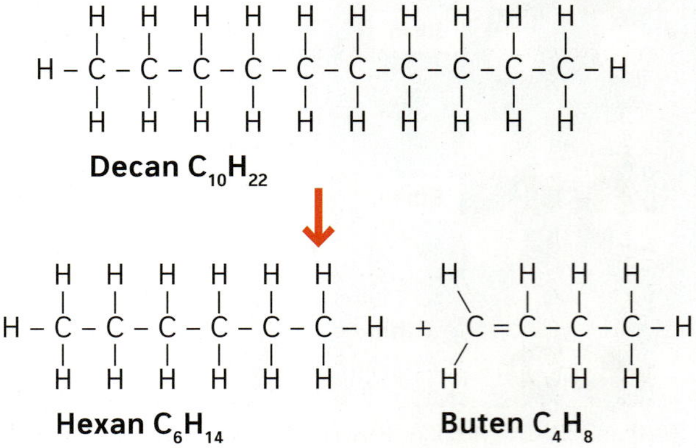

3 Beispiel einer Crack-Reaktion

Verbrennung von Alkanen

1 Benzin verbrennt.

1.
a) Halte einen Tiegel mit der Unterseite über die blaue Brennerflamme.
b) Wiederhole Versuch a) mit der gelben Brennerflamme.
c) Halte den Tiegelboden über eine brennende Kerze.
d) Fasse die Beobachtungen zusammen. Überlege, warum sich die Beobachtung bei Versuch a) von denen bei b) und c) und bei Bild 1 unterscheidet.

2.
Stelle jeweils das Reaktionsschema und die Reaktionsgleichung für die Verbrennung von Methan, Butan und Hexan auf.

3.
Vergleiche Methan mit flüssigen Alkanen wie Heptan in Bezug auf
a) den Anteil des CO_2 an den Verbrennungsprodukten,
b) die freigesetzte Energie.

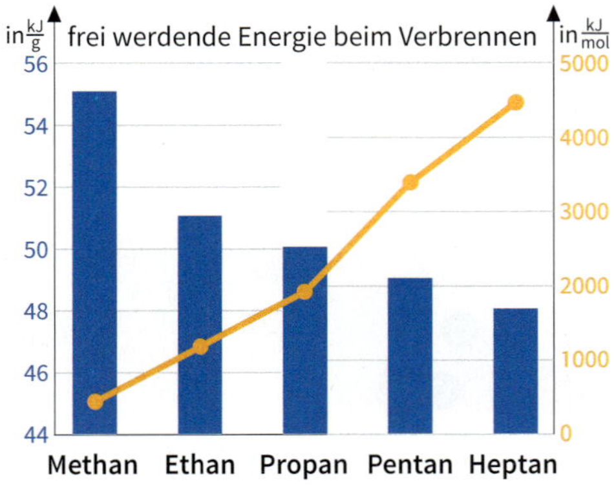

2 Verbrennungsenergien von Alkanen

Alkane verbrennen

Alkane sind wichtige Rohstoffe für viele Produkte. Die meisten Alkane werden jedoch verbrannt – ob als Erdgas in der Heizung oder als Gemisch flüssiger Alkane im Benzinmotor. Bei der Verbrennung reagieren die Alkane mit Sauerstoff zu Kohlenstoffdioxid und Wasser.
Für das einfachste Alkan, das Methan, lautet das Reaktionsschema:

Methan + Sauerstoff → Kohlenstoffdioxid + Wasser

Die Reaktionsgleichung lautet:

$$CH_4 + 2\,O_2 \rightarrow CO_2 + 2\,H_2O$$

Für Pentan lautet die Reaktionsgleichung:

$$C_5H_{12} + 8\,O_2 \rightarrow 5\,CO_2 + 6\,H_2O$$

Je länger das Alkanmolekül ist, desto größer wird der Anteil des Treibhausgases Kohlenstoffdioxids an den Verbrennungsprodukten.

Verbrennung im Motor

Benzin oder Diesel werden in den Motoren nicht in reinem Sauerstoff, sondern in Luft verbrannt. Auch kann die Verbrennung unvollständig sein. Als Verbrennungsprodukte können dabei weitere umweltbelastende Stoffe wie Stickstoffoxide, Kohlenstoffmonooxid und unverbrannter Kohlenstoff (Ruß) entstehen (Bild 1).

Wie viel Energie wird bei der Verbrennung frei?

Die Energiemengen, die bei der Verbrennung von Alkanen freigesetzt werden, lassen sich errechnen. Die Energie, die zur Spaltung der Ausgangsstoffe nötig ist, wird mit der Energie verrechnet, die bei der Bildung der Reaktionsprodukte freigesetzt wird. Den Energieüberschuss in Form von Wärme nutzen wir als Energie im Motor oder der Heizung. Ein kurzes Alkanmolekül setzt während der Verbrennungsreaktion weniger Energie frei als ein langes Alkanmolekül: Ein Heptan-Molekül setzt mehr als 4,5-mal so viel Energie frei als ein Methan-Molekül (Kurve in Bild 2).

Beim Vergleich der Energien bei gleicher Masse in g ist die frei werdende Energie beim Methan am größten (Balken in Bild 2). Je leichter das einzelne Molekül ist, umso mehr Moleküle werden benötigt, um die Masse von 1 g zu erreichen. Bezogen auf die Masse ist die Verbrennungsenergie bei Methan also am größten.

Du kannst Aussagen über die Reaktionsgleichungen und die Verbrennungsenergien von Alkanen machen.

Alkane in Zahlen

1.
a) Berechne die Stoffmenge n von 132 g Propangas.
b) Bestimme die Anzahl der in 132 g Propan enthaltenen Propan-Moleküle.

2.
a) Die Dichte ρ von Hexan beträgt 0,684 $\frac{g}{cm^3}$. Berechne das Volumen, das 500 g Hexan einnehmen.
b) Begründe, ob Hexan auf Wasser schwimmt.

3.
a) Stelle die Reaktionsgleichung der Verbrennung von Butan auf.
b) Berechne die Masse m an Kohlenstoffdioxid, die bei der Verbrennung von 232 g Butan entsteht.

Umweltbelastung

Bei der Verbrennung fossiler Energieträger, wie Benzin, Erdöl oder Kohle, wird klimaschädliches Kohlenstoffdioxid freigesetzt. Ein durchschnittliches Auto verbraucht derzeit etwa 5 l Benzin pro 100 km Fahrstrecke.
Um die Entstehung von Kohlenstoffdioxid mengenmäßig abschätzen zu können, muss die chemische Reaktion hinter der Verbrennung unter die Lupe genommen werden. Dazu wird vereinfachend Heptan, einer der Hauptbestandteil von Benzin, betrachtet.

2 Autoabgase

Reaktionsgleichung der Verbrennung

Bei der Verbrennung von Heptan (C_7H_{16}) entstehen Kohlenstoffdioxid und Wasser. Das entstehende Wasser kannst du am Auspuff von Autos mit Verbrennungsmotor sehen. Der Wasserdampf kondensiert, wenn er auf kalte Luft tritt (Bild 2). Das Kohlenstoffdioxid hingegen bleibt gasförmig.

$$C_7H_{16} + 11\ O_2 \rightarrow 7\ CO_2 + 8\ H_2O$$

Die Reaktionsgleichung auf Teilchenebene ist zur Verdeutlichung in Bild 1 dargestellt.

Beispielrechnung

Berechne die Masse an Kohlenstoffdioxid, die bei der Verbrennung von 5 l Heptan entstehen. Heptan hat eine Dichte ρ von 0,655 $\frac{g}{cm^3}$.

Mit $\rho = \frac{m}{V}$ oder umgestellt

$m = \rho \cdot V$ ergibt sich
$m = 0{,}655\,\frac{g}{cm^3} \cdot 5000\ cm^3 = 3275\ g$.

Die Stoffmenge n des Heptans errechnet sich über dessen molare Masse M:

$$n = \frac{m}{M} = \frac{3275\ g}{100\ \frac{g}{mol}} = 32{,}75\ mol.$$

Aus der Reaktionsgleichung ist zu entnehmen, dass bei der Verbrennung von 1 C_7H_{16}-Stoffteilchen 7 Stoffteilchen CO_2 entstehen. Also reagiert 1 mol C_7H_{16}-Teilchen zu 7 mol CO_2-Teilchen beziehungsweise 32,75 mol C_7H_{16}-Teilchen reagieren zu 229,25 mol CO_2-Teilchen.
Diese 229,25 mol Kohlenstoffdioxid haben eine Masse von etwa 10 kg:
$m = n \cdot M = 229{,}25\ mol \cdot 44\ \frac{g}{mol} = 10\,087\ g$

Du kannst aus den Massen der Edukte einer Reaktion die Massen der Produkte berechnen.

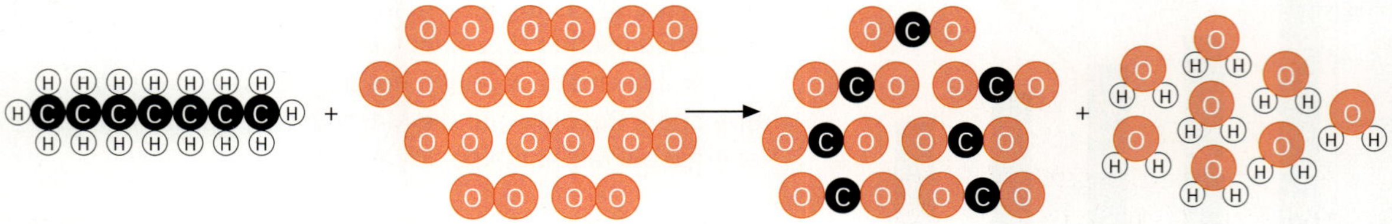

1 Verbrennung von Heptan, Darstellung auf der Teilchenebene

Kohlenstoffdioxid in vielen Bereichen

Der Mensch
Der Mensch atmet pro Jahr etwa 380 kg Kohlenstoffdioxid (CO_2) aus. Es entsteht durch Oxidation des Kohlenstoffs, der von den Pflanzen durch Fotosynthese in der pflanzlichen Nahrung gebunden wurde.

Der Baum
Ein großer Baum kann während seiner Wachstumsperiode in einer Stunde bis zu 1200 l Sauerstoff produzieren. Er erzeugt damit die Atemluft für 10 Menschen. In einer Stunde kann er bis zu 2,4 kg Kohlenstoffdioxid verarbeiten.

Das Auto
Ein Pkw mit Verbrennungsmotor hat im Jahr 2006 durchschnittlich 173 $\frac{g}{km}$ Kohlenstoffdioxid ausgestoßen. 2016 betrug der Ausstoß 127 $\frac{g}{km}$. Aufgrund von EU-Verordnungen zum Ausstoß von Kohlenstoffdioxid bei Autos soll der durchschnittliche Ausstoß in den nächsten Jahrzehnten auf 90 $\frac{g}{km}$ sinken.

Die Raffinerie
Bei der Verarbeitung des Rohöls zu Benzin, Dieselkraftstoff und anderen Produkten werden große Mengen an Kohlenstoffdioxid freigesetzt. Dieses Kohlenstoffdioxid kann beispielsweise in der Getränkeindustrie zur Herstellung von Erfrischungsgetränken eingesetzt werden.

1. ≡ A
Beschreibe den Zusammenhang zwischen Kraftstoffverbrauch und Kohlenstoffdioxid-Ausstoß.

2. ≡ A
Beschreibe die Durchführung des Kohlenstoffdioxid-Nachweises in der Atemluft.

3. ≡ A
Berechne, wie viele große Bäume an einem Sommersonnentag den Sauerstoffbedarf von dir und deinen Mitschülerinnen und Mitschülern abdecken.

4. ≡ A
Begründe, warum Pflanzen für uns lebensnotwendig sind.

5. ≡ A
Berechne den durchschnittlichen Kohlenstoff dioxid-Ausstoß für eine Autofahrt von Mainz nach Berlin (580 km).

Vom Ethen zum Polyethen

1. V Lehrerversuch

a) In ein Becherglas werden 20 ml Styrol und 2 ml Cumolhydroperoxid gegeben. Das Gemisch wird unter dem Abzug etwa 5 min in einem heißen Sandbad erwärmt.

Vorsicht: Bei zu heftiger Reaktion das Gemisch kurz aus dem Sandbad nehmen. Sobald das Gemisch zähflüssig wird, wird es aus dem Sandbad herausgenommen.

b) Ein Glasstab wird in die fest werdende Masse getaucht und langsam wieder herausgezogen.

c) Ein Teil des festen Produktes wird in einen Porzellantiegel gegeben und mit der Brennerflamme erwärmt. Beginnt der Feststoff zu schmelzen, wird ein Glasstab in die Schmelze getaucht und langsam herausgezogen.

2. A

Beschreibe deine Beobachtungen bei Versuch 1.

3. V

Gib die Komponenten A und B eines Zweikomponentenklebers nach Gebrauchsanweisung in einen Kronkorken. Vermische beide Komponenten gut miteinander. Beschreibe die Veränderungen des Kunststoffgemisches.

4. A

a) Erkläre den Begriff Monomer.

b) Beschreibe mit Bild 1, was mit den Bausteinen bei der Polymerisation passiert.

5. Q

a) Finde heraus, wie in der Industrie Kunststoffe durch Polymerisation hergestellt werden.

b) Nenne Verwendungsmöglichkeiten dieser Kunststoffe.

Herstellung von Kunststoffen

Auch Kunststoffe sind Kohlenwasserstoffe.

Manche von ihnen lassen sich auf sehr einfache Weise herstellen, zum Beispiel das **Polystyrol (PS).** Hierfür wird ein flüssiger Ausgangsstoff, das Styrol, mit einer Startchemikalie wie Cumolhydroperoxid vermischt. Nach der Reaktion liegt ein fester, harter Kunststoff vor, das Polystyrol.

Um die Vorgänge zu verstehen, muss der innere Aufbau der Stoffe betrachtet werden. Flüssiges Styrol besteht aus vielen einzelnen Styrol-Molekülen. Sie heißen **Monomere.** Durch die Startchemikalie wird eine Kettenreaktion ausgelöst. Dabei werden die Monomere zu langkettigen Riesenmolekülen verbunden. Diese werden als **Polymere** bezeichnet. Die chemische Reaktion heißt **Polymerisation.**

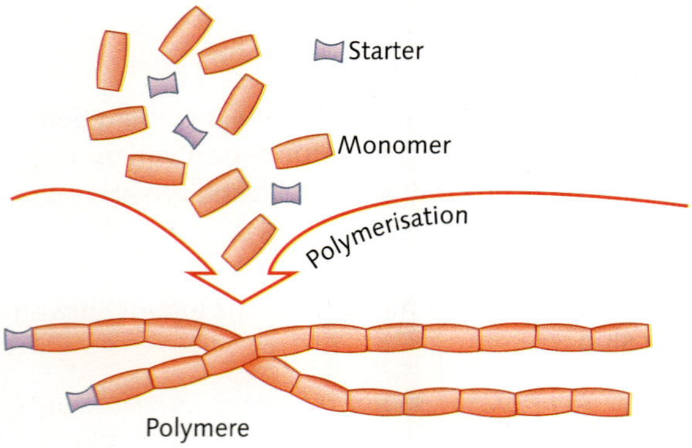

1 Monomere verbinden sich zu Riesenmolekülen.

Herstellung von Polyethen

Ein weiterer Kunststoff, mit dem wir täglich zu tun haben, ist das **Polyethen (PE).** Es wird ebenfalls durch Polymerisation hergestellt. Weil die Monomere sehr einfach gebaut sind, lässt sich die Polymerisation gut im Strukturmodell darstellen (Bild 2).

Du kannst die Polymerisation von Monomeren zu Makromolekülen beschreiben.

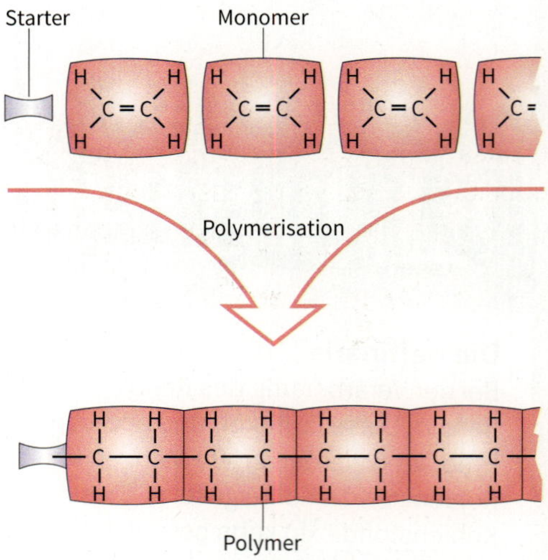

2 Polymerisation von Ethen im Strukturmodell

Basiskonzepte S. 105

Kunststoffe – weich, hart oder elastisch

1. Ⓐ
Begründe, warum Thermoplaste nicht als Lampenfassungen geeignet sind.

2. Ⓐ
Erkläre, warum sich Gegenstände aus Duromeren nicht umschmelzen lassen.

Makromoleküle bestimmen die Eigenschaften

Die Ursache für die vielseitigen Eigenschaften der Kunststoffe liegt in ihrem inneren Aufbau. Er unterscheidet sich deutlich vom inneren Aufbau anderer Werkstoffe, etwa dem der Metalle. Metalle sind aus einzelnen Metall-Atomen aufgebaut, die geordnet nebeneinander liegen. Kunststoffe hingegen bestehen aus miteinander verbundenen Molekülen. Diese bilden lange Ketten, die **Makromoleküle.** Ein Makromolekül kann aus mehr als 100 000 einzelnen Molekülbausteinen aufgebaut sein. Je nach Struktur der Moleküle werden die Kunststoffe in die folgenden drei Hauptgruppen eingeteilt.

Kunststoffe, die weich werden

Kunststoffe, die beim Erwärmen weich werden und sich plastisch verformen lassen, heißen **Thermoplaste.** Die Makromoleküle bilden lange Ketten, die nicht miteinander verknüpft sind (Bild 1). Beim Erwärmen wird der Zusammenhalt zwischen den Makromolekülketten gelockert, sie können sich deshalb gegeneinander verschieben. Zu den Thermoplasten gehört zum Beispiel **Polystyrol (PS),** aus dem Lebensmittelverpackungen wie Jogurtbecher hergestellt werden

Kunststoffe, die hart bleiben

Harte Kunststoffe, die beim Erwärmen nicht schmelzen, heißen **Duromere** (Bild 2). Deshalb werden zum Beispiel die Grille von Töpfen und Pfannen aus Duromeren hergestellt. In ihnen sind die Makromoleküle vielfach miteinander verknüpft. Ein engmaschiges, festes Netz entsteht. Bei zu hohen Temperaturen wird dieses Netz zerstört und der Kunststoff zersetzt sich. Zu den Duromeren gehören die Epoxidharze, die im Bootsbau eingesetzt werden.

Kunststoffe, die elastisch bleiben

Kunststoffe, die sich leicht zusammenpressen lassen und dann wieder ihre alte Form einnehmen, heißen **Elastomere** (Bild 3). Hier bilden die Makromoleküle ein weitmaschiges Netz. Bei Druck werden die Molekülketten zusammengeschoben, bei Zug auseinandergezogen. Ist der Zug zu stark oder die Temperatur zu hoch, wird das Netz zerstört. Der Kunststoff zersetzt sich. Zu den Elastomeren gehört Elasturan®, aus dem Inlineskater-Rollen hergestellt werden.

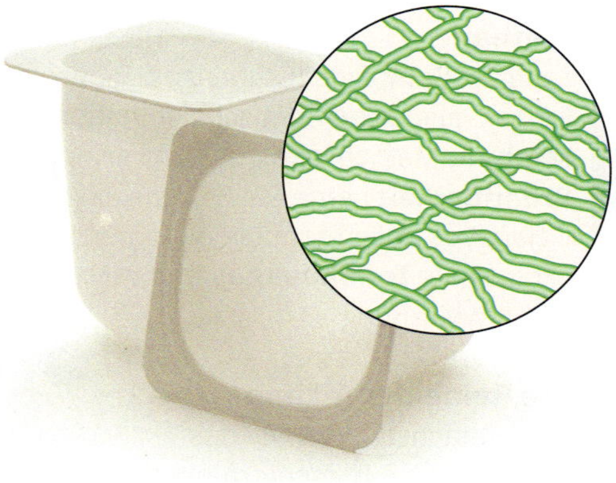

1 Thermoplaste und ihre Makromoleküle

2 Duromere und ihre Makromoleküle

3 Elastomere und ihre Makromoleküle

Du kannst Kunststoffe aufgrund ihrer Eigenschaften in Thermoplase, Duromere und Elastomere einteilen.

Kohlenwasserstoffe

Methan
Faulgas, Sumpfgas, Grubengas, Biogas oder Erdgas, alle diese Gemische enthalten **Methan.** Methan wird aufgrund seiner guten **Brennbarkeit** gerne als Heizgas eingesetzt. Gelangt es unverbrannt in die Umwelt, so wirkt es als **Treibhausgas** und verstärkt die Klimaerwärmung.

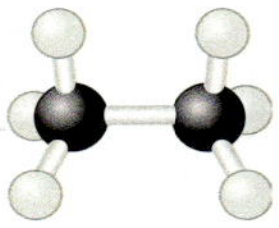

Die Reihe der Alkane
Das einfachste Alkan ist das Methan. Die Summenformeln der weiteren Alkane können mithilfe der Formel $\mathbf{C_nH_{2n+2}}$ ermittelt werden.
Werden die linearen Alkane der Größe nach sortiert, entsteht die **homologe Reihe der Alkane.** In dieser steigen mit steigender Molekülmasse die Siedetemperaturen der Alkane. Werden die Stoffe bei Raumtemperatur betrachtet, so sind die Alkane mit 1 bis 4 Kohlenstoff-Atomen gasförmig, die mit 5 bis 10 Kohlenstoff-Atomen sind flüssig und die mit mehr als 10 Kohlenstoff-Atomen sind fest.

Die Struktur prägt die Eigenschaften
Die Siedetemperatur und der Aggregatzustand hängen von der Stärke der **Anziehung** der Moleküle untereinander ab. Dabei gilt: je größer die Moleküle sind, desto besser können sie miteinander wechselwirken.

Van-der-Waals-Wechselwirkungen
Alkane sind enthalten nur unpolare C-C- und C-H-Bindungen. Die Anziehungskräfte zwischen Molekülen, die unpolare Bindungen enthalten, werden **Van-der-Waals-Wechselwirkungen** genannt. Sie beruhen darauf, dass sich **temporäre Dipole** bilden.

Verzweigte Alkane und ihre Namen
Neben linearen Alkanen gibt es auch verzweigte Alkane. Dabei kann es vorkommen, dass es Moleküle mit der gleichen Summenformel, aber unterschiedlicher Struktur gibt. Diese heißen **Isomere.**
Bei der Benennung verzweigter Alkane bestimmt die längste Kette den Stammnamen. Die abzweigenden Gruppen werden nummeriert und bekommen die Endung -yl. Sie werden dem Stammnamen vorangesetzt.

Name	Summenformel	Aggregatzustand bei 25 °C
Methan	CH_4	gasförmig
Ethan	C_2H_6	gasförmig
Propan	C_3H_8	gasförmig
Butan	C_4H_{10}	gasförmig
Pentan	C_5H_{12}	flüssig
Hexan	C_6H_{14}	flüssig
Heptan	C_7H_{16}	flüssig
Octan	C_8H_{18}	flüssig
Nonan	C_9H_{20}	flüssig
Decan	$C_{10}H_{22}$	flüssig
Undecan	$C_{11}H_{24}$	flüssig
Dodecan	$C_{12}H_{25}$	fest
Tridecan	$C_{13}H_{28}$	fest

Alkene und Alkine
Kohlenwasserstoffe mit Mehrfachbindungen sind reaktionsfreudig. Enthalten sie eine C-C-**Doppelbindung,** werden sie **Alkene** genannt. Das bekannteste Alken ist das **Ethen.** Es wird beispielsweise für die Herstellung von Polyethen, einem Kunststoff, oder zum schnellen Ausreifen von Bananen verwendet.

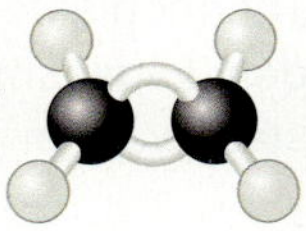

Enthält ein Kohlenwasserstoff eine C-C-**Dreifachbindung,** so handelt es sich um ein **Alkin.** Das einfachste Alkin ist das **Ethin,** auch als Acetylen bekannt. Es wurde früher zur Beleuchtung im Bergbau verwendet. Heutzutage wird Ethin zum Schweißen genutzt.

Das Cracken
Um kurzkettige Alkane, Alkene und Alkine zu erhalten, kann das **Crack-Verfahren** angewandt werden. In diesem werden langkettige Alkane bei hohen Temperaturen mithilfe eines Katalysators in kurzkettige Bruchstücke gespalten.

Polyethen
Aus Ethen kann der **Kunststoff Polyethen** hergestellt werden. Dieser findet sich in unserem Alltag in Form von Plastiktüten oder Folien.

Stoff-
Teilchen-
Struktur-
Eigenschaften

Stoff – Teilchen – Struktur – Eigenschaft, Reaktion

1.

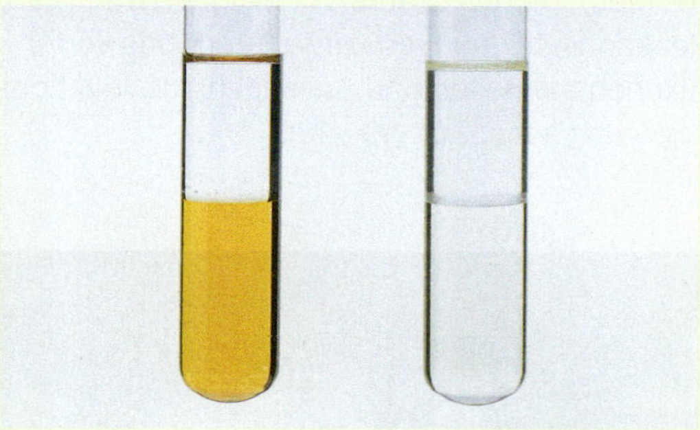

a) Begründe, warum Alkene sehr reaktionsfreudig sind.
b) Nenne eine weitere Gruppe der Kohlenwasserstoffe, die noch reaktionsfreudiger als die Alkene sind.

→ S. 96

Stoff – Teilchen – Struktur – Eigenschaft

2.

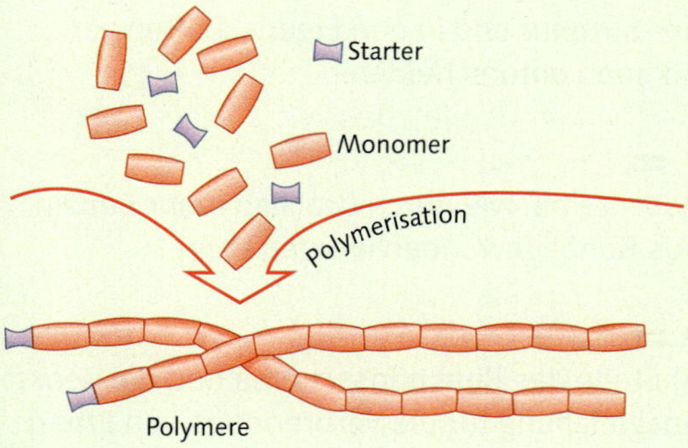

Beschreibe die Polymerisation von Ethen zu Polyethen.

→ S. 102

Stoff – Teilchen – Struktur – Eigenschaft

3.

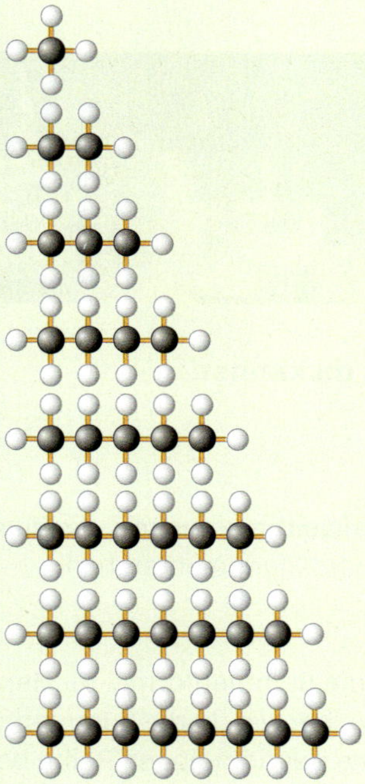

a) Nenne für die in den Strukturformeln dargestellten Alkane jeweils den Namen und schreibe die Summenformel dazu.
b) Berechne die Summenformel für Decan, das 10 Kohlenstoff-Atome besitzt.

→ S. 89

Alkane, Alkene und Alkine

Kannst du schon ...

... Vorkommen und Bezeichnungen des Methans nennen? (S. 86)

... Umweltprobleme bei der Förderung und Verwendung von Methan beschreiben? (S. 87)

... Beispiele für die Verwendung von Alkanen nennen? (S. 88)

... erklären, wie die Aggregatzustände der Alkane mit ihrer Molekülstruktur zusammenhängen? (S. 88)

... erklären, wie die homogene Reihe der Alkane gebildet wird? (S. 89)

... Eigenschaften von Alkanen mit ihrer Struktur begründen (S. 91)

... Van-der-Waals-Wechselwirkungen beschreiben? (S. 92 – 93)

... erklären, was verzweigte Alkane sind? (S. 94)

... die Regeln für die Namensgebung verzweigter Alkane nennen und anwenden? (S. 95)

... Eigenschaften und Verwendung von Alkenen nennen? (S. 96)

... Besonderheiten der Alkine benennen? (S. 97)

... die Methode des Crackens beschreiben? (S. 98)

... Reaktionsgleichungen zur Verbrennung von Alkenen aufstellen und Aussagen zur Reaktionsenergie machen? (S. 99 – 100)

Zeig, was du kannst!

1. Ⓐ
Nenne Umweltbelastungen, die durch das Fracking und Flaring entstehen.

2. Ⓐ
a) Stelle die Summenformel für Heptan auf.
b) Beschreibe, wie du die Summenformel für alle Alkane der homologen Reihe berechnen kannst.

3. Ⓐ
a) Nenne jeweils ein Beispiel für ein flüssiges und für ein gasförmiges Alkan.
b) Beschreibe, wie sich flüssige und gasförmige Alkane in ihrer Struktur unterscheiden.

4. Ⓐ
a) Nenne den Fachbegriff für die Wechselwirkungen zwischen Molekülen.
b) Erkläre, wie diese Wechselwirkungen entstehen.

5. Ⓐ
Zeichne die Strukturformel von n-Butan und Isobutan.

6. Ⓐ
Beschreibe, wodurch sich Alkene und Alkine in der Struktur und in den Eigenschaften von Alkanen unterscheiden.

7. Ⓐ
Beschreibe, wie durch Cracken mehr Benzin aus Rohöl gewonnen werden kann.

8. Ⓐ
a) Stelle das Reaktionsschema und die Reaktionsgleichung für die Verbrennung von Ethan auf.
b) Vergleiche die Verbrennungsenergie von Ethan mit der Verbrennungsenergie von Methan und begründe den Unterschied.

Kunststoffe

Kannst du schon ...

... den Unterschied zwischen Monomeren und Polymeren beschreiben? (S. 102)
... die Herstellung von Kunststoffen durch Polymerisation an einem Beispiel beschreiben? (S. 102)
... Verwendungsmöglichkeiten von Kunststoffen nennen? (S. 103)
... den Unterschied zwischen Thermoplasten, Duroplasten und Elastomeren erklären? (S. 103)

Zeig, was du kannst!

9. A
Nenne das chemische Verfahren, mit dem Kunststoffe hergestellt werden.

10. A
Ordne den Molekülmodellen die jeweilige Kunststoffart zu.

a)

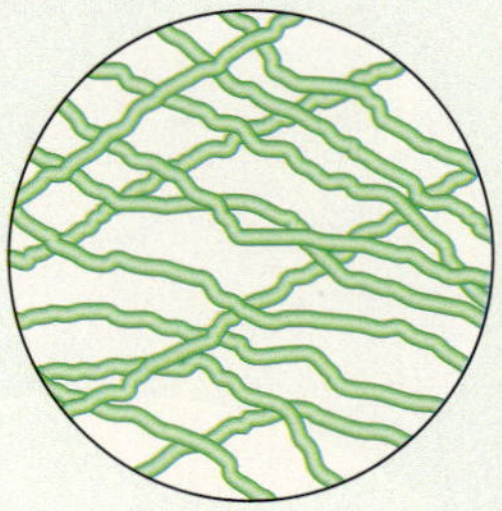

b)

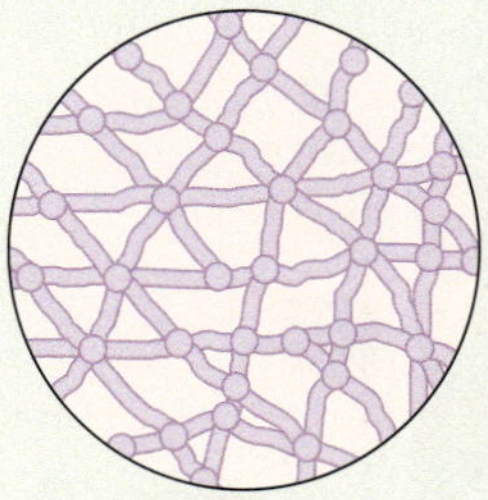

c)

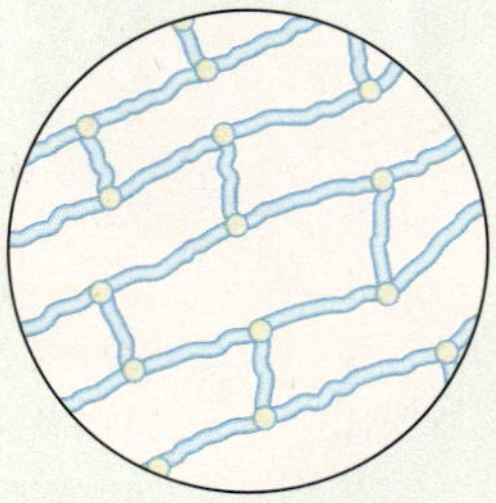

Wichtige Begriffe

- Fracking, Flaring
- Alkane
- Alkene
- Alkine
- Cracken
- Homologe Reihe
- ungesättigte und gesättigte Kohlenwasserstoffe
- Nachweisreaktion
- Doppelbindung, Dreifachbindung
- Isomerie
- Stammnamen
- Polymerisation
- Thermoplaste, Duroplaste, Elastomere

Vom Alkohol zum Essig

Wie werden Lebensmittel haltbar gemacht?

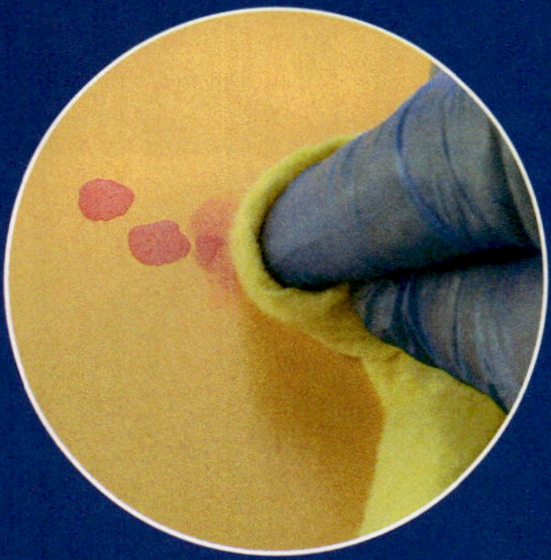

Mit welchen Stoffen lassen sich Lackflecken entfernen?

Wie können aus Weintrauben alkoholische Getränke oder auch Essig hergestellt werden?

Chemikalien reinigen

1.
Sieh nach, ob du Spiritus, Reinigungsbenzin und Essigreiniger bei dir zu Hause hast. Nenne die Anwendungsgebiete, die auf den Flaschen aufgeführt sind.

2.
Suche auf den Reinigungsmitteln aus Aufgabe 1 nach Gefahrstoffpiktogrammen und schlage nach, was diese bedeuten.

3.
Gib 10 ml Essigreiniger, 10 ml Glasreiniger und 10 ml Reinigungsbenzin in je ein Reagenzglas. Vergleiche die Flüssigkeiten in Bezug auf Farbe und Geruch. **Achtung:** Geruchsproben dürfen nur vorsichtiges Zufächern mit der Hand durchgeführt werden.

4.
Überprüfe mithilfe eines Leitfähigkeitsmessgerätes die elektrische Leitfähigkeit der drei Flüssigkeiten aus Versuch 3.

5.
Gib je 10 ml der Flüssigkeiten aus Versuch 3 in eine Abdampfschale und versuche, diese mit einem brennenden Holzstäbchen zu entzünden. Beschreibe deine Beobachtungen.

6.
a) Gib jeweils 5 ml Wasser in drei Reagenzgläser. Füge in das erste Reagenzglas 5 ml Spiritus, in das zweite 5 ml Reinigungsbenzin und in das dritte 5 ml Essigreiniger hinzu. Verschließe die Reagenzgläser mit Stopfen und schüttle sie. Notiere deine Beobachtungen.
b) Wiederhole den Versuch, indem du Wasser durch Heptan ersetzt.

7.
a) Mit welcher der in Versuch 6 verwendeten Flüssigkeiten würdest du einen Fettfleck aus der Kleidung entfernen? Begründe deine Wahl.
b) Untersuche den Sachverhalt experimentell. Tropfe dazu ein wenig Öl auf ein altes Tuch und überprüfe deine Wahl.

HINWEIS
Alle Versuche sind unter dem Abzug durchzuführen!

Chemikalien im Haushalt
Viele Chemikalien, die du im Chemieunterricht kennenlernst, werden auch im Haushalt verwendet, beispielsweise als Reinigungsmittel. Hierzu zählen unter anderem Flüssigkeiten wie Spiritus, Essigreiniger und Reinigungsbenzin.

Der Dreck muss weg
Nach einer Radtour ist oft nicht nur dein Fahrrad mit Schlamm und Kettenfett verschmutzt, sondern auch du selbst. Beim Putzen merkst du aber schnell, dass sich nicht jedes Reinigungsmittel zum Entfernen des Schmutzes eignet. Während sich die Schlammspritzer gut mit Wasser entfernen lassen, kann das Kettenfett nur mit Reinigungsbenzin beseitigt werden.

1 Ganz schön dreckig!

Die Verwendung hängt von den Eigenschaften ab

Betrachtest du die Flaschen der Reinigungsmittel genauer, so fällt dir auf, dass auch hier die gleichen Gefahrstoffhinweise zu finden sind wie auf den Chemikalien in der Schule.

Reinigungsbenzin zählt genau wie das Benzin, das als Kraftstoff verwendet wird, zur Gruppe der Alkane. Die Stoffgruppen, zu denen der Spiritus und das Reinigungsbenzin gehören, wirst du in diesem Kapitel kennenlernen.

Beim Reinigen müssen Stoffe ineinander gelöst werden

Der Schlamm an Fahrrad und Beinen ist eine Suspension aus Wasser und Erde. Selbst angetrocknet lässt er sich mit Wasser wieder gut entfernen. Das Kettenfett hingegen löst sich nicht in Seifenwasser, aber gut in Fetten, Ölen und Benzin. In Lösemitteln wie Wasser oder Benzin lösen sich jeweils ähnliche Stoffe.

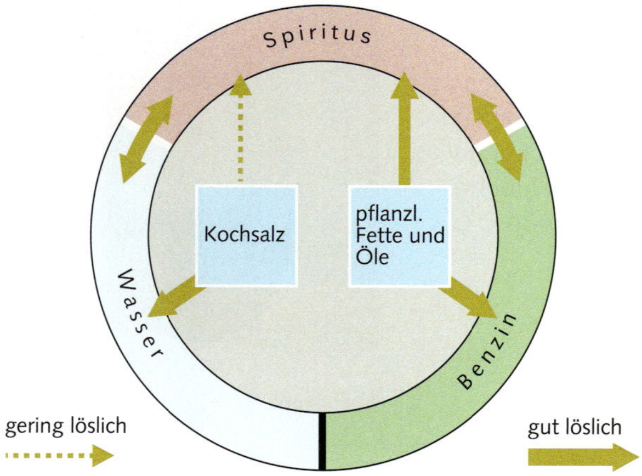

2 Was löst sich worin?

Ein Mittel für alles?

Aus den verschiedenen Lösemitteln lässt sich aber kein Reinigungsmittel für alle Verschmutzungen herstellen. Wegen der unterschiedlichen Löslichkeiten können die einzelnen Bestandteile nicht dauerhaft in einem einzigen Reinigungsmittel gemischt werden.

Du kannst erklären, warum wasserlöslicher Schmutz mit anderen Mitteln ausgewaschen werden muss als Öle und Fette.
Du kannst erklären, was es bedeutet, dass sich Gleiches in Gleichem löst.

Lösungsvorgänge genauer betrachtet

1. Notiere vier Gemische von Flüssigkeiten aus dem Alltag. Zwei davon sollen ineinander löslich sein, zwei nicht.

2. Erkläre anhand der zwischenmolekularen Wechselwirkungen, warum sich Öl gut in Benzin löst.

3. Erkläre anhand der zwischenmolekularen Wechselwirkungen, warum sich Salze gut in Wasser lösen.

Flüssigkeiten lösen sich ineinander

Du hast bereits kennengelernt, dass sich Wasser als Lösemittel für Salze eignet. Aber auch Flüssigkeiten können ineinander gelöst werden.

Brennspiritus lässt sich in jedem Verhältnis mit Wasser mischen. Fett löst sich gut in Benzin, mit Wasser bilden sich jedoch zwei getrennte Phasen (Bild 2). Das Benzin schwimmt obenauf, wie das Salatöl bei der Salatsoße (Bild 1).

1 Salatsoße

Wechselwirkungen zwischen den Teilchen

Nicht alle Flüssigkeiten lösen sich ineinander. So sind die Wechselwirkungen zwischen Benzin- und Wasser-Molekülen nicht so stark wie zwischen den Benzin-Molekülen und den Wasser-Molekülen jeweils untereinander (Bild 2).

Die Anziehungskräfte zwischen Spiritus- und Wasser-Molekülen dagegen sind ebenso stark wie zwischen den Molekülen eines der Stoffe jeweils untereinander. Es kommt zu einer Durchmischung (Bild 3).

Lösungen entstehen demnach nur, wenn die zwischenmolekularen Wechselwirkungen zwischen den ineinander zu lösenden Molekülen mindestens genauso stark sind wie zwischen den gleichen Molekülen.

Damit kannst du auch den Merksatz „Gleiches löst sich in Gleichem" erklären. Herrschen in zwei Flüssigkeiten die gleichen Wechselwirkungen, beispielsweise Van-der-Waals-Wechselwirkungen, so haben diese auch eine ähnliche Stärke und die Stoffe sind ineinander löslich.

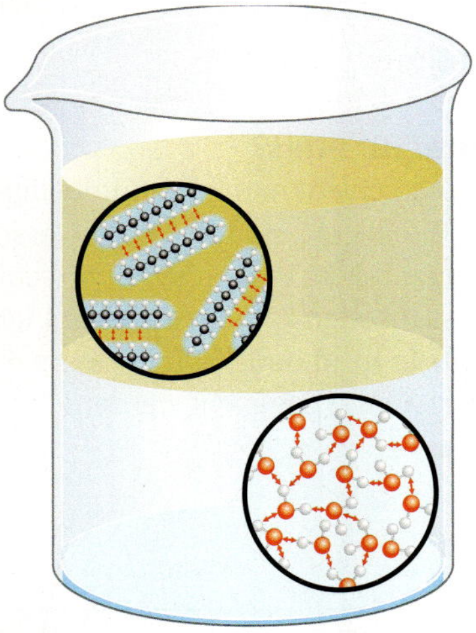

2 Benzin und Wasser lösen sich nicht ineinander.

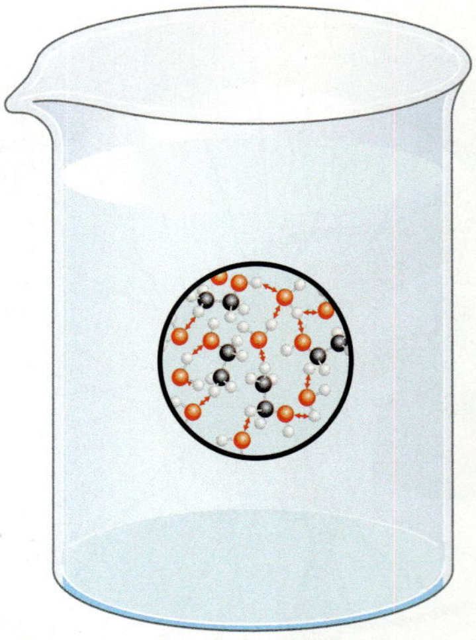

3 Spiritus und Wasser sind ineinander löslich.

Du kannst Lösungsvorgänge von Flüssigkeiten anhand der Wechselwirkungen zwischen den Molekülen erklären.

Aufbau des Ethanol-Moleküls

1. V Lehrerversuch
Ein schwerschmelzbares Reagenzglas wird etwa 1 cm hoch mit Sand gefüllt und dieser mit Ethanol getränkt. Darauf kann etwas Glaswolle gegeben werden. Das Reagenzglas wird schräg eingespannt und ein blankes, gefaltetes Stück Magnesiumband hineingeschoben. Das Reagenzglas wird mit einem durchbohrten Gummistopfen verschlossen, in dem ein Glasröhrchen steckt. Dann wird zunächst das Ethanol erhitzt und anschließend das Magnesium zum Glühen gebracht. Nach kurzer Zeit kann ein Gas am Ende des Glasröhrchens entzündet werden.

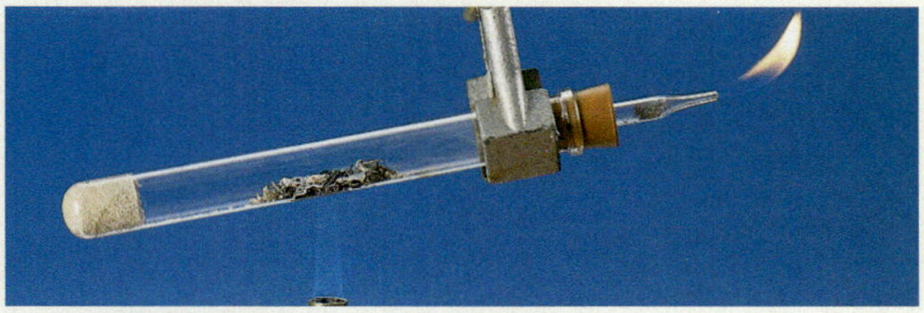

1 Ethanol-Analyse

2. V Lehrerversuch
In ein mit 5 ml Ethanol gefülltes Reagenzglas wird ein entrindetes, erbsengroßes Stück Natrium gegeben. Das entstehende Gas wird pneumatisch aufgefangen. Anschließend wird eine Knallgasprobe durchgeführt.

Spiritus ist Ethanol

Spiritus ist der umgangssprachliche Name des Stoffes **Ethanol.** Es handelt sich dabei um den gleichen Stoff, der auch in alkoholischen Getränken enthalten ist. Ethanol gehört zur Gruppe der Alkohole.

Strukturanalyse

Alkohole bestehen anders als die Alkane nicht nur aus Kohlenstoff- und Wasserstoff-Atomen. Die Struktur des Moleküls kann durch folgenden Versuch bestimmt werden. Bei der Reaktion von Ethanol mit Magnesium entsteht ein weißer, spröder Feststoff, Magnesiumoxid (Bild 1). Beim Erhitzen des Ethanols wurde das Reagenzglas vorher vollständig mit Ethanoldampf gefüllt. Es war kein Luftsauerstoff mehr vorhanden. Das Sauerstoff-Atom des Magnesiumoxids muss also von dem Ethanol-Molekül stammen.

Die Bindung zum Sauerstoff-Atom ist polar

Wird ein entrindetes Stück Natrium auf die Wasseroberfläche gelegt, setzt eine heftige Reaktion ein. Wird Natrium auf die Oberfläche von Ethanol gesetzt, beobachtest du Ähnliches. Die Knallgasprobe des jeweils entstehenden Gases verläuft positiv. Es ist also in beiden Fällen elementarer Wasserstoff entstanden.
Da die Reaktion mit Hexan oder anderen Alkanen ausbleibt, müssen im Ethanol- und im Wasser-Molekül die Wasserstoff-Atome in anderer Weise gebunden sein als in den Alkan-Molekülen.

Genau wie im Wasser-Molekül ist also auch im Ethanol-Molekül das Wasserstoff-Atom leicht abzuspalten. Es liegt hier eine polare Sauerstoff-Wasserstoff-Bindung vor (Bild 2).

Das Ethanol-Molekül

Der Name Ethanol lässt sich aus dem Molekülbau erklären. Das Ethanol-Molekül kann aus dem Ethan-Molekül abgeleitet werden. Die Summenformel von Ethanol ist C_2H_5OH. Ein Wasserstoff-Atom im Ethan-Molekül ist durch eine OH-Gruppe ersetzt worden. Diese Gruppe wird **Hydroxygruppe** genannt. Sie ist für die besonderen Eigenschaften des Ethanols verantwortlich. Wie beim Wasser können sich zwischen Ethanol-Molekülen über die Hydroxygruppe Wasserstoffbrücken ausbilden. Deshalb ist die Siedetemperatur von Ethanol wesentlich höher als die von Ethan. Ethanol ähnelt in seinem Aufbau sowohl dem Ethan- als auch dem Wasser-Molekül und löst sich aus diesem Grund in beiden Stoffen.

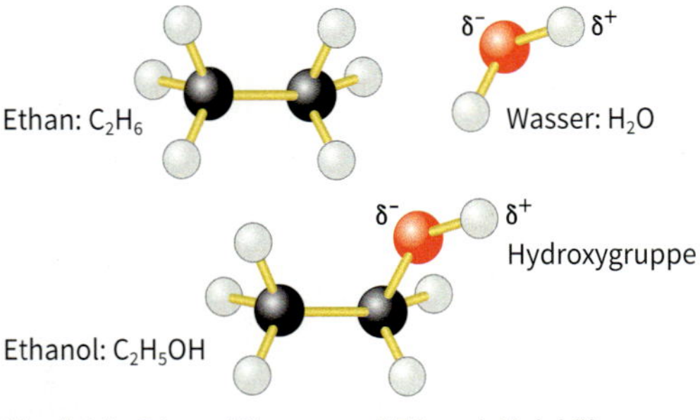

2 Vergleich: Ethan-, Wasser- und Ethanol-Molekül

Du kannst die Strukturformel von Ethanol zeichnen und erklären, mit welchen Versuchen der Aufbau des Ethanol-Moleküls hergeleitet werden kann.

Basiskonzepte S. 137

Alkoholische Gärung

1. ≡ Q
Recherchiere zu verschiedenen alkoholischen Getränken jeweils den Alkoholgehalt in Prozent.

2. ≡ Q
Nenne Früchte, die für die Herstellung alkoholischer Getränke geeignet sind.

3. ≡ Q
Notiere Möglichkeiten zur Herstellung alkoholhaltiger Getränke aus Getreide oder Kartoffeln.

4. ≡ V
a) Löse in einem Reagenzglas einen Löffel Traubenzucker in etwa 20 ml destilliertem Wasser. Erwärme die Lösung vorsichtig auf maximal 35 °C. Beschreibe deine Beobachtungen.
b) Gib zu der Traubenzuckerlösung etwas Hefe und mische gründlich. Erwärme die Lösung wiederum auf höchstens 35 °C. Schildere die Beobachtungen nach einigen Minuten.
c) Stelle eine Vermutung auf, welches Gas in Versuch b) entstanden sein könnte.

5. ≡ V
Verschließe das Reagenzglas aus Versuch 4 mit einem durchbohrten Stopfen, in dem ein abgewinkeltes Glasrohr steckt. Halte das andere Ende des Glasrohres in ein zweites Reagenzglas mit Kalkwasser. Beschreibe die Veränderung des Kalkwassers und nenne den Stoff, den du damit nachgewiesen hast.

6. ≡ V
Fülle 50 ml selbst hergestellten Fruchtsaft, zum Beispiel Apfel- oder Traubensaft in einen 250 ml-Erlenmeyerkolben. Verschließe den Kolben mit einem Gäraufsatz, in den du etwas Kalkwasser gibst. Lass den Versuch drei bis vier Tage im Warmen stehen. Kontrolliere zwischenzeitlich ein bis zwei Mal. Prüfe abschließend den Geruch. Vermute, welche beiden Stoffe entstanden sind.

7. ≡ A
Nenne die beiden Stoffe, die für eine alkoholische Gärung unbedingt vorhanden sein müssen. Notiere die gesamte Reaktionsschema zur alkoholischen Gärung.

8. ≡ Q
Federweißerflaschen wie in Bild 2 tragen meist Hinweise wie "Flasche nicht hinlegen, Deckel liegt nur auf." Gib dafür eine Begründung.

1 Im Stehkolben gärt es.

Nicht trinken!
Laborgefäße können unbekannte, gesundheitsgefährdende Verunreinigungen enthalten. Bei den Versuchen mit Alkohol können Schimmelpilze und giftiges Methanol entstehen!

Zucker $\xrightarrow{\text{Hefe}}$ Alkohol + Kohlenstoffdioxid

$C_6H_{12}O_6 \xrightarrow{\text{Hefe}} 2\ C_2H_5OH + 2\ CO_2$

2 Federweißer

Basiskonzepte S. 137

Alkoholkonsum ist altbekannt

Die Herstellung alkoholischer Getränke ist seit Jahrtausenden bekannt. In Ägypten, im Zweistromland und im alten Griechenland wurde Wein aus dem Saft von Früchten hergestellt. Eine über 8000 Jahre alte Keilschrift beschreibt bereits die Herstellung von Bier (Bild 4). Die Römer brachten auf ihren Feldzügen den Weinstock nach Deutschland.

Im Mittelalter wurden sehr viel mehr Wein und Bier getrunken als heute, obwohl die Qualität damals sehr zu wünschen übrig ließ. Um das Jahr 1400 war die Stadt Köln für ihren blühenden Weinhandel bekannt. Die Aufnahme in die Kölner Weinbruderschaft war eine Auszeichnung. Schon damals wurde Wein besteuert und Weinpanscherei war strafbar.

Alkoholgenuss ist vielseitig

Es gibt eine Vielzahl alkoholischer Getränke. Am bekanntesten sind Wein und Bier. Wein enthält meist zwischen 8 % und 14 % Alkohol, Bier um 5 %. Schnäpse, Liköre und ähnliche Getränke weisen höhere Alkoholgehalte auf. Auch die bei Jugendlichen beliebten meist süßen Mixgetränke enthalten beachtenswerte Mengen an Alkohol. Übermäßiger Alkoholkonsum birgt große Gefahren. Deshalb ist es wichtig, dass du dich bereits frühzeitig mit diesen Gefahren auseinandersetzt.

So entsteht der Alkohol

Der Alkohol in Getränken entsteht durch **Gärung** zuckerhaltiger Flüssigkeiten. Hierzu sind Hefepilze notwendig, die den energiereichen Zucker für ihre Ernährung nutzen und ihn dabei zu Alkohol und Kohlenstoffdioxid abbauen. Hefe liefert in diesem Fall bestimmte Enzyme, die hier als Katalysatoren für die Reaktion wirken. Dieser Vorgang ist abhängig von der Temperatur und verläuft optimal bei 40 °C.

4 Keilschrift mit Anleitung zum Bierbrauen

Es geht auch ohne Hefezusatz

Unbehandelte Fruchtsäfte gären ohne Hefezugabe, da auf den Früchten bereits Hefepilze vorhanden sind. Der natürlich enthaltene Zucker wird von ihnen vergoren. Am Geruch erkennst du, dass Alkohol entstanden ist.

Gefahr im Gärkeller

In Gärkellern entsteht das Kohlenstoffdioxid in großen Mengen. Es hat eine größere Dichte als Luft und lagert sich daher am Boden ab. Hat ein solcher Keller keine Absauganlage, ist das Betreten während der Gärung wegen Erstickungsgefahr lebensgefährlich. Da Kohlenstoffdioxid farb- und geruchlos ist, nimmt der Winzer in solchen Fällen eine brennende Kerze mit in den Keller. Er hält sie in der Nähe des Bodens. Erlischt die Kerze, muss er den Keller sofort verlassen.

Du kannst den Ablauf der alkoholischen Gärung beschreiben und Angaben zur Geschichte des Alkoholkonsums machen.

3 Gärkeller

5 Kampagne gegen übermäßigen Alkoholkomsum

Alkoholkonsum: Zahlen und Fakten

PINNWAND

Promille
Bereits wenige Gramm reinen Ethanols sind für einen Menschen tödlich. Die Konzentration von Alkohol im Körper wird in Promille angegeben. 1 Promill entspricht einem Zehntel Prozent und wird mit dem Zeichen ‰ angegeben.

Alkoholkontrolle

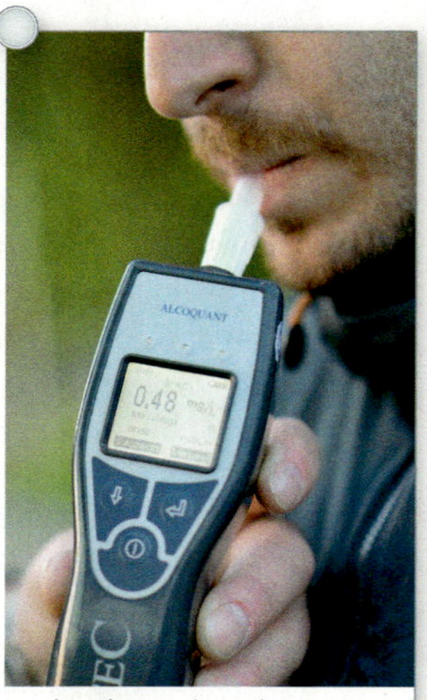

Vermutet die Polizei, dass eine Person alkoholisiert Auto fährt, kann sie eine Alkoholkontrolle durchführen. Hierfür wird zunächst ein Gerät eingesetzt, das die Konzentration des Alkohols im Atem misst. Da die Ausscheidung des Alkohols über die Lungen in einem bestimmten Verhältnis zum Blutalkohol steht, kann dieser dadurch bestimmt werden. Meist folgt bei einem entsprechenden Ergebnis eine Blutuntersuchung.

1. ≡ Ⓐ
a) Berechne mit Hilfe der angegebenen Formeln deine Blutalkoholkonzentration, wenn du eine Flasche Bier getrunken hättest.
b) Gib das Volumen an Wein an, das ein 80 kg schwerer Mann mit einer BAK von 0,8 ‰ getrunken hat.

2. ≡ Ⓐ
Diskutiert in der Klasse, inwieweit eine generelle Promillegrenze von 0,0 ‰ für den Straßenverkehr sinnvoll ist.

3. ≡ Ⓠ
Recherchiere, ob es Promillegrenzen bei anderen Fortbewegungsmitteln gibt und gib an, wie hoch diese sind.

Alkohol im Straßenverkehr

Als Teilnehmer im Straßenverkehr und bei der Bedienung von Maschinen ist der Konsum von Alkohol besonders gefährlich. Er ist eine der häufigsten Ursachen für Verkehrsunfälle. Der Gesetzgeber hat deshalb bestimmte Grenzwerte festgesetzt.

Blutalkoholkonzentration

Die Blutalkoholkonzentration, kurz **BAK**, gibt an, wie groß die Volumenkonzentration an Alkohol im Blut ist.
Je höher die Blutalkoholkonzentration ist, desto drastischer sind die Auswirkungen. Die räumliche Wahrnehmung und das Reaktionsvermögen sind bei 0,5 ‰ bereits erheblich eingeschränkt. Ab einem BKA von 1,5 ‰ treten Sprach- und Gleichgewichtsstörungen ein. Bei höheren Blutalkoholkonzentrationen kommt es zum Erbrechen, zu Bewusstlosigkeit und schließlich zum Tod. Bei Männern baut sich die BAK mit einer Rate von 0,1 ‰ pro Stunde ab. Bei Frauen ist die Alkoholabbaurate etwas geringer.

Berechnung der Blutalkoholkonzentration BAK

❶ Umrechnung des Alkoholvolumens $V_{Ethanol}$ (ml) in die Alkoholmasse $m_{Ethanol}$ (g) mithilfe der Dichte ($\rho_{Ethanol} = 0{,}789\ \frac{g}{ml}$):

$$V_{Ethanol} \cdot 0{,}789\ \frac{g}{ml} = m_{Ethanol}$$

❷ Näherungsformel für den BAK in ‰:

$$BAK_{Mann} = \frac{m_{Ethanol}}{m_{Mann} \cdot 0{,}75} \text{ mit } m_{Mann} \text{ in kg}$$

$$BAK_{Frau} = \frac{m_{Ethanol}}{m_{Frau} \cdot 0{,}55} \text{ mit } m_{Frau} \text{ in kg}$$

Alkohol ist schädlich und macht süchtig

Alkoholische Getränke sind aus dem Alltag vieler Jugendlicher und Erwachsener kaum noch wegzudenken. In diesem Projekt sollt ihr untersuchen, welche Bedeutung Alkohol in der Gesellschaft hat, wie er auf den Menschen wirkt und welche Schäden durch Alkohol entstehen.

Veröffentlichung des Statistischen Bundesamtes:
Alkoholeinfluss war 2014 bei 4,5 % aller Unfälle mit Personenschaden eine der Unfallursachen. Allerdings starben 7,7 % aller tödlich verletzten Verkehrsteilnehmer in Deutschland infolge eines Alkoholunfalls, das heißt, etwa jeder 13. Getötete.

TEAM 1
Viele trinken zu viel

In Deutschland wird sehr viel Alkohol getrunken. Dies gilt nicht nur für Erwachsene, sondern zunehmend auch für Jugendliche.

- Recherchiert, welche Mengen an verschiedenen alkoholischen Getränken in Deutschland getrunken werden.
- Differenziert diese Zahlen nach Altersgruppen.
- Findet heraus, mit welchem Alter Jugendliche im Durchschnitt beginnen, Alkohol zu trinken.
- Erklärt den Begriff „Einstiegsdroge“ im Zusammenhang mit Alkohol.
- Beschreibt das Verhalten von Jugendlichen auf Partys in Bezug auf Alkohol.

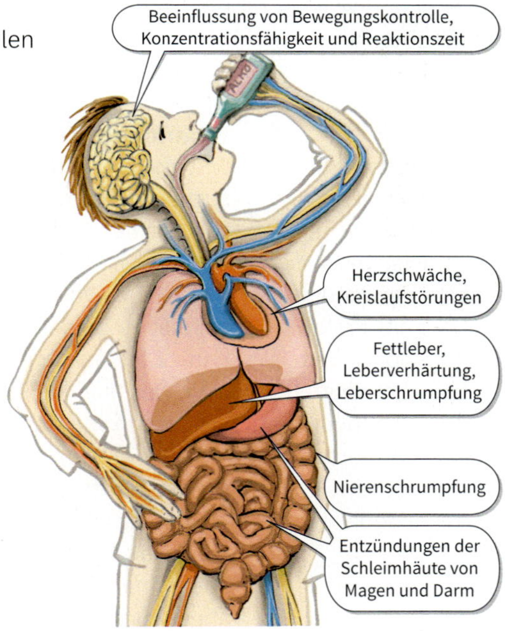

1 Unser Körper mag keinen Alkohol.

TEAM 3
Körperliche und seelische Schäden

Bei regelmäßigem Alkoholkonsum werden viele Organe des menschlichen Körpers geschädigt. Aber auch die Psyche ist häufig stark angegriffen.

- Stellt körperliche und seelische Schäden durch Alkohol zusammen.
- Sucht nach den schädigenden Wirkungen des Alkohols.
- Berichtet über die Krankheit Alkoholismus und ihre Folgen.
- Recherchiert zu möglichen Wegen in den Alkoholismus.
- Untersucht die Möglichkeiten und die Erfolgswahrscheinlichkeit eines Entzugs.
- Informiert euch über die Aufgaben von Selbsthilfegruppen wie den "Anonymen Alkoholikern".

TEAM 2
Wirkungen von Alkohol

Schon wenig Alkohol bewirkt ein verändertes Verhalten. Ab 0,3 ‰ kann ein Autofahrer bestraft werden.

- Stellt die Wirkungen von Alkohol bei verschiedenen Promillegraden zusammen.
- Benennt die Promillegrenze beim Steuern eines Kraftfahrzeuges.
- Recherchiert die Anzahl der Führerscheine, die pro Jahr wegen Überschreitens der Promillegrenze eingezogen werden.
- Ermittelt, ob es für das Fahrradfahren eine Promillegrenze gibt.
- Sucht nach Erklärungen für die Wirkung des Alkohols im Körper und das Entstehen des Rauschgefühls.

TEAM 4
Gesellschaftliche Schäden

Alkohol ist die Ursache für viele Unfälle im Straßenverkehr mit Personenschaden. Dies gilt auch für Unfälle am Arbeitsplatz oder in der Freizeit.

- Stellt fest, wie hoch die Anzahl der Unfälle in einzelnen Bereichen ist.
- Stellt Zahlen über die finanziellen Auswirkungen zusammen.
- Findet heraus, wie viele Menschen durch Alkohol zeitweise oder dauernd arbeitsunfähig werden.
- Recherchiert zu den Auswirkungen des Alkoholismus in der Familie. Beschreibt Folgen für den Ehepartner und die Kinder. Bedenkt auch mögliche Auswirkungen auf schulische Leistungen.

Ethanol

1. Erstelle einen Steckbrief zu Ethanol.

2. Nenne mindestens fünf Anwendungsmöglichkeiten für Ethanol im Haushalt.

3. Bestimme experimentell die Masse von 5 ml Ethanol und berechne daraus die Dichte (in $\frac{g}{cm^3}$).
Hinweis: 1 ml entspricht 1 cm^3.

2 Ethanol befindet sich in vielen Produkten.

4. Stelle die Eigenschaften von Ethanol und Wasser tabellarisch gegenüber.

5. Bewerte den Einsatz von Ethanol als Kraftstoff.

Nicht nur zum Trinken

Hauptbestandteil des Brennspiritus ist der gleiche Stoff, der gemeint ist, wenn im Alltag von Alkohol aus alkoholischer Gärung gesprochen wird. Sein wissenschaftlicher Name lautet **Ethanol.** Im Haushalt wird er beispielsweise zur Konservierung oder als Geschmackszutat verwendet. Nur ein geringer Teil des Ethanols wird aber zur Herstellung alkoholischer Getränke genutzt. Da Ethanol Öl und Fett löst, wird es in großen Mengen als Reinigungsmittelzusatz und Lösemittel verwendet. So helfen alkoholhaltige Fensterputzmittel wie Spiritus beim Reinigen. Außerdem ist Ethanol eine Grundchemikalie in der chemischen Industrie, beispielsweise zur Herstellung von Medikamenten.

Ethanol als Desinfektionsmittel

Große Bedeutung hat Ethanol als Hauptbestandteil von Desinfektionsmitteln im medizinischen Bereich. Bei einem Alkoholgehalt zwischen 50 % und 80 % wird die Zellwand von Bakterien zerstört und Ethanol wirkt für diese damit tödlich. Auch zur Beseitigung von Schimmel kann Ethanol aufgrund seiner desinfizierenden Wirkung genutzt werden.

1 Der Einsatz von Ethanol als Kraftstoff ist umstritten.

Ethanol als Kraftstoff

Seit einigen Jahren wird dem Benzin Ethanol zugesetzt. Es soll das Benzin teilweise ersetzen. Die Kennzeichnung E10, die an Tankstellen zu finden ist, zeigt an, dass das Kraftstoffgemisch einen Volumenanteil von 10 % Ethanol beinhaltet. Dieses **Bioethanol** steht in der Kritik. Die Pflanzen, aus denen es hergestellt wird, wachsen auf Flächen, die dann für die Produktion von Nahrungsmitteln entfallen.

Eigenschaften

Ethanol ist eine klare Flüssigkeit mit einem typischen Geruch. Seine Dichte lässt sich bestimmen, indem du die Masse eines exakt abgemessenen Volumens ermittelst und beide Größen miteinander ins Verhältnis setzt. Im Vergleich zu Wasser hat Ethanol eine geringere Dichte.
Ethanol brennt mit einer bläulichen Flamme, wodurch es von anderen brennbaren Flüssigkeiten zu unterscheiden ist. Mit Wasser ist Ethanol in jedem Verhältnis mischbar. Aber auch mit vielen anderen organischen Stoffen lässt sich Ethanol zumindest zu einem gewissen Teil mischen.

Du kannst verschiedene Verwendungsmöglichkeiten von Ethanol nennen. Du kannst die Eigenschaften von Ethanol beschreiben.

Alkohol destillieren

1.
Recherchiere den Unterschied zwischen Ethanol und Brennspiritus.

2.
a) Verdünne Brennspiritus mit Wasser im Verhältnis 1:10 zunächst auf 90 %, dann in Zehnerschritten weiter auf Konzentrationen von 80 % bis 30 %. Entzünde jeweils eine kleine Probe in einer Abdampfschale.
b) Beschreibe deine Beobachtung.

3.
Fülle einen 250 ml-Erlenmeyerkolben mit 50 ml 20 %igem Brennspiritus. Verschließe den Kolben mit einem durchbohrten Stopfen, durch den ein 50 cm langes Glasrohr gesteckt ist (Bild 1). Befestige das Glasrohr an einem Stativ. Erhitze das Gemisch bis zum Sieden und versuche, den Dampf am oberen Ende des Glasrohres zu entzünden. Notiere deine Beobachtung.

4.
Wiederhole Versuch 3 mit 100 ml vergorenem Fruchtsaft. Nenne wichtige Inhaltsstoffe des vergorenen Saftes.

5.
a) Baue eine Destillationsapparatur wie in Bild 2 auf.
b) Fülle den Rundkolben zu einem Viertel mit Rotwein. Gib einige Siedesteinchen hinzu. Erhitze den Wein vorsichtig auf etwa 80 °C, möglichst nicht höher. Fange das Destillat in einem Becherglas auf. Beschreibe Farbe und Geruch.
c) Fertige eine beschriftete Skizze der Destillationsapparatur an.

6.
Wiederhole Versuch 5 mit vergorenem Fruchtsaft. Notiere Unterschiede und Gemeinsamkeiten.

Ethanol ist brennbar

Vielleicht hast du schon gesehen, wie eine Speise flambiert oder eine Feuerzangenbowle entzündet wurde. Alkohol ist brennbar. Alkoholische Getränke enthalten neben Alkohol zwar in erster Linie Wasser, doch ab einem Anteil von etwa 50 % Alkohol brennt ein solches Gemisch. Bei der Gärung entsteht jedoch höchstens eine Ethanolgehalt von etwa 18 %. Oberhalb dieser Konzentration sterben die Hefepilze ab. Um den Alkohol dennoch durch Entzünden nachzuweisen, wird seine gegenüber dem Wasser niedrigere Siedetemperatur genutzt. Sie liegt bei 78 °C. Beim Erhitzen in einem Kolben mit aufgesetztem Glasrohr (Bild 1) steigt ein Gemisch aus Alkohol- und Wasserdampf auf. Es kondensiert am Glasrohr. Wenn das Glasrohr eine Temperatur von über 78 °C erreicht hat, kondensiert das Wasser noch immer, während der Alkohol gasförmig bleibt. Der Alkoholdampf lässt sich dann am oberen Ende des Glasrohres entzünden.

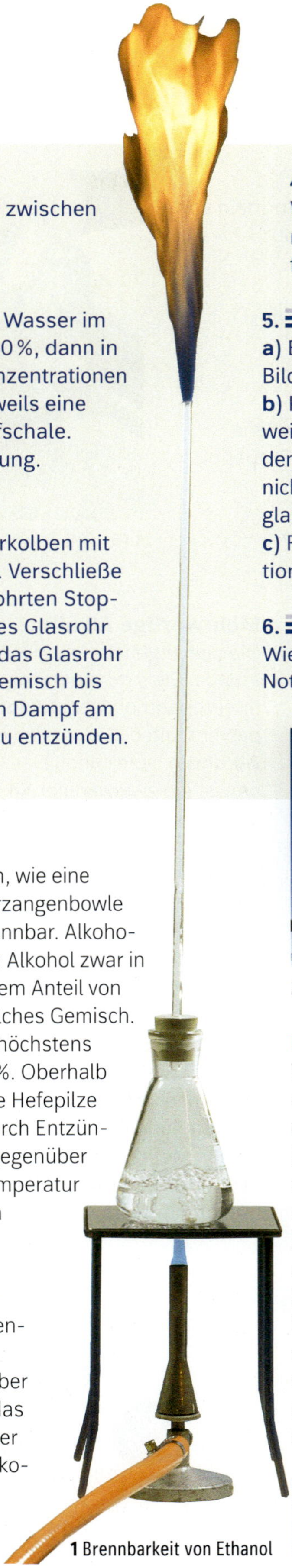

1 Brennbarkeit von Ethanol

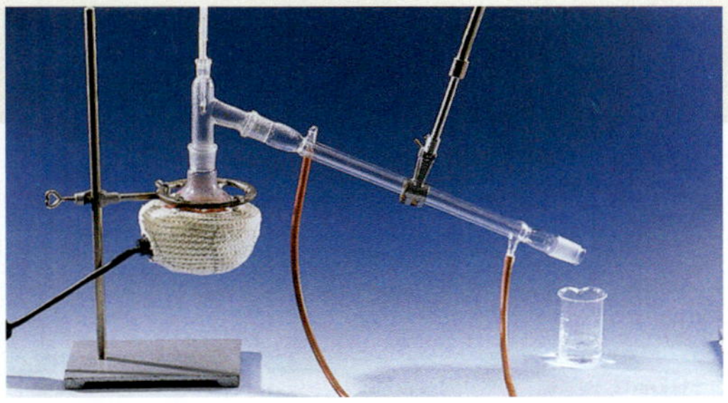

2 Destillation von Wein

Hochprozentiges

Wird für technische Zwecke oder für Getränke ein höherer Alkoholgehalt gewünscht, muss **destilliert** werden. Dabei wird die vergorene Flüssigkeit in einer Destillationsapparatur auf etwa 80 °C erhitzt. Es verdampft vorwiegend Alkohol, der in einem Kühler aufgefangen wird. Dadurch können Wasser und Alkohol voneinander getrennt werden. Dieser Vorgang wird **Brennen** genannt.
Wird der Alkohol für technische Zwecke verwendet, werden bestimmte Stoffe zugesetzt, die ihn zum Trinken ungenießbar machen. Dadurch entfällt die Branntweinsteuer, die auf alkoholische Getränke erhoben wird.

Du kannst anhand der Eigenschaften des Ethanols das Prinzip der Destillation beschreiben.

Verwandte des Ethanols

1. Vergleiche Propanol und Propantriol bezüglich der Löslichkeit in Wasser, der Zähflüssigkeit und der Siedetemperatur.

2. Erläutere die Zusammensetzung der Namen Propantriol und Hexandiol.

3. Notiere die Summenformeln von Pentanol und Hexanol.

4. Nenne die Wertigkeit des Alkohols Sorbit.

5. Zeichne zwei verschiedene Strukturformeln von Propanol.

1 Frostschutzmittel enthalten Glykol.

Weitere Alkohole

Neben Ethanol gibt es weitere Stoffe, die zur Gruppe der Alkohole gehören. Ihre Moleküle enthalten mindestens eine **Hydroxygruppe (OH).** Der einfachste Alkohol ist das **Methanol,** eine klare, leicht brennbare Flüssigkeit, die sehr giftig ist. Die Formel des Methanols (CH_3OH) ähnelt der des Methans (CH_4). Ein Wasserstoff-Atom beim Methan wird beim Methanol durch eine Hydroxygruppe ersetzt.
Das **Propanol** (C_3H_7OH) enthält ebenfalls eine Hydroxygruppe. Es hat seinen Namen vom **Propan** (C_3H_8). Der Alkohol mit vier Kohlenstoff-Atomen und einer Hydroxygruppe heißt **Butanol** (C_4H_9OH).

Diese Alkohole sind Teil der **homologen Reihe der Alkanole.** Die für die Eigenschaften der Alkanole verantwortliche Hydroxygruppe heißt **funktionelle Gruppe der Alkanole.** Fast alle Alkohole sind gesundheitsschädlich oder giftig.

Mehrwertige Alkohole

Die bisher genannten Alkohole haben nur eine Hydroxygruppe. Sie sind **einwertig.** Glykol (Ethandiol) und Glycerin (Propantriol) sind Alkohole, die mehrere Hydroxygruppen enthalten. Sie werden daher als **mehrwertige Alkohole** bezeichnet. Das Glykol mit zwei Hydroxygruppen ist ein zweiwertiger Alkohol, das Glycerin mit drei Hydroxygruppen ein dreiwertiger Alkohol.

Glykol wird als Frostschutzmittel und in Bremsflüssigkeiten verwendet. Glycerin ist Bestandteil vieler Kosmetika und eine Grundchemikalie der chemischen Industrie, beispielsweise zur Herstellung von Schuhcreme. Beide Alkohole lösen sich in jedem Verhältnis in Wasser.

METHANOL IST BESONDERS GEFÄHRLICH

Immer wieder wird in Medien von Todesfällen durch gepanschten Alkohol berichtet. Bei unsachgemäßer Herstellung von alkoholischen Getränken können diese Methanol enthalten. Häufig wird eine Methanolvergiftung nicht sofort erkannt, jedoch wirkt dieser Alkohol bereits in kleinsten Mengen tödlich.

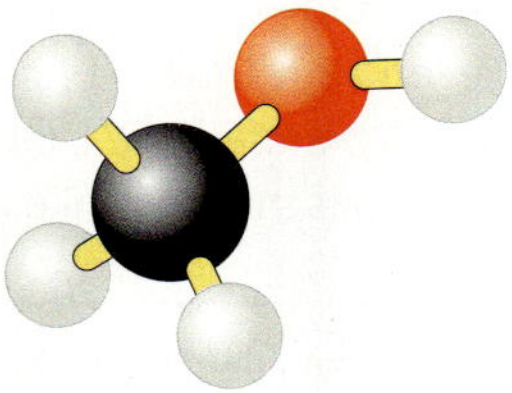

2 Methanol-Molekül (CH_3OH)

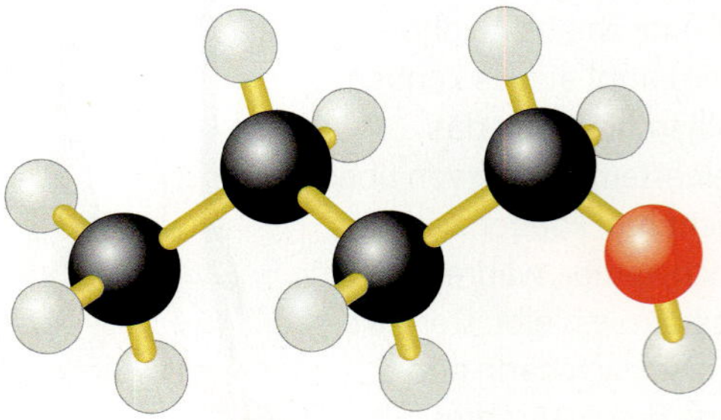

3 Butanol-Molekül (C_4H_9OH)

Eigenschaften der Alkohole

Die ersten Alkohole der homologen Reihe sind Flüssigkeiten, die einen charakteristischen Geruch haben. Alkohole mit längeren Molekülketten sind meist feste Verbindungen mit nur schwach ausgeprägtem Geruch.

Schmelz- und Siedetemperaturen

Beim Vergleich von Alkanen mit Alkoholen ist festzustellen, dass Alkohole höhere Schmelz- und Siedetemperaturen als die entsprechenden Alkane besitzen.
Ursache sind die Wasserstoffbrücken zwischen Alkohol-Molekülen. Zum Überwinden dieser Wechselwirkungen wird zusätzliche Wärme gebraucht.

Je mehr Hydroxygruppen ein Molekül aufweist, desto mehr Wasserstoffbrücken können ausgebildet werden und desto höher ist die Siedetemperatur. Daher besitzen mehrwertige Alkohole höhere Schmelz- und Siedetemperaturen als einwertige. Gleichzeitig steigen die Schmelz- und Siedetemperaturen der Stoffe mit der Kettenlänge der Moleküle.

Löslichkeit in Wasser

Kurzkettige Alkohole sind gut in Wasser löslich. Dies gilt aber vorwiegend für die Alkohole mit kurzer Molekülkette. Je länger die Kohlenstoffkette der Moleküle wird, umso schlechter ist die Wasserlöslichkeit der Stoffe. Mehrwertige Alkohole sind wegen der größeren Anzahl an Hydroxygruppen besser in Wasser löslich als einwertige.

Zähflüssigkeit

Auch die Zähflüssigkeit oder **Viskosität** der Alkohole verändert sich mit der Länge der Kohlenstoffkette ihrer Moleküle. Sind die ersten Alkohole der homologen Reihe noch leicht bewegliche Flüssigkeiten, so werden sie mit zunehmender Kettenlänge der Moleküle immer zähflüssiger und letztendlich sogar fest.
Dabei sind Alkohole noch etwas zähflüssiger als die entsprechenden Alkane. Mehrwertige Alkohole sind zähflüssiger als einwertige. Auch dies hat seine Ursache in den Wasserstoffbrücken.

Du kannst erklären, was mehrwertige Alkohole sind.
Du kannst die Veränderungen wichtiger Eigenschaften der Alkohole mit der Kettenlänge und der Mehrwertigkeit ihrer Moleküle erläutern.

Name	Summenformel	Strukturformel	Siedetemp.	Verwendung
Methanol	CH_3OH	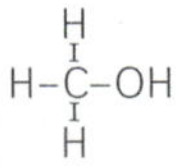	65 °C	Kunststoffindustrie, Benzinzusatz
Ethanol	C_2H_5OH	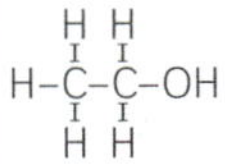	78 °C	alkoholische Getränke, Brennspiritus, Löse- und Reinigungsmittel
Propanol	C_3H_7OH	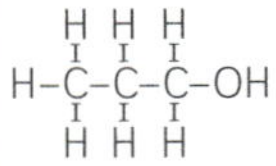	97 °C	Enteisungsmittel, Löse- und Extraktionsmittel
Butanol	C_4H_9OH	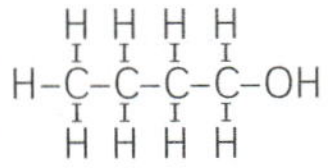	117 °C	Löse- und Extraktionsmittel in der Lack- und Kunststoffindustrie, Weichmacher
Ethandiol (Glykol)	$C_2H_4(OH)_2$	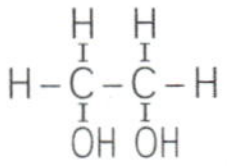	197 °C	Frostschutzmittel, Kunststoffherstellung, Bremsflüssigkeit
Propantriol (Glycerin)	$C_3H_5(OH)_3$	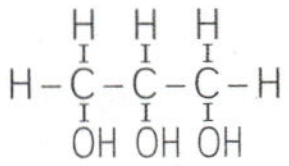	290 °C	Kosmetika, Sprengstoffe, Weichmacher, Kühlmittel, Kunststoffe
Hexanhexol (Sorbit)	$C_6H_8(OH)_6$	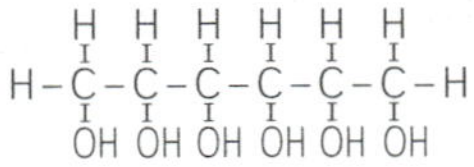	295 °C	Zuckerersatz in Lebensmitteln für Diabetiker

4 Ein- und mehrwertige Alkohole

Mehrwertige Alkohole

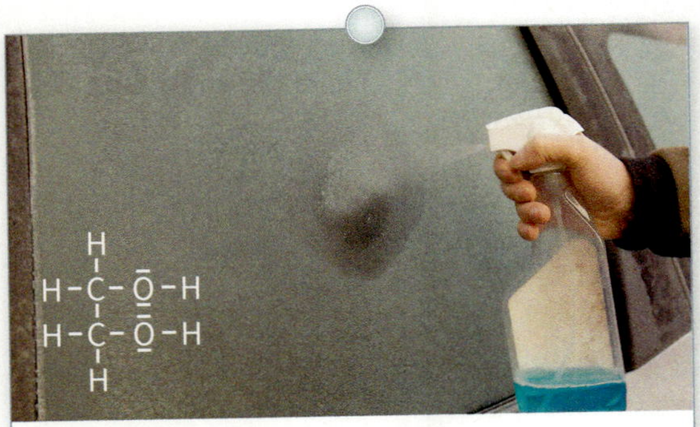

Glykol
Wissenschaftlicher Name: Ethan-1,2-diol
Anzahl Hydroxygruppen: zwei
Siedetemperatur: 198 °C
Verwendung: Frostschutzmittel · eine Mischung aus Wasser und Glykol im Verhältnis 1 : 1 erstarrt erst bei –40 °C · Ausgangsstoff für den Kunststoff PET (Polyethylenterephthalat), aus dem unter anderem Getränkeflaschen hergestellt werden

Sorbit
Wissenschaftlicher Name: Hexanhexol
Anzahl Hydroxygruppen: sechs
Siedetemperatur: 296 °C
Verwendung: Zuckerersatzstoff · Grund für den Hinweis „kann bei übermäßigem Verzehr abführend wirken“
Vorkommen und Gewinnung:
in hohen Konzentrationen in den Beeren der Eberesche, aber auch in Äpfeln und Birnen enthalten · um größere Massen des Lebensmittelzusatzstoffes zu gewinnen, wird auf Stärke aus Weizen oder Mais zurückgriffen

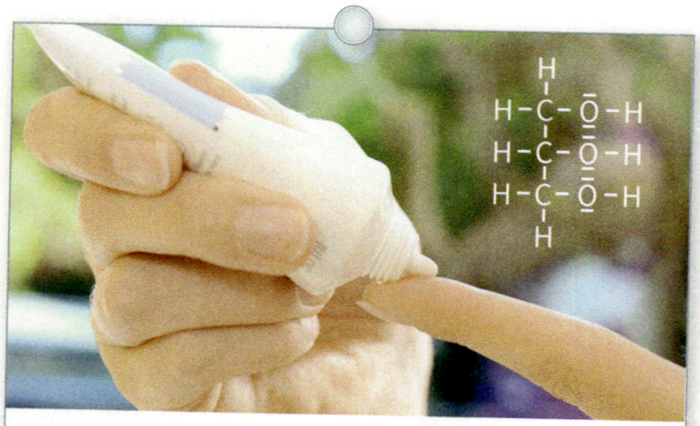

Glycerin
Wissenschaftlicher Name:
Propan-1,2,3-triol
Anzahl Hydroxygruppen: drei
Siedetemperatur: 290 °C
Verwendung: Feuchthaltemittel in Cremes oder Lebensmitteln aufgrund der hygroskopischen Wirkung, schützt diese dadurch vor Austrocknung · Frostschutzmittel, Ausgangsstoff für die Herstellung von Kunststoffen sowie des Sprengstoffs Nitroglycerin
Vorkommen: Bestandteil von Fettmolekülen · Nebenprodukt der Destillation

Hygroskopisch
Als hygroskopisch oder wasserziehend werden Stoffe bezeichnet, die Feuchtigkeit aus der Umgebung aus der Luft aufnehmen, beispielsweise Wasserdampf. Dies ist nicht nur bei Glycerin, sondern auch bei Kochsalz der Fall. Deshalb wird es klumpig, wenn es zu lange offen steht.

1. A
Vergleiche die Siedetemperaturen des einwertigen Alkohols Ethanol mit dem zweiwertigen Alkohol Glykol. Erkläre den Unterschied.

2. V
a) Stelle eine Vermutung auf, ob die aufgeführten mehrwertigen Alkohole wasserlöslich sind. Gib hierfür eine Begründung.
b) Überprüfe deine Vermutung experimentell.

3. Q
Recherchiere einen weiteren mehrwertigen Alkohol und erstelle dazu einen Pinnwandzettel.

Alkohole benennen

Welche Strukturformel hat Pentanol?

Die fünf Kohlenstoff-Atome des Pentanols können in einer Reihe angeordnet sein. Das Molekül kann aber auch Verzweigungen aufweisen. Um Molekülen einen eindeutigen Namen zu geben, müssen bestimmte Regeln beachtet werden.

Stammnamen der Alkohole

Anzahl C-Atome	Name
1	Methanol
2	Ethanol
3	Propanol
4	Butanol
5	Pentanol
6	Hexanol
7	Heptanol
8	Octanol
9	Nonanol
10	Decanol

Hydroxygruppen können mehrfach auftreten

Enthält ein Molekül mehr als eine Hydroxygruppe, wird deren Anzahl mit einer entsprechenden griechischen Vorsilbe angegeben. Diese wird vor die Endung „-ol" gesetzt.

2 OH-Gruppen: di
3 OH-Gruppen: tri
4 OH-Gruppen: tetra

So heißt Glycerin z. B. Propantriol.

1. A
Benenne das abgebildete Molekül:

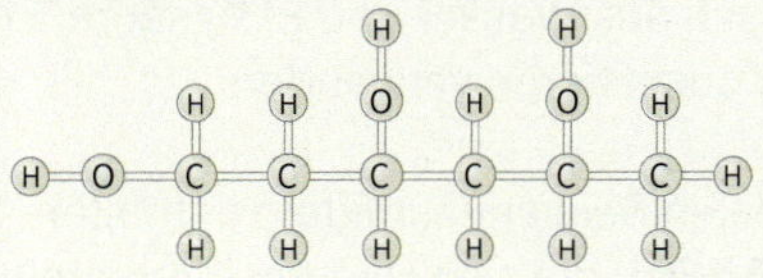

2. A
Notiere die Strukturformel des Moleküls 2,3,3-Trimethylbutan-2-ol.

3. A
Erkläre, wie es zu dem Namen Ethan-1,2-diol von Glycol kommt.

Wie gehst du vor?

Folgendes Beispielmolekül soll benannt werden:

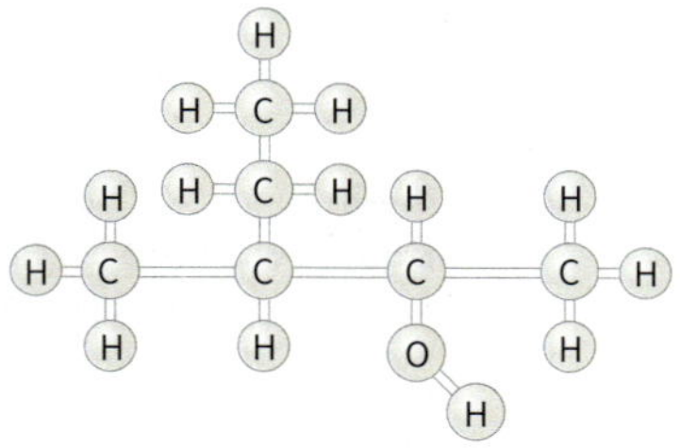

❶ Ermittle die längste Kette.

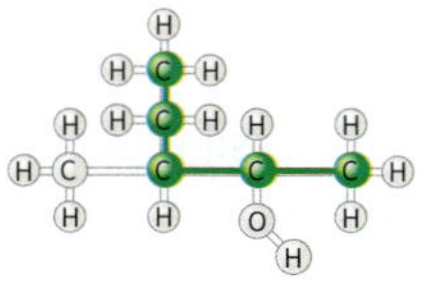

Beachte, dass die **längste Kette,** die die Hydroxygruppe trägt, auch „um die Ecke" verlaufen kann.

❷ Nummeriere die Kohlenstoff-Atome.

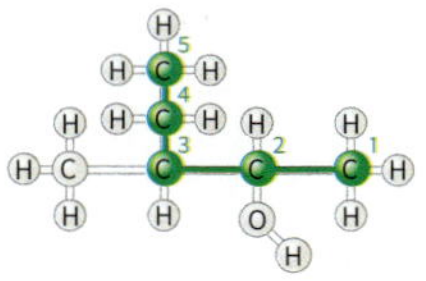

Das Molekül mit 5 Kohlenstoff-Atomen erhält den Stammnamen **-pentan-**

❸ Hänge die Endung -ol an.

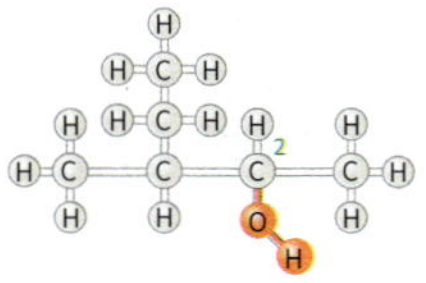

Das Molekül trägt eine Hydroxygruppe am zweiten Kohlenstoff-Atom, also -pentan-**2-ol.**

❹ Benenne die Seitenkette.

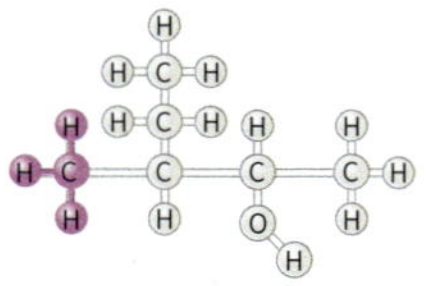

Das Molekül trägt eine Methylgruppe, also **Methyl**pentan-2-ol.

❺ Gib die Verbindungsstelle an.

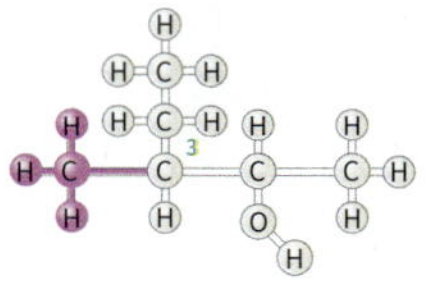

Die Methylgruppe ist am dritten Kohlenstoff-Atom gebunden, also **3-**Methylpentan-2-ol.

Der wissenschaftliche Name des Moleküls lautet demnach **3-Methylpentan-2-ol.**

METHODE

Vom Wein zum Essig

1 Kräuteressig

1. V
Lass eine Probe Wein zwei Wochen im Warmen stehen. Prüfe dann den Geruch. Nenne Veränderungen.

2. A
Beschreibe die Eigenschaften von Essigessenz und nenne Verwendungszwecke.

3. Q
Nenne Speisen und Nahrungsmittel, die Essig enthalten.

4. V
Mische 1 ml Essigessenz mit je 1 ml, 10 ml und 100 ml Wasser. Untersuche die pH-Werte. Notiere deine Beobachtungen.

5. V **Lehrerversuch**
In einer Porzellanschale werden 3 ml konzentrierte Essigsäure auf ihre Brennbarkeit untersucht.

6. A
Nenne das Ergebnis von Versuch 5.

7. V
Stelle aus Essigessenz eine Lösung her, deren Essigsäurekonzentration der von Haushaltsessig entspricht. Protokolliere dein Vorgehen.

8. V
Lege einige Gurkenscheiben in Essig ein. Lass sie abgedeckt eine Woche stehen. Lege zum Vergleich Gurkenscheiben in Wasser. Beschreibe die Wirkung des Essigs.

9. Q
a) Begründe den Einsatz von Essig als Konservierungsmittel.
b) Nenne weitere Verwendungen von Essig.

Die Konzentration bestimmt den Namen

Essigsäure: organische Säure
Essig: Gemisch aus Wasser und Essigsäure,
Säureanteil von etwa 5 %
Essigessenz: Gemisch aus Wasser und Essigsäure,
Säureanteil von 25 %
Eisessig: 100 %ige Essigsäure,
stark ätzende Chemikalie

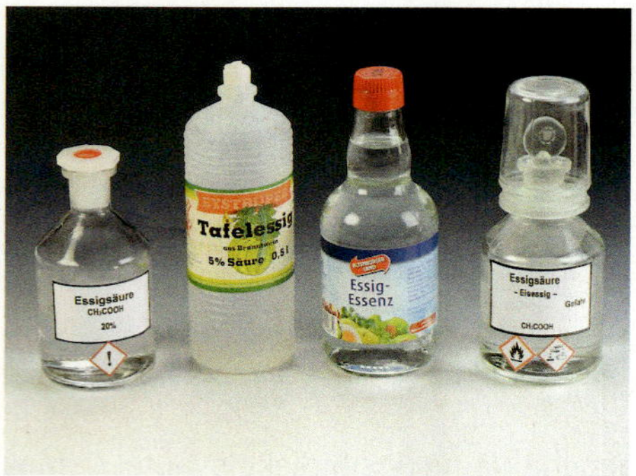

Essig und Essigsäure

Bleibt Wein längere Zeit offen an der Luft stehen, schmeckt er sauer. Aus dem darin enthaltenen Ethanol ist **Essigsäure** entstanden. Hierbei handelt es sich um eine Oxidation. Essigsäurebakterien, die überall in der Luft vorhanden sind, setzen Ethanol mit Sauerstoff zu Essigsäure und Wasser um. Dieser Vorgang wird als **Essigsäuregärung** bezeichnet.

$$\text{Ethanol} + \text{Sauerstoff} \xrightarrow{\text{Essigsäurebakterien}} \text{Essigsäure} + \text{Wasser}$$
$$C_2H_5OH + O_2 \xrightarrow{\text{Essigsäurebakterien}} CH_3COOH + H_2O$$

Essig ist ein Gemisch aus Wasser und Essigsäure. Er wird zum Würzen und Konservieren verwendet.

Essigsäure ist in vielen Reinigungsmitteln enthalten. Sie ist eine **organische Säure,** die sich in jedem Verhältnis mit Wasser mischt. Sie ist ätzend und wird zum Entkalken von Haushaltsgeräten verwendet.
Die chemische Industrie stellt jährlich weltweit bis zu 7 Mio. t Essigsäure her. Die biotechnologische Herstellung entspricht der Essigsäuregärung im großen Maßstab. Essigsäure wird neben der Verwendung in Reinigunsmitteln in der Kunststoffproduktion, in Färbereien und in der pharmazeutischen Industrie eingesetzt.

Basiskonzepte S. 137

Name	Formel	Siedetemp.	Verwendung
Methansäure (Ameisensäure)	H-COOH	101 °C	Unterstützung der Milchsäuregärung in Siloanlagen, Lösemittel für Kunststoffe, Färberei, Lebensmittelzusatz E236
Ethansäure (Essigsäure)	CH_3-COOH	118 °C	Lebensmittelzusatz E260, Konservierungsstoff, Gewürz, Grundchemikalie in der chemischen Industrie
Propansäure (Propionsäure)	CH_3-CH_2-COOH	141 °C	Lebensmittelzusatz E280, Herstellung von Aromastoffen und Schädlingsbekämpfungsmitteln
Butansäure (Buttersäure)	CH_3-$(CH_2)_2$-COOH	164 °C	Herstellung von Aromastoffen, Kunststoffen, Medikamenten, Schädlingsbekämpfungsmitteln
Hexadecansäure (Palmitinsäure)	CH_3-$(CH_2)_{14}$-COOH	222 °C	Herstellung von Seife, Zusatzstoff in Schmiermitteln, Herstellung von Wasch-, Reinigungs- und Imprägniermitteln

2 Verschiedene Alkansäuren

Die Essigsäure...

Die Essigsäure gehört wie die Ameisensäure und die Buttersäure zu den **Alkansäuren.** Diese Säuren gehören zu der großen Gruppe der **Carbonsäuren.** Sie alle sind durch die COOH-Gruppe gekennzeichnet. Diese funktionelle Gruppe heißt **Carboxygruppe** (Bild 3). Die Namen der Alkansäuren leiten sich von den entsprechenden Alkanen ab.

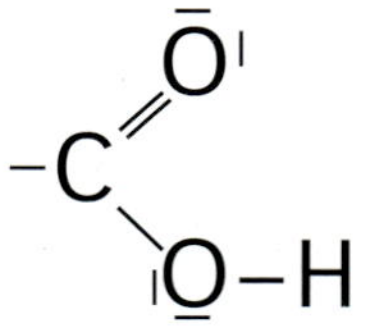

3 Die Carboxygruppe, vereinfacht: COOH

... und ihre Verwandten

So wird die Essigsäure mit ihren zwei Kohlenstoff-Atomen auch Ethansäure genannt. Die Buttersäure mit vier Kohlenstoffatomen heißt Butansäure. Langkettige Alkansäuren sind Bestandteile der Fette. Sie werden deshalb oft als **Fettsäuren** bezeichnet. Die Hexadecansäure mit 16 Kohlenstoff-Atomen kommt im Palmöl vor und heißt Palmitinsäure.

Du kannst angeben, wie Essigsäure entsteht, welche Eigenschaften sie hat und wie ihre Verwandten genannt werden.
Du kannst die Carboxygruppe als funktionelle Gruppe nennen.

Saures aus der Küche

PRAKTIKUM

Rezept 1: Apfelessig

Mische 1 l Apfelwein mit 1 l Wasser. Gib 10 Tropfen Essig und 40 g Sauerteig vom Bäcker dazu. Rühre gut um, decke mit einem Tuch ab und lass das Gemisch an einem warmen Ort 3 bis 4 Wochen stehen. Filtriere es dann. Das Filtrat ist der fertige Apfelessig.

Rezept 2: Rosmarin-Essig

Wasche zwei Rosmarinzweige und lass sie abtropfen. Gib sie in eine saubere Flasche und gieße 0,5 l Rotweinessig und 100 ml Essigessenz darüber. Lass das Gemisch mindestens 14 Tage ziehen. Danach ist der Würzessig zu verwenden.

4 Zutaten für den Rosmarin-Essig

Essigsäure und ihre Salze

1. ≡ V
a) Gib jeweils eine Probe der Metalle Aluminium, Magnesium, Kupfer und Eisen in eine 10 %ige Essigsäure-Lösung. Beschreibe die Reaktionen.
b) Nenne Vorsichtsmaßnahmen zum Umgang mit Essigessenz, die aus Versuch a) abzuleiten sind.

2. ≡ A
Erkläre anhand der Struktur des Moleküls, warum Essigsäure einen deutlich höheren Siedepunkt als Ethanol hat.

3. ≡ Q
Informiere dich über die Stoffgruppe der Ester. Erstelle Steckbriefe von zwei Vertretern.

Salze der Essigsäure

Hältst du ein Stück Magnesiumband in verdünnte Essigsäure, kannst du eine Gasentwicklung beobachten. Essigsäure zersetzt viele Metalle unter Wasserstoffbildung. Dabei entstehen **Acetate,** die Salze der Essigsäure.

Aus Kupfer und Essigsäure bildet sich das gesundheitsschädliche Kupferacetat, der Grünspan. Deshalb dürfen Essigsäure haltige Speisen nicht in Kupfergefäßen aufbewahrt werden.

1 Grünspan auf einem Kupferblech

Bau der Essigsäure-Moleküle

Die hohe Siedetemperatur lässt sich durch die starken zwischenmolekularen Wechselwirkungen erklären, die zwischen den Essigsäure-Molekülen herrschen:
Jedes Molekül kann über die Carboxygruppe zwei Wasserstoffbrücken ausbilden. Es entstehen sogenannte **Dimere.**
Die Hydroxygruppe der Alkohole hingegen kann nur eine Wasserstoffbrücke ausbilden.

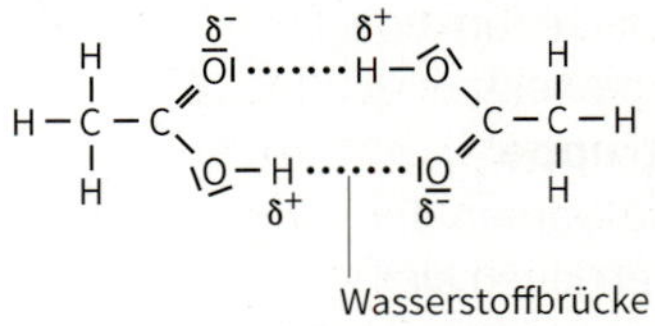

3 Essigsäure bildet Dimere.

Der Name **Dimer** bezeichnet den Zusammenschluss aus zwei identischen Molekülen zu einer Einheit.

Eigenschaften

Essigsäure ist eine brennbare, farblose und stechend riechende Flüssigkeit.

Reine Essigsäure wird auch als **Eisessig** bezeichnet. Dies liegt daran, dass die Schmelztemperatur mit 16 °C relativ hoch ist.

Im festen Zustand bildet die Säure eine eisähnliche Masse (Bild 2). Auch die Siedetemperatur ist zum Beispiel im Vergleich zu Ethanol wesentlich höher.

2 Essigsäure erstarrt bei 16,2 °C.

Verwendung und Herstellung

Neben dem Einsatz in Reinigungsmitteln oder als Konservierungsmittel findet Essigsäure auch in der Kunststoffproduktion, in der Färberei und der pharmazeutischen Industrie Verwendung.
Reagieren Essigsäure oder andere Carbonsäuren mit Alkoholen, entstehen intensiv riechende Aromastoffe. Diese werden **Ester** genannt.

Du kannst Salze der Essigsäure nennen. Du kannst Eigenschaften der Essigsäure angeben und begründen.

Essig – eine seit Jahrtausenden begehrte Flüssigkeit

1. Halte einen Kurzvortrag über den Einsatz von Essig als Getränk.

2. Stelle HILDEGARD VON BINGEN und ihre Werke in einem Kurzvortrag vor.

Essig als Erfrischungsgetränk?

Während du heute eine gekühlte Limonade zum Durstlöschen vorziehst, tranken die Menschen im alten Rom verdünnten Essig. Das Getränk wurde als Posca bezeichnet. Es ließ sich leicht herstellen, indem Weinessig dem Wasser beigemischt wurde.
Es erfreute sich sowohl bei den Bürgern Roms als auch bei den römischen Legionären großer Beliebtheit.
Dies hatte jedoch nicht nur geschmackliche Gründe. Der Zusatz von Essig machte das Wasser oft erst genießbar, denn in der damaligen Zeit war die Wasserqualität wesentlich schlechter als heute. Zudem gilt Essig schon seit HIPPOKRATES als Heilmittel bei Atemwegserkrankungen oder Verdauungsbeschwerden. Essigwasser als Getränk war sogar bis vor etwa 100 Jahren noch üblich.
Auch in der Bibel ist von Essig zu lesen, der Jesus am Kreuz gereicht wurde. So lautet Pslam 69 Vers 22: „Und sie gaben in meine Speise Galle, und in meinem Durst tränkten sie mich mit Essig“. Auch wenn die Darreichung des Essigs unterschiedlich gedeutet wird, so überliefert dieser Text, dass Essig bereits allgegenwärtig war.
Doch Essig wurde nicht von den Römern entdeckt, sondern war schon den Ägyptern bekannt und wurde seither über die Jahrtausende geschätzt und vielseitig eingesetzt.

1 Die Feldflaschen der Legionäre waren oft mit Essigwasser gefüllt.

2 Der Hefner als Essig-Hersteller

Entdeckung des Essigs

Es ist zwar nicht genau bekannt, in welcher Kultur zuerst Essig hergestellt wurde. Es wird jedoch davon ausgegangen, dass die Herstellung eher zufällig geschah. Mit der Herstellung des Alkohols kam auch der Essig, wenn zunächst vermutlich ungewollt. Die Überlieferungen zur Bierherstellung werden auf ein Alter von 8000 Jahren geschätzt. Offene Bier- und Weinkrüge lassen das Ethanol oxidieren. Es entsteht Essig. Bald wurde auch die konservierende Wirkung von Essig erkannt. Von den Babyloniern ist bekannt, dass sie ihre erjagte Beute in Essig einlegten und damit haltbar machten.
Im Mittelalter standen vor allem die gesundheitlichen Wirkungen von Essig im Vordergrund. Diese werden auch in den Schriften von HILDEGARD VON BINGEN als Heilmittel erwähnt. Der Berufsstand der Hefner (Bild 2), den es heute so nicht mehr gibt, verschrieb sich der Versorgung der Brauereien mit Hefe und stand damit auch im Dienst der Essigherstellung. Vor allem Kräuteressig war im Mittelalter sehr populär.

STREIFZUG

Ethanol wird oxidiert

1. Fülle unter dem Abzug ein Reagenzglas zu einem Drittel mit Ethanol. Verschließe es mit einem Stopfen. Erhitze ein Stück blankes Kupferblech über dem Bunsenbrenner, bis es zu schwarzem Kupferoxid oxidiert ist. Tauche das noch heiße Blech ins Ethanol und beobachte. Verschließe das Reagenzglas danach sofort wieder.

2. Stelle die Reaktionsgleichung der Oxidation von Butanol mit Kupferoxid auf.

3. Stelle die Reaktionsgleichung der Oxidation von Butan-2-ol mit Kupferoxid auf. Vergleiche dein Ergebnis mit dem aus Aufgabe 2.

3 Ethanal verursacht Kopfschmerzen.

Ethanol reagiert mit Kupferoxid

Hältst du ein heißes Stück schwarzen Kupferoxids in Ethanol oder in Ethanoldampf, so erscheint ein blankes, kupferfarbenes Blech. Ethanol hat das Kupferoxid zu Kupfer reduziert. Dabei wird der Alkohol selbst oxidiert. Das Produkt heißt **Ethanal,** auch Acetaldehyd genannt. Es gehört zur Stoffgruppe der **Aldehyde.**

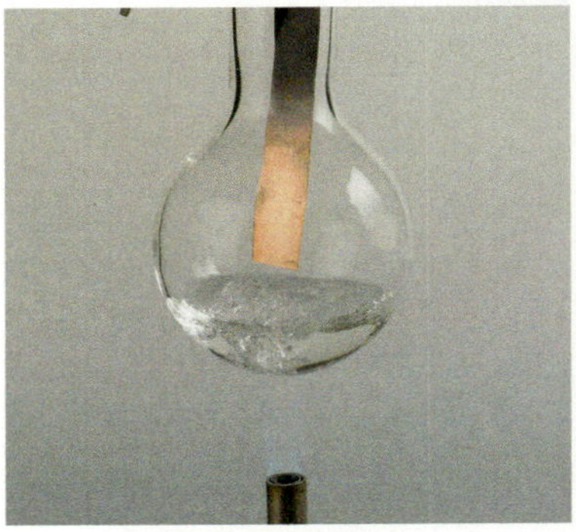

1 Kupferoxid reagiert mit Ethanol.

Woher kommt der „Kater"?

Auch im menschlichen Körper wird Ethanol oxidiert. Das Enzym Alkoholdehydrogenase wandelt beim Alkoholabbau den Trinkalkohol in Ethanal um. Bei zu hoher Konzentration von Acetaldehyd im Körper sind Kopfschmerzen die Folgen.

Aldehyde

Der Name der Aldehyde leitet sich von der lateinischen Bezeichnung "alcoholus dehydrogenatus" ab. Dies bedeutet nichts anderes als "Alkohol, dem der Wasserstoff entzogen wurde".
Aldehyde enthalten ein Kohlenstoff-Atom, das über eine Doppelbindung mit einem Sauerstoff-Atom verbunden ist. Diese Bindung ist polar. Daher herrschen zwischen Aldehyd-Molekülen Dipol-Wechselwirkungen. Die Siedetemperaturen der Aldehyde sind aus diesem Grund höher als die der entsprechenden Alkane.
Weiterhin ist das Kohlenstoff-Atom mit einem Wasserstoff-Atom verbunden. Der Name der Aldehyde leitet sich von den Alkanen ab. An den Stammnamen wird die Endung -al gehängt.

Nicht immer entstehen Aldehyde

Ersetzt du das Ethanol aus dem Versuch mit anderen Alkoholen, so lässt sich feststellen, dass der Versuch nicht immer gelingt oder das Produkt kein Aldehyd ist. Es entsteht nur ein Aldehyd, wenn die Hydroxygruppe am Ende der Kette des Alkohol-Moleküls hängt.

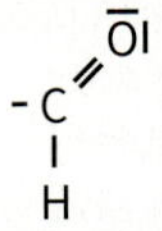

4 Die Aldehydgruppe: vereinfacht –CHO

Du kannst die Oxidation von Ethanol zu Ethanal beschreiben sowie Kennzeichen der Aldehyde nennen.

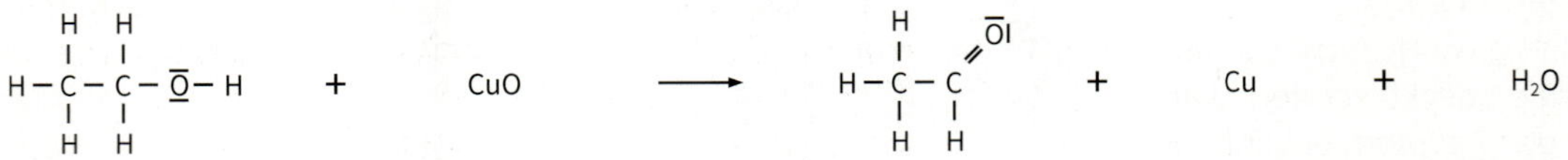

Ethanol + Kupferoxid ⟶ Ethanal + Kupfer + Wasser

2 Reaktionsgleichung der Oxidation von Ethanol

Aceton – ein wichtiges Lösemittel

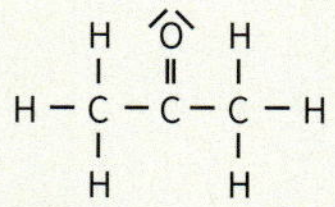

1 Strukturformel von Aceton

1. Erkläre, warum sich Aceton als Lösemittel für organische Stoffe eignet.

2. Recherchiere, warum Aceton heute nur noch selten in Nagellackentfernern zu finden ist.

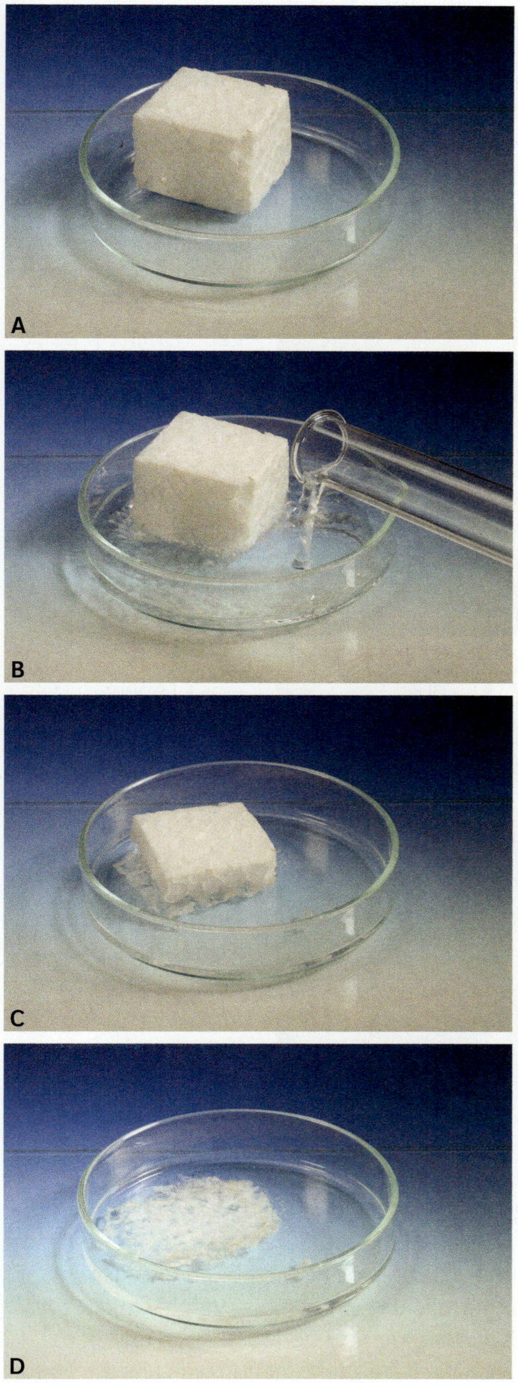

2 A – D Aceton löst Polystyrol.

Aceton ist ein Oxidationsprodukt

Propanon, besser bekannt als **Aceton,** entsteht ebenso wie Acetaldehyd durch Oxidation eines Alkohols. Das Edukt in diesem Fall ist Propan-2-ol.

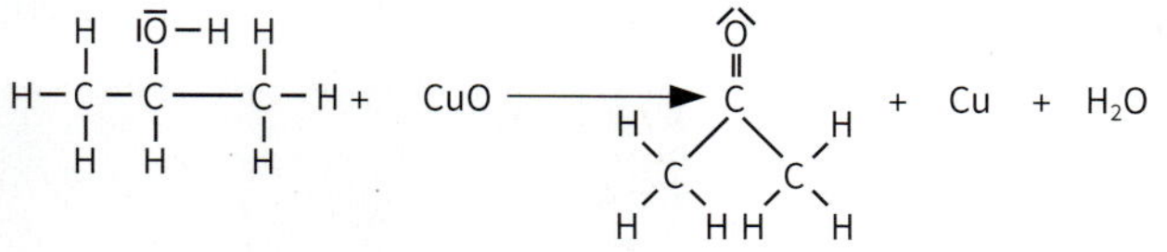

Propan-2-ol + Kupferoxid ⟶ Propanon + Kupfer + Wasser

3 Reaktionsgleichung und Reaktionsschema

Aceton ist ein Keton

Werden Alkohole oxidiert, deren Hydroxygruppe nicht an einem Kohlenstoff-Atom am Ende, sondern innerhalb der Kette hängt, entsteht kein Aldehyd. Es entsteht ein **Keton.** Diese Stoffgruppe erkennst du an der **Ketogruppe.** Dabei handelt es sich ebenso wie bei den Aldehyden um ein Kohlenstoff-Atom, welches über eine polare Doppelbindung mit einem Sauerstoff-Atom verbunden ist. Das Kohlenstoff-Atom, welches die Doppelbindung ausbildet, befindet sich im Gegensatz zu den Aldehyden innerhalb der Kohlenstoffkette.

Verwendung

Aceton ist ein hervorragendes Lösemittel für viele organische Substanzen. Es löst zum Beispiel Polystyrol sehr gut, auch als Styropor® bekannt (Bild 2). Auch Nagellack lässt sich gut mit Aceton von den Fingernägeln entfernen (Bild 4). Deshalb enthalten manche Nagellackentferner Aceton.

4 Aceton löst Nagellack.

Du kannst die Stoffgruppe der Ketone beschreiben und Aceton als einen wichtigen Vertreter nennen. Du kannst Eigenschaften und die Verwendung von Aceton beschreiben.

Chemische Konservierungsmethoden

LERNEN IM TEAM

Viele Lebensmittel verderben nach kurzer Zeit und werden ungenießbar. In diesem Projekt sollt ihr Möglichkeiten der Konservierung von Lebensmitteln in der Vergangenheit und in der Gegenwart erkunden, beschreiben und darstellen. Stellt in jeder Gruppe auch die Vor- und Nachteile der Konservierungsmethoden zusammen.

TEAM 1

Haltbarmachen im Haushalt

Noch heute werden in vielen Haushalten Marmeladen gekocht und Gelees hergestellt. Es werden auch Gurken eingelegt oder Pilze getrocknet. Eure Gruppe soll eine Übersicht erstellen, in der möglichst alle Methoden der Konservierung im Haushalt dargestellt sind. Einige davon könnt ihr in der Schulküche oder zuhause selbst ausprobieren. Sammelt Rezepte zum Konservieren von Lebensmitteln. Dabei dürft ihr gerne Freunde und Familie befragen. Beurteilt die Qualität im Vergleich zu den jeweiligen frischen Lebensmitteln. Stellt die selbst zubereiteten Lebensmittel in der Klasse vor.

TEAM 2

Haltbarmachen in Handwerksbetrieben

Der Bäcker setzt genauso wie der Fleischer Verfahren und Stoffe zur Haltbarmachung von Lebensmitteln ein.
Ihr sollt feststellen, mit welchen Verfahren und Stoffen in diesen Handwerksbetrieben gearbeitet wird und wie die Stoffe wirken, die dabei eingesetzt werden. Dafür könnt ihr in Metzgereien und Bäckereien direkt nachfragen oder auch im Internet recherchieren.

TEAM 3

Haltbarmachen in der Nahrungsmittelindustrie

Bei der Herstellung von Fischkonserven wie auch in Molkereien werden viele verschiedene Konservierungsstoffe zur Haltbarmachung eingesetzt.

Erstellt eine Liste von typischen Konservierungsmitteln, die bei der industriellen Lebensmittelproduktion und -verarbeitung eingesetzt werden. Erkundigt euch, in welchen Produkten sie enthalten sind. Erklärt eurer Klasse anschließend, wie Konservierungsmittel auf der Zutatenliste eines Lebensmittels erkannt werden können und was sich hinter dem Begriff E-Nummer verbirgt.

TEAM 4

Geschichte des Konservierens

Die mittelalterlichen Seefahrer wären auf ihren langen Reisen verhungert, hätten sie nicht auch gepökeltes Fleisch an Bord gehabt. Auch lange Winter und Dürreperioden konnten Menschen nur überstehen, weil sie haltbar gemachte Lebensmittel als Vorräte hatten. Stellt die Geschichte des Haltbarmachens von Lebensmitteln dar. Erkundet dazu, welche Methoden und Hilfsmittel es für die Haltbarmachung früher gab. Vergleicht die Methoden von früher mit heutigen Methoden und findet heraus, was sich nicht bewährt hat und was uns bis heute geblieben ist.

Carbonsäuren sind lebensnotwendig

Formel: $C_3H_6O_3$

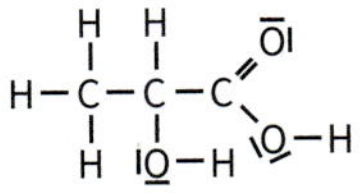

Milchsäure

Vorkommen: in Jogurt, Früchten, Sauerkraut · wichtiges Stoffwechselprodukt bei Tier und Mensch · in Blut, Speichel, im Muskel
Name der Salze: Lactate
Eigenschaften: klare, farblose, sirupartige Flüssigkeit · fast geruchlos · schmeckt sauer · in Wasser und Ethanol gut löslich
Verwendung: in der Lebensmittelindustrie zur milchsauren Vergärung · Konservierungsstoff · Säuerungsmittel · in Gerbereien zum Behandeln von Fellen und als Hilfsmittel in der Druck- und Färbetechnik
Herstellung: großtechnisch durch Milchsäuregärung mit verschiedenen Bakterien aus Milch, Molke und zuckerhaltigen Abfällen
Besonderheiten: wird in der Medizin als verdauungsförderndes Mittel eingesetzt

Formel: $C_6H_8O_7$

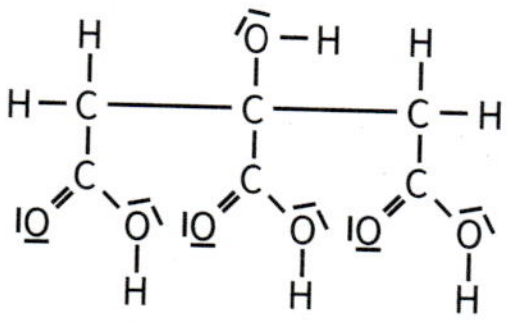

Citronensäure

Vorkommen: in Zitrusfrüchten, Beeren, Tabak, Pilzen und Nadelhölzern · spielt eine Rolle beim menschlichen Stoffwechsel
Name der Salze: Citrate
Eigenschaften: weißes, kristallines, sauer schmeckendes Pulver · gut löslich in Wasser und Ethanol
Verwendung: Lebensmittelzusatzstoff · in Backpulver, Brauselimonade, kosmetischen Produkten · beim Färben und Entfärben von Textilien · beim Reinigen und Entkalken
Herstellung: aus Citrusfrüchten, mithilfe von Bakterien aus zuckerhaltigen Abfällen
Besonderheiten: Citronensäure enthält drei Carboxygruppen, es ist eine Tricarbonsäure.

1. Nenne mindestens zehn Früchte, die Citronensäure enthalten.

2. Recherchiere die E-Nummer von Citronensäure.

3. Beschreibe den Unterschied zwischen den Stoffeigenschaften und erkläre dies mithilfe der Struktur bei
a) Oxalsäure und Essigsäure,
b) Milchsäure und Propionsäure.

4. Schreibe einen weiteren Steckbrief über
a) Weinsäure,
b) Äpfelsäure.

Formel: $C_2H_2O_4$

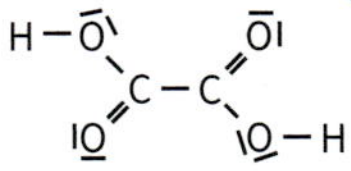

Oxalsäure

Vorkommen: Rhabarber, Sauerampfer und Sauerklee · geringe Mengen im Harn
Namen der Salze: Oxalate
Eigenschaften: farb- und geruchlose Kristalle · in Wasser und Ethanol gut löslich
Verwendung: Hilfsmittel in der Färberei · Neutralisationsmittel beim Waschen · Bleichmittel für Textilien und Holz · zur Rostentfernung · Herstellung von Tinte
Herstellung: aus Zucker und Salpetersäure oder aus Ameisensäure und Natriumhydroxid
Besonderheiten: Oxalsäure ist eine Dicarbonsäure, da sie zwei Carboxygruppen enthält. Befindet sich im Harn aufgrund einer Stoffwechselstörung zu viel Calciumoxalat, bilden sich Blasen- und Nierensteine.

Untersuchung unbekannter Stoffe

1. Ⓐ
a) Nenne vier Stoffeigenschaften.
b) Erkläre, warum eine Stoffeigenschaft allein nicht ausreicht, um einen Stoff eindeutig zu identifizieren.

2. Ⓠ
Bestimme mithilfe der beschriebenen Stoffeigenschaften, um welche Stoffe es sich in den drei Flaschen handelt.

METHODE

Was ist in der Flasche?

Dein zerstreuter Chemielehrer hat in der Sammlung drei unbeschriftete Gefäße gefunden und weiß nicht, um welche Chemikalien es sich handelt. Das einzige, was er dir sicher sagen kann, ist, dass es sich um Stoffe der organischen Chemie handelt. Hilf ihm, die Stoffe zu identifizieren. Dabei kannst du nach einem bestimmten Schema vorgehen.

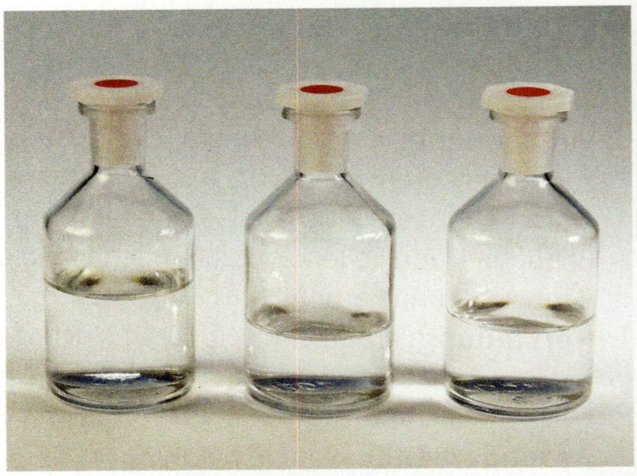

1 Drei unterschiedliche Stoffe

ACHTUNG
Möchtest du Experimente zur Bestimmung von Eigenschaften unbekannter Stoffe selbst durchführen, musst du unbedingt alle Regeln des sicheren Experimentierens einhalten.

❶ Aggregatzustand und Farbe

Betrachte die Stoffe in den Flaschen. In welchem Aggregatzustand liegen sie vor? Sind sie gefärbt oder farblos? In deinem Fall befinden sich in allen drei Gefäßen farblose Flüssigkeiten, die du so auf den ersten Blick also noch nicht unterscheiden oder gar identifizieren kannst.

→ Du kannst aufgrund von Farbe und Aggregatzustand allein noch keine Stoffe bestimmen. Farblose Flüssigkeiten kennst du einige.

❷ Geruch

Viele organische Stoffe haben einen typischen Geruch. Aber Geruchsproben sind immer nur mit vorsichtigem Zufächeln über der geöffneten Flasche zu nehmen. Stoff A riecht stechend, Stoff B riecht leicht süßlich und der Geruch von Stoff C erinnert dich an Benzin.

→ Du kannst auf Grund des Geruchs annehmen, dass es sich bei Stoff A um eine Säure handelt, Stoff B ist vermutlich ein Alkohol und Stoff C ein Alkan.

❸ Siedetemperatur

Nun wird die Untersuchung etwas aufwändiger. Da alle Stoffe bei Raumtemperatur flüssig sind, weißt du bereits, dass die Schmelztemperatur unter 20 °C und die Siedetemperatur über 20 °C liegen müssen. Deine Messungen ergeben für Stoff A eine Siedetemperatur von 118 °C, für Stoff B 78 °C und Stoff C siedet bei 98 °C.

→ Du kannst nun etwas darüber aussagen, ob es sich um Reinstoffe oder Gemische handelt. Mit Hilfe der Siedetemperaturen kannst du jetzt die Stoffe eindeutig identifizieren.

Von den Stoffeigenschaften zu den Teilchen

1. Ⓐ
Notiere je drei typische Kennzeichen der Metalle und Salze.

2. Ⓐ
Beschreibe die Metall- und die Ionenbindung und fertige jeweils eine Skizze an.

3. Ⓐ
Ordne die unvollständigen Steckbriefe diesen Stoffklassen zu: Salze, Metalle, flüchtige Stoffe. Begründe deine Zuordnung.

4. Ⓐ
a) Ordne die Stoffe auf den Steckbriefen, die du den flüchtigen Stoffen zugeordnet hast weiter den folgenden Stoffgruppen zu: Alkane, Alkohole, Carbonsäuren, Aldehyde.
b) Zeichne zu jedem Stoff seine Strukturformel.

Auf die Teilchen kommt es an

Wie du bereits gelernt hast, bestimmen Aufbau und Struktur der Teilchen die Eigenschaften des jeweiligen Stoffes. Umgekehrt geben aber auch die Eigenschaften eines Stoffes Auskunft über die Teilchen.

Flüchtige Stoffe

Wie der Name schon sagt, haben flüchtige Stoffe im Vergleich zu Salzen und Metallen eher niedrige Siedetemperaturen. Bei Raumtemperatur liegen sie meist gasförmig oder flüssig vor. Organische Stoffe wie Alkane und Alkohole gehören zu dieser Stoffklasse. Flüchtige Stoffe bestehen aus Molekülen.

Moleküle sind unterschiedlich

Um einen flüchtigen Stoff zum Sieden zu bringen, müssen die zwischenmolekularen Wechselwirkungen überwunden werden. Doch der Zusammenhalt zwischen den Molekülen ist unterschiedlich stark, weshalb sich die Siedetemperaturen von flüchtigen Stoffen stark unterscheiden. Die Stärke der zwischenmolekularen Wechselwirkungen wird vom Aufbau der Moleküle bestimmt.

Sauerstoff-Atome machen den Unterschied

Zwischen unpolaren Molekülen wie den Alkanen sind die Wechselwirkungen nicht besonders hoch. Besitzt das Molekül aber ein oder mehrere Sauerstoff-Atome, enthält es polare Bindungen. Dadurch sind die Wechselwirkungen stärker und damit die Siedetemperaturen deutlich höher. Das kannst du auch an den hohen Siedetemperaturen der Alkohole und Carbonsäuren erkennen.

Polarität bestimmt auch die Löslichkeit

Je mehr polare Bindungen ein Molekül hat, desto besser ist seine Löslichkeit in polaren Lösemitteln wie Wasser. Alkane hingegen lösen sich nur in unpolaren Lösemitteln.

Du kannst Stoffe aufgrund ihrer Eigenschaften einer Stoffgruppe zuordnen.

A
Siedetemperatur: 20 °C
Löslichkeit: löslich in Wasser
Gefahrstoffpiktogramme: ◆◆◆

B
Molare Masse: 32,04 $\frac{g}{mol}$
Schmelztemperatur: −98 °C
Gefahrstoffpiktogramm: ◆◆◆

C
Molare Masse: 114,23 $\frac{g}{mol}$
Siedetemperatur: 126 °C
Löslichkeit: unlöslich in Wasser

D
Molare Masse: 58,44 $\frac{g}{mol}$
Siedetemperatur: 1461 °C
Gefahrstoffpiktogramme: –

E
Siedetemperatur: 2862 °C
Elektrische Leitfähigkeit des Reinstoffs: –

F
Molmasse: 60,05 $\frac{g}{mol}$
Siedetemperatur: 118 °C
Gefährdungssymbole: ◆◆

1 A – F Unvollständige Steckbriefe

Stoffgruppen in der organischen Chemie

1. ≡ A
Lege eine Übersichtstabelle der ersten fünf Alkane mit ihren entsprechenden Alkanolen, Alkanalen und Alkansäuren an.

2. ≡ A
Zeichne alle möglichen Strukturformeln der Alkane, Alkanole, Alkanale und Alkansäuren, die auf Butan basieren, also vier Kohlenstoff-Atome besitzen.

3. ≡ Q
Informiere dich über die weitere Gruppe der Ester sowie über ihr Vorkommen und ihre Verwendung.

Alkane

Die **Alkane** sind die Grundbausteine der organischen Chemie. Die Moleküle bestehen nur aus Kohlenstoff- und Wasserstoff-Atomen. Dabei geht jedes Kohlenstoff-Atom vier Bindungen ein. Die Alkane bilden die Grundstruktur für viele organische Verbindungen, bei denen die Wasserstoff-Atome durch **funktionelle Gruppen** ersetzt worden sind.

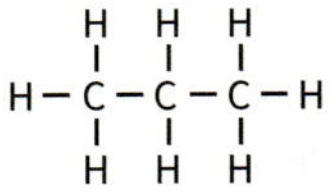

1 Propan

Die Eigenschaften der Alkane sind abhängig von der Länge ihrer Moleküle. Mit zunehmender Kettenlänge der Moleküle steigen die jeweiligen Siede- und Schmelztemperaturen. Alkane sind **hydrophob,** also wassermeidend und **lipophil,** also fettliebend.

Alkanole (Alkohole)

Alkanole sind Kohlenwasserstoffe mit einer **Hydroxygruppe.** Diese besteht aus einem Sauerstoff-Atom und einem Wasserstoff-Atom. Das Sauerstoff-Atom der Hydroxygruppe ist durch eine Einfachbindung an ein Kohlenstoff-Atom gebunden. Die Namen der Alkanole enden auf die Silbe -ol, wie Ethanol.

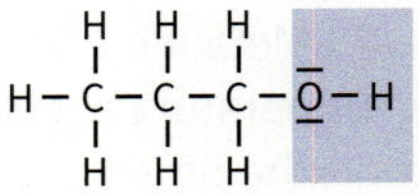

3 Hydroxygruppe beim Propanol

Alkanole sind meist brennbare und farblose Flüssigkeiten. Sie sind leicht entflammbar und wirken desinfizierend. Einige Alkanole dienen als Lösemittel. Viele Alkanole sind im Gegensatz zu den Alkanen in Wasser löslich. Manche, wie Methanol und Ethanol, sind unbegrenzt in Wasser löslich.

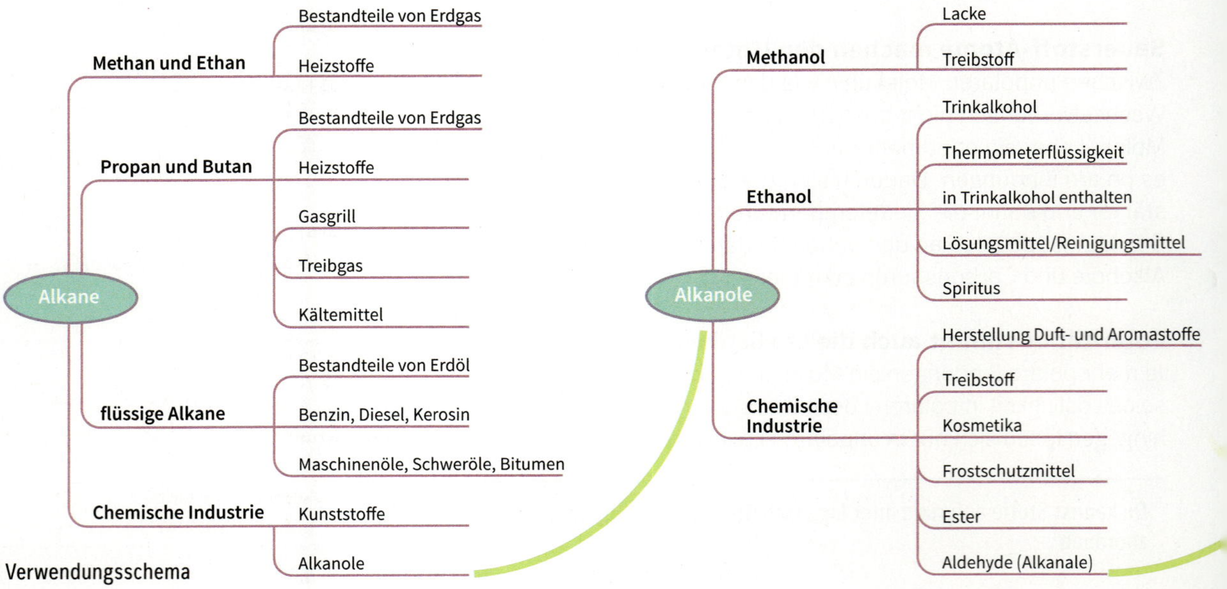

2 Verwendungsschema

Basiskonzepte S. 137

4. Q
Alkanale kommen in Obst und Gemüse als Aromastoffe vor. Recherchiere zwei Sorten Obst oder Gemüse, bei denen das der Fall ist, und nenne das Alkanal.

5. A
Die beschriebenen Stoffgruppen hängen alle miteinander zusammen. Das ist auch in Bild 2 zu sehen. Beschreibe die Abbildung mit deinen Worten.

6. A
Nenne für jede Gruppe eine Stoffeigenschaft, die durch die Molekülstruktur bestimmt wird.

Alkanale (Aldehyde)

Alkanale sind Kohlenwasserstoffe mit einer **Aldehydgruppe.** Sie sind dehydrierte Alkohole. Das heißt, dass ihnen das Wasserstoff-Atom aus der Hydroxygruppe entzogen wurde. Bei Alkanalen kommt die Aldehydgruppe ausschließlich am Kettenende vor. Die Namen der Alkanale enden auf die Silbe -al, wie Ethanal.

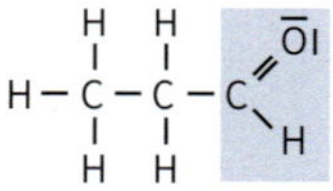

4 Aldehydgruppe beim Propanal

In der Aldehydgruppe ist die C=O-Doppelbindung stark polar. Die Alkanale sind deshalb Dipole. Alkanale mit kurzen Molekülketten lösen sich gut in Wasser, weil sie mit Wassermolekülen Wasserstoffbrücken bilden können. Alkanale, deren Moleküle aus langen Ketten bestehen, lösen sich nicht in Wasser. Bei ihnen überwiegt der unpolare Teil.

Alkansäuren (Carbonsäuren)

Alkansäuren sind Kohlenwasserstoffe mit einer **Carboxygruppe.** Die Carboxygruppe kommt ausschließlich am Kettenende vor. An ein Kohlenstoff-Atom ist ein Sauerstoff-Atom mit einer Doppelbindung und eine OH-Gruppe gebunden.

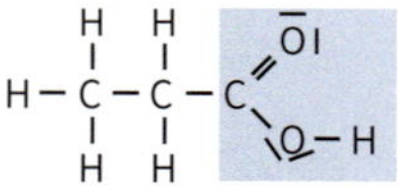

5 Carboxygruppe bei der Propansäure

Die Eigenschaften der Alkansäuren werden von der Carboxygruppe bestimmt. Sie ist verantwortlich für die ätzende Wirkung der Alkansäuren. Die Alkansäuren mit kurzen Molekülketten sind farblose Flüssigkeiten und riechen stechend. Die Siede- und Schmelztemperaturen der Alkansäuren sind höher als bei den entsprechenden Alkanen.

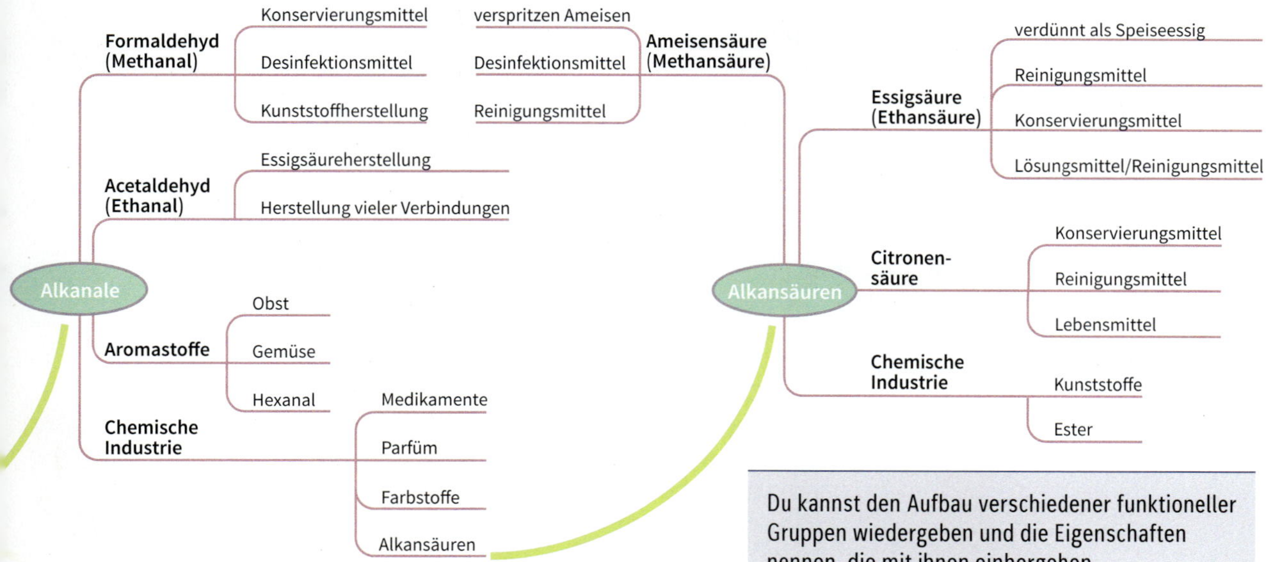

Du kannst den Aufbau verschiedener funktioneller Gruppen wiedergeben und die Eigenschaften nennen, die mit ihnen einhergehen.

Basiskonzepte S. 137

Vom Alkohol zum Essig

Zuckerhaltige Früchte und zuckerhaltige Lösungen

Oxidation

zuckerhaltige Lösung $\xrightarrow{\text{Hefe}}$ Alkohol + Kohlenstoffdioxid

$C_6H_{12}O_6 \xrightarrow{\text{Hefe}} 2\ C_2H_5OH + 2\ CO_2$

Ethanol
Durch Destillation kann die Konzentration von Ethanol in Lösungen erhöht werden.

Alkohole
Kennzeichen:
Hydroxygruppe

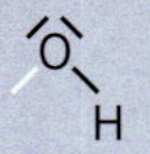

Propan-2-ol
Die OH-Gruppe des Moleküls befindet sich nicht am Ende der Kette.

Oxidation

Oxidation

Acetaldehyd
Dieser sehr giftige Stoff verursacht die Kopfschmerzen nach Alkoholkonsum.

Aldehyde
Kennzeichen:
Aldehydgruppe

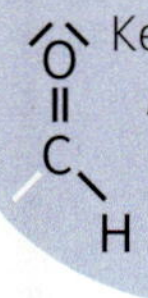

Ketone
Kennzeichen:
Ketogruppe

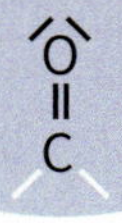

Aceton
Aceton ist ein wichtiges Lösemittel.

Oxidation

Carbonsäure
Kennzeichen:
Carboxygruppe

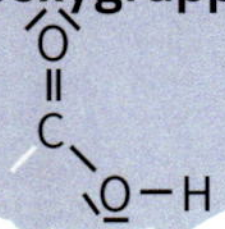

Essigsäure
Essigsäure wird vielseitig eingesetzt im Haushalt als Konservierungsmittel, zum Würzen oder als Reinigungsmittel.

Carbonsäuren
kommen häufig in der Natur vor, zum Beispiel in Citrusfrüchten. Langkettige Carbonsäuren heißen Fettsäuren und sind Bestandteil von Fettmolekülen.

Stoff-Teilchen-Struktur-Eigenschaften

Chemische Reaktion

Stoff-Teilchen-Struktur-Eigenschaften

1. A

Ethan und Ethanol haben unterschiedliche Eigenschaften.

a) Zeichne die Strukturformel beider Moleküle.

b) Benenne die funktionelle Gruppe des Ethanols.

c) Erkläre die unterschiedlichen Löslichkeiten von Ethan und Ethanol in Wasser und in Alkanen.

→ S. 113

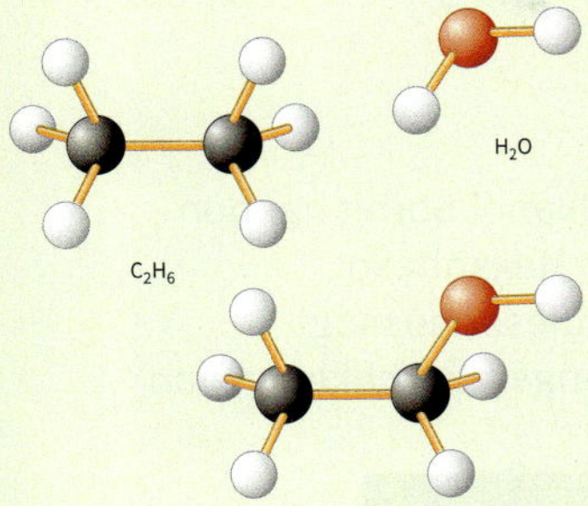

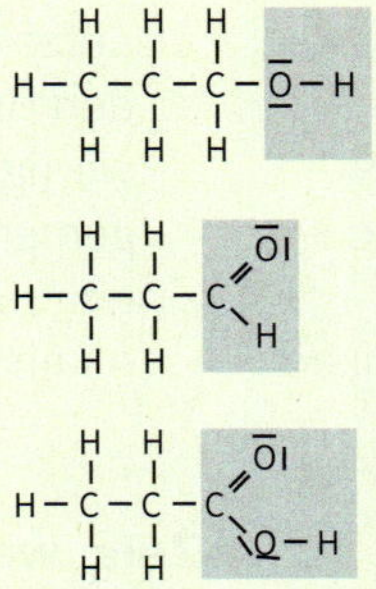

Stoff-Teilchen-Struktur-Eigenschaften

2. A

Benenne alle im Bild dargestellten funktionellen Gruppen.

3. A

Ordne den funktionellen Gruppen die jeweiligen Kohlenwasserstoffe zu.

→ S. 134/135

Chemische Reaktion

4. A

Formuliere die Reaktionsgleichung der Essigsäuregärung.

→ S. 124

Chemische Reaktion

5. A

a) Formuliere die Reaktionsgleichung zur alkoholischen Gärung.

b) Erkläre, warum es sich dabei um eine chemische Reaktion handelt.

→ S. 114

Vom Alkohol zum Essig

Alkohol in Getränken

Kannst du schon...

... die Entstehung von Alkohol durch Gärung schildern? (S. 114)
... Alkoholgehalte verschiedener Getränke aufzählen? (S. 115)
... begründen, warum der Aufenthalt in Gärkellern gefährlich sein kann? (S. 115)
... erläutern, auf welche Art alkoholische Getränke die Gesundheit der Menschen negativ beeinflussen? (S. 117)
... einen Nachweis von Alkohol schildern? (S. 119)
... einen Versuch beschreiben, in dem ein alkoholisches Getränk destilliert wird? (S. 119)
... den Begriff Brennen bei alkoholischen Getränken erklären? (S. 119)

Zeig, was du kannst!

1. Ⓐ
Schildere Beispiele zur Herstellung alkoholhaltiger Getränke aus verschiedenen Ausgangsstoffen.

2. Ⓐ
Begründe, warum natürlicher Traubensaft auch ohne Zusatz von Hefe gärt.

3. Ⓐ
Begründe den Namen Branntwein anstelle von Schnaps.

4. Ⓐ
a) Gib an, in welcher Form der Alkoholgehalt von Getränken angegeben wird.
b) Notiere, in welcher Form der Blutalkoholgehalt angegeben wird.

5. Ⓐ
Begründe die besondere Gefahr von alkoholischen Mixgetränken für Jugendliche.

Alkanole

Kannst du schon...

... beschreiben, wie ein Ethanol-Molekül aufgebaut ist? (S. 113)
... den Namen der OH-Gruppe bei Alkanolen nennen? (S. 113)
... die unterschiedlichen Verwendungsmöglichkeiten von Ethanol nennen? (S. 118)
... mindestens drei Eigenschaften von Ethanol aufzählen? (S. 118)
... den Unterschied zwischen einwertigen und mehrwertigen Alkoholen erklären? (S. 120)
... gemeinsame Eigenschaften der Alkanole aufzählen? (S. 121)
... Alkanole systematisch benennen? (S. 123)

Zeig, was du kannst!

6. Ⓐ
Begründe, warum Ethanol sowohl in Wasser als auch in Alkanen löslich ist.

7. Ⓐ
Beschreibe einen Versuch, über den du Hinweise zum Bau des Ethanol-Moleküls erhalten kannst.

8. Ⓐ
Begründe die Bezeichnung dreiwertiger Alkohol für Glycerin.

9. Ⓐ
Das mehrwertige Alkanol Sorbit hat den chemischen Namen Hexanhexol.
a) Beschreibe, was dieser aussagt.
b) Nenne Verwendungsmöglichkeiten von Sorbit.

Alkansäuren

Kannst du schon...

... erklären, unter welchen Bedingungen Wein zu Essig wird? (S. 124)
... mehrere Verwendungsmöglichkeiten von Essig aufzählen? (S. 124, 126)
... darlegen, wodurch sich Alkansäuren auszeichnen? (S. 125)
... erklären, was Fettsäuren sind? (S. 125)
... den Begriff Acetate erklären? (S. 126)
... weitere Beispiele von Alkansäuren nennen? (S. 131)

10. ≡ Ⓐ
Erläutere einen möglichen Herstellungsprozess für Essigsäure.

11. ≡ Ⓐ
Notiere drei Eigenschaften der Essigsäure.

12. ≡ Ⓐ
a) Nenne die Säuregruppe, zu der Essigsäure gehört.
b) Nenne das Kennzeichen dieser Gruppe.

13. ≡ Ⓐ
Erkläre den Begriff Fettsäure und nenne den Unterschied zu anderen Carbonsäuren.

14. ≡ Ⓐ
Erkläre die Wortherkunft von Citronensäure und notiere Verwendungsbeispiele.

Aldehyde und Ketone

Kannst du schon...

... die Oxidation von Ethanol und Ethanal beschreiben? (S. 128)
... die funktionelle Gruppe der Aldehyde in Strukturformelschreibweise zeichnen? (S. 128)
... die Strukturformel von Aceton als wichtigen Vertreter der Ketone zeichnen? (S. 129)
... beschreiben, wodurch sich Ketone benennen? (S. 129)
... Verwendungsmöglichkeiten von Aceton nennen? (S. 129)

Zeig, was du kannst!

15. ≡ Ⓐ
Beschreibe einen Versuch, der die Oxidation von Ethanol zeigt.

16. ≡ Ⓐ
Nenne Vorkommen von Ethanal und dessen Auswirkungen auf den menschlichen Körper.

17. ≡ Ⓐ
Erkläre, warum bei der Oxidation von Propan-2-ol kein Aldehyd entsteht.

18. ≡ Ⓐ
Erläutere Bedingungen, unter denen sich ein Stoff in einem anderen löst.

19. ≡ Ⓐ
Zähle drei funktionelle Gruppen auf.

20. ≡ Ⓐ
Nenne zwei Beispiele für Wechselwirkungen zwischen Molekülen.

Wichtige Begriffe

- Alkoholische Gärung
- Alkanol
- Alkansäure
- Aldehyde, Ketone
- polare Bindung
- funktionelle Gruppe

Saure und alkalische Lösungen

Was hat Laugengebäck mit Laugen zu tun?

Kann eine saure Lösung einen Metallspitzer auflösen?

Was passiert, wenn saure und alkalische Lösungen zusammengegeben werden?

Saure und alkalische Lösungen im Alltag

1. Q
Recherchiere fünf weitere Säuren. Notiere deren Namen.

2. A
Sowohl saure als auch alkalische Lösungen können das Gefahrstoffpiktogramm „ätzend“ tragen. Beschreibe den Unterschied zwischen einer Säure und einer Lauge.

3. A
Salzsäure kann in verschiedenen Ausführungen im Handel erworben werden. Dabei finden sich auf den Chemikalienflaschen oft unterschiedliche Gefahrstoffpiktogramme. Finde dafür eine Erklärung.

Essig
Essig kennst du als Speiseessig aus dem Alltag. Er wird für als Geschmacksstoff in Salaten und als Säuerungsmittel in Konserven verwendet. Essig ist sauer, weil er **Essigsäure** (CH_3COOH) enthält. Bei dieser handelt es sich um eine klare, farblose und stechend riechende Flüssigkeit. Essig ist eine wässrige Essigsäure-Lösung.

Natronlauge
Natronlauge wird für die Herstellung von Seifen und Medikamenten, sowie zur Entfernung von Farben verwendet, auch Abbeizen genannt. Laugengebäck wird in Natronlauge eingelegt und erhält so seine charakteristische braune Farbe. Natronlauge ist eine stark ätzende, alkalische Lösung. Sie besteht aus dem in Wasser gelösten weißen, salzartigen Feststoff Natriumhydroxid ($NaOH$).

Salzsäure
Im Chemielabor ist **Salzsäure** eine der wichtigsten Substanzen. Salzsäure ist eine wässrige Lösung von Chlorwasserstoff (HCl) und ist je nach Konzentration sehr ätzend. Bei Menschen und Tieren findet sich Salzsäure im Magen. Sie hilft bei der Verdauung.

Ammoniak-Lösung
Ammoniak-Lösung findet sich als Salmiakgeist im Handel. Diese alkalische Lösung wird in Glasreinigern, zur Desinfektion von Fleisch oder als Zusatzstoff in Lebensmitteln verwendet. Ammoniak-Lösung ist eine wässrige Lösung des stechend riechenden Gases **Ammoniak** (NH_3).

Kohlensaure Lösung
Sprudel ist **kohlensaure Lösung.** Öffnest du eine Sprudelflasche, so zischt es. Das Zischen entsteht, weil die enthaltene **Kohlensäure** (H_2CO_3) in Kohlenstoffdioxid und Wasser zerfällt. Das Kohlenstoffdioxid ist gasförmig, bildet in der Lösung Blasen und entweicht in die Luft.

Du kannst wichtige saure und alkalische Lösungen nennen und ihre Formeln sowie ihre Anwendung im Alltag nennen.

Eigenschaften saurer und alkalischer Lösungen

1.

a) Bestimme den pH-Wert folgender Flüssigkeiten mit Universalindikator-Papier: Mineralwasser mit und ohne Kohlensäure, Leitungswasser, Cola, Tee, Kaffee, Milch, klare Zitronenlimonade, Orangensaft, Shampoo, Waschlotion und Waschmittel-Lösung.
b) Notiere in einer Tabelle, welche Flüssigkeiten du als saure Lösung und welche du als alkalische Lösung erkannt hast.

2.

a) Bestimme mit Universalindikator-Papier den pH-Wert von verdünnter kohlensaurer Lösung, verdünnter Salzsäure, Essig, verdünnter Ammoniak-Lösung und verdünnter Natronlauge. Hebe die Lösungen auf. Notiere deine Ergebnisse.
b) Ermittle, welche der Lösungen aus Versuch a) elektrisch leitfähig sind.
c) Schließe aus den Messungen der elektrischen Leitfähigkeit aus Versuch b) auf die Art der Teilchen, die sich in den sauren und alkalischen Lösungen befinden.

3.

Meerwasser hat etwa einen pH-Wert von 8 und schwarzer Tee von 4.
a) Ordne den beiden Flüssigkeiten die Begriffe sauer und alkalisch zu.
b) Recherchiere, ob sich die beiden Stoffe mit dem natürlichen Indikator Rotkohlsaft unterscheiden lassen.

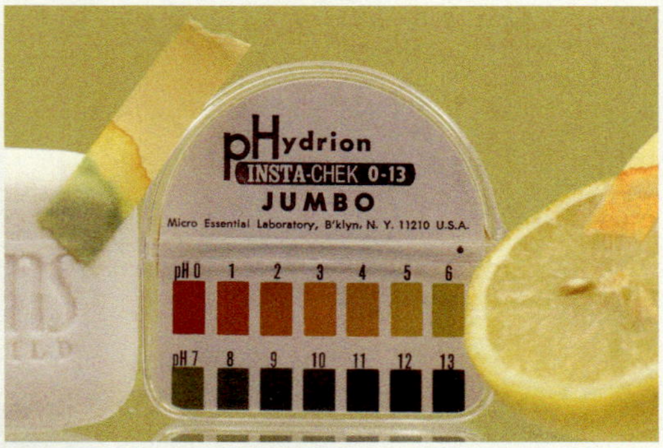

1 Universalindikator für pH-Werte von 0 bis 13

Die pH-Bereiche

Der **pH-Wert** wird mit Zahlen von 0 bis 14 angegeben. Ist der pH-Wert kleiner als 7, liegt eine **saure Lösung** vor. Ist der pH-Wert größer als 7, handelt es sich um eine **alkalische Lösung.**
Bei pH-Wert 7 liegt weder eine saure noch eine alkalische Lösung vor, die Lösung ist **neutral.**
Mit **Universalindikator-Papier** lässt sich bestimmen, wie sauer oder alkalisch eine Lösung ist.
Die Farben auf dem Teststreifen werden mit der dazugehörigen Farbskala verglichen. So kann der pH-Wert direkt abgelesen werden.

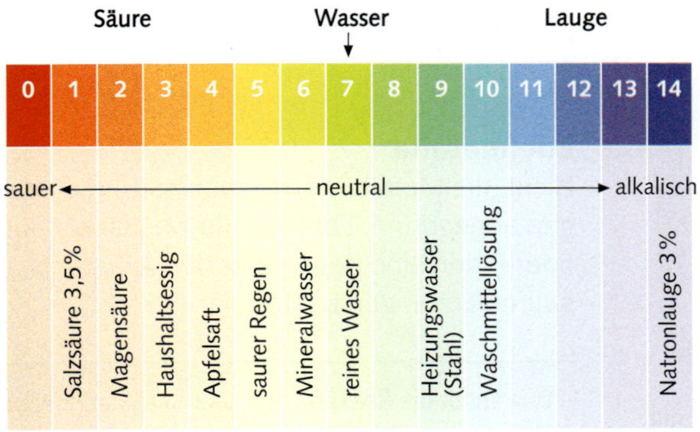

2 Die pH-Werte

Nicht nur saure Lösungen sind ätzend

Das Gefahrstoffpiktogramm „Ätzwirkung" findest du nicht nur auf Chemikalien, die saure Lösungen enthalten. Auch alkalische Lösungen sind oft so gekennzeichnet. Auch alkalische Lösungen greifen Haut, Kleidung und andere Gegenstände an.

Umgangssprache

Im Alltag werden saure Lösungen oft als Säuren und alkalische Lösungen als Basen bezeichnet. Dies ist irreführend, denn Säuren und Basen sind Reinstoffe, saure und alkalische Lösungen sind Gemische.
Die wässrigen Lösungen von Säuren und Basen werden als saure und alkalische Lösungen bezeichnet. Diese Lösungen sind elektrisch leitfähig, die Reinstoffe nicht.

Du kannst die Gemeinsamkeiten und Unterschiede von sauren und alkalischen Lösungen nennen und die pH-Skala beschreiben.

Saure Lösungen reagieren mit unedlen Metallen

1. ☰ Ⓥ
Packe eine angeschnittene Zitrone in Alufolie und kontrolliere nach einigen Tagen. Was kannst du beobachten?

2. ☰ Ⓥ
Gib in ein Reagenzglas zu verdünnter Salzsäure (2 $\frac{mol}{l}$) ein Stück Magnesiumband. Verschließe das Reagenzglas sofort mit einem Gummistopfen, in dem ein Glasrohr steckt. Fange mit einem zweiten Reagenzglas das entstehende Gas auf, wie es Bild 2 zeigt. Halte die Öffnung dieses Reagenzglases über eine Brennerflamme. Benenne das nachgewiesene Gas.

3. ☰ Ⓥ
Wiederhole Versuch 2 mit Zink und 10 %iger Schwefelsäure.

4. Ⓥ **Lehrerversuch**
Ein Stückchen Blattgold wird unter dem Abzug zu 65 %iger Salpetersäure gegeben.

5. ☰ Ⓐ
Beschreibe deine Beobachtung bei Versuch 4.

6. ☰ Ⓐ
a) Begründe, weshalb Sauerkrautdosen von innen mit einer Kunststofffolie beschichtet sein müssen.
b) Gib Gründe dafür an, dass Kochtöpfe aus Eisen emailliert werden.

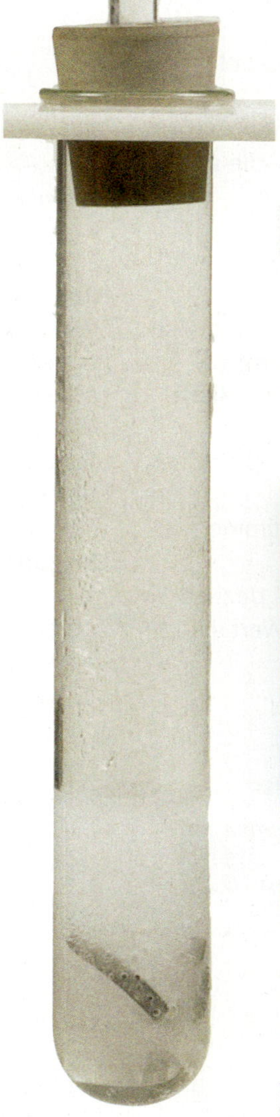

1 Salzsäure reagiert mit Magnesium.

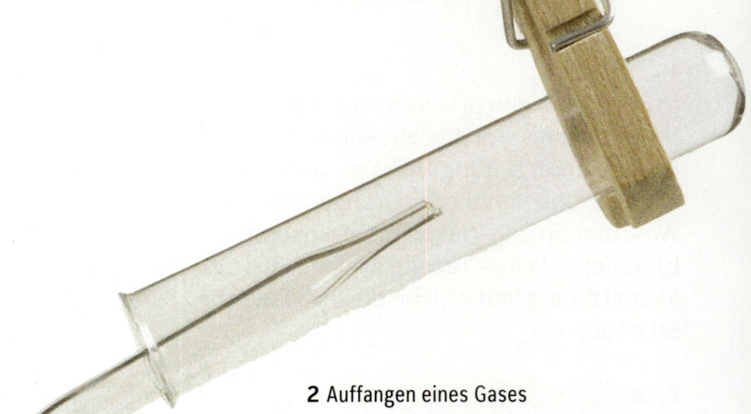

2 Auffangen eines Gases

Saure Lösungen reagieren mit Metallen

Saure Speisen wie eingelegte Gurken dürfen nicht in Aluminiumfolie eingewickelt werden. Die Folie würde sich auflösen. Metalle wie Aluminium und Magnesium reagieren mit sauren Lösungen. Hier findet eine chemische Reaktion statt, bei der sich die Metalle zersetzen. Dabei entsteht Wasserstoff.

$$Mg + 2\ HCl \rightarrow MgCl_2 + H_2$$

Der freigesetzte Wasserstoff kann nur aus der sauren Lösung stammen, weil Metalle chemische Elemente sind. Sie enthalten keine weiteren Stoffe.

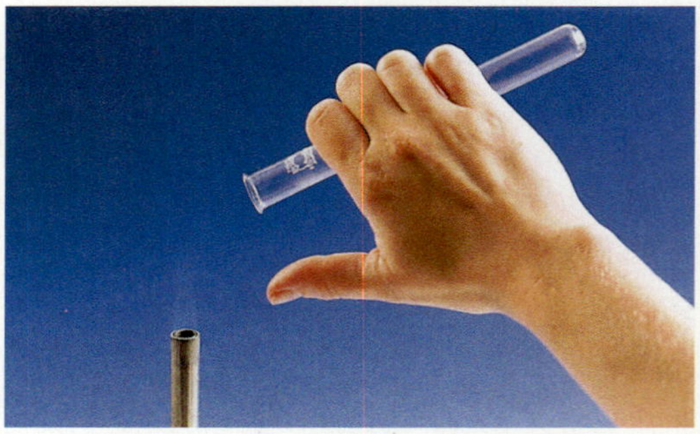

3 Knallgasprobe

Edelmetalle

Nicht alle Metalle werden von sauren Lösungen angegriffen. Edelmetalle wie Silber, Gold oder Platin sind gegenüber den meisten sauren Lösungen beständig.

Du kannst die Reaktion von sauren Lösungen mit Metallen beschreiben.

Saure Lösungen reagieren nicht nur mit Metallen

1 Fliesen werden nach dem Verlegen gereinigt.

1. V
a) Nimm ein Glas aus der Chemiesammlung, das einen deutlichen Kalkschleier hat. Fülle das Glas mit verdünnter Salzsäure. Beobachte und beschreibe.
b) Benenne das Gas, das bei der Reaktion entsteht.
c) Plane einen Versuch, mit dem du das entstehende Gas nachweisen kannst und führe ihn durch.

2. V **Lehrerversuch**
Einige Tropfen konzentrierte Salpetersäure (65%) werden auf Eiklar gegeben.

3. A
Schildere deine Beobachtungen bei Versuch 2.

4. V **Lehrerversuch**
Konzentrierte Salpetersäure (65 %) wird auf folgende Stoffe gegeben:
a) ein Stück Baumwollstoff, der nach wenigen Sekunden wieder ausgewaschen wird,
b) ein Papiertaschentuch,
c) ein Holzstäbchen.

5. A
Beschreibe jeweils deine Beobachtungen bei Versuch 4.

6. V **Lehrerversuch**
In ein hohes Becherglas wird zur Hälfte Haushaltszucker gegeben. Der Zucker wird leicht angefeuchtet. Darauf wird etwas konzentrierte Schwefelsäure (96 %) gegossen.

7. A
Schildere und erkläre deine Beobachtungen bei Versuch 6.

8. V **Lehrerversuch**
Ein Becherglas wird halb mit Wasser gefüllt. Dann wird vorsichtig etwas konzentrierte Schwefelsäure (96 %) hinzugegeben.

9. A
Beschreibe die Veränderung der Temperatur bei Versuch 8.

Salzsäure

Der Fliesenleger reinigt die Wand mit verdünnter **Salzsäure,** um den Kalkschleier zu entfernen. Die Salzsäure zersetzt den Kalk. Dabei entsteht Kohlenstoffdioxid. Installateure nutzen Salzsäure als **Lötwasser,** um vor dem Verbinden von Rohren die Lötstellen zu reinigen.

2 Schwefelsäure und Zucker

Schwefelsäure

Bei Versuchen mit Säuren muss Schutzkleidung getragen werden. Besonders gefährlich ist die **Schwefelsäure.**

Selbst wenn ein Spritzer sofort ausgewaschen wird, ist der Kleidungsstoff nach kurzer Zeit zerstört.

Schwefelsäure hat eine stark Wasser anziehende Wirkung. Sie zersetzt organische Stoffe wie Wolle, Papier oder Zucker. Diese Stoffe bestehen aus Kohlenstoff und chemisch gebundenem Wasser. Die Schwefelsäure ist in der Lage, diesen Verbindungen das Wasser zu entziehen. Stoffe mit dieser Eigenschaft heißen **hygroskopisch.**

Salpetersäure

Auch **Salpetersäure** wird als wässrige Lösung eingesetzt. Selbst die verdünnte Lösung zersetzt Eiweißstoffe und kann bei Berührung deine Haut verätzen. Der Goldschmied kann Salpetersäure als Scheidewasser benutzen. Es löst Silber auf, Gold hält ihr stand.

3 Edelmetalle in Salpetersäure

Du kannst mehrere saure Lsöungen und ihre Eigenschaften nennen.

Saure Lösungen überall

1. V
Gib einige Tropfen Cola, Limonade und Orangensaft auf jeweils einen Streifen Universalindikator-Papier. Beschreibe deine Beobachtungen.

2. V
Gib ein Stück Zink in verdünnte Salzsäure $(2 \frac{mol}{l})$. Beschreibe deine Beobachtungen.

3. V
a) Gib verdünnte Salzsäure $(2 \frac{mol}{l})$ auf ein Stück Marmor und beobachte.
b) Begründe, ob sich Salzsäure zum Reinigen einer Marmor-Fensterbank eignet.

4. A
Stelle Eigenschaften einer sauren Lösung zusammen.

5. A
Nenne Sicherheitsvorkehrungen beim Arbeiten mit sauren Lösungen und begründe sie.

Saure Lösungen greifen Metall an

Viele Metalle, wie Aluminium, Magnesium und Zink werden durch saure Lösungen angegriffen oder sogar aufgelöst. Zitronen dürfen daher nicht in Alufolie verpackt werden.

Saure Lösungen sind alltäglich

Du hast in deinem Alltag täglich Kontakt mit Lebensmitteln, die saure Lösungen enthalten. Denke an Zitronen und Essig in der Küche oder an Mineralwasser, Limonaden und Cola-Getränke. Auch die Milchsäure im Jogurt zählt dazu.

In deinem Körper gibt es verdünnte Salzsäure. Es ist die Magensäure.
In der Technik kommt Schwefelsäure zum Einsatz. Sie ist zum Beispiel in Autobatterien enthalten.

1 Nachweis: Ein Streifen Universalindikator-Papier färbt sich in sauren Lösungen rot.

Herstellung einer sauren Lösung

Eine ganz einfache Art, eine Säure herzustellen, gibt es in vielen Haushalten: den Sprudelbereiter. Aus Kohlenstoffdioxid und Wasser bildet sich kohlensaure Lösung.

Kalklöser

In Wasserkochern oder Kaffeemaschinen kommt es durch hartes Wasser zu Kalkablagerungen. Das ist **Calciumcarbonat.** Es wird mit verdünnten sauren Lösungen entfernt. Dabei wird der Kalk aufgelöst. Auf einem Schneidbrett aus Marmor wie in Bild 2 ist daher im Umgang mit säurehaltigen Lebensmitteln Vorsicht geboten, da Marmor überwiegend aus Calciumcarbonat besteht.

2 Zitronensaft, eine saure Lösung aus dem Alltag

Du kannst saure Lösungen aus dem Haushalt nennen und ihre Eigenschaften sowie ihre Verwendungen beschreiben.

Herstellung von Salzsäure

1. V
Beobachte eine geöffnete Flasche mit „rauchender" Salzsäure. Fächle dir vorsichtig etwas „Rauch" zu und beschreibe den Geruch.

2. V
Halte erst trockenes, dann angefeuchtetes Universalindikator-Papier über konzentrierte Salzsäure. Erkläre deine Beobachtung.

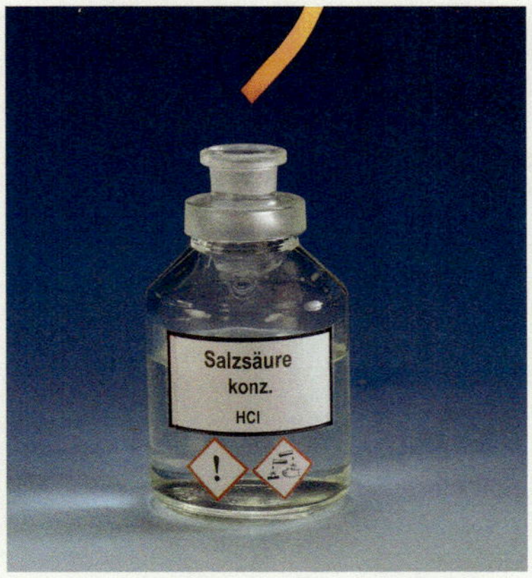

1 Konzentrierte Salzsäure

3. V **Lehrerversuch**
Es wird ein Versuch wie in Bild 2 aufgebaut. Ein hohes Becherglas wird zu Dreiviertel mit Wasser gefüllt. Ein Indikator wird hinzugefügt. Das Glasrohr darf die Wasseroberfläche nicht berühren. Das Reagenzglas enthält 3 ml konzentrierte Schwefelsäure (96 %). In das Reagenzglas wird ein Spatellöffel Kochsalz zur Schwefelsäure gegeben, danach wird es sofort mit dem Gummistopfen verschlossen.

4. A
Beschreibe die Beobachtungen aus Versuch 3 und erkläre diese.

5. V
Rieche vorsichtig an dem Gas, das in Versuch 3 entsteht und vergleiche mit dem Geruch aus Versuch 1.

6. V **Lehrerversuch**
Der Versuch wird wie in Bild 3 aufgebaut. Der trockene Standzylinder enthält Chlorwasserstoff-Gas. Das Wasser in der Glasschale wurde mit Universalindikator angefärbt. Der Standzylinder wird mit einer Glasplatte verschlossen. Diese wird unter Wasser weggezogen.

7. A
Beschreibe und erkläre die Beobachtungen bei Versuch 6.

8. Q
Finde mithilfe eines Fachbuchs oder des Internets eine Erklärung dafür, dass es 100 %ige Salzsäure nicht gibt.

Chlorwasserstoff

Salzsäure kann durch Zutropfen von Schwefelsäure auf Kochsalz hergestellt werden. Es entsteht ein farbloses, stechend riechendes Gas, das **Chlorwasserstoff-Gas (HCl)** (Bild 2). Es löst sich sehr gut in Wasser und bildet eine **saure Lösung,** die **Salzsäure.** Von dieser Reaktion stammt auch der Name der Salzsäure: die Säure, die aus dem Alltagssalz, dem Kochsalz, entsteht.
Chlorwasserstoff ist die Ursache dafür, dass konzentrierte Salzsäure „raucht". Tatsächlich handelt es sich um Chlorwasserstoff-Gas, das mit dem Wasser aus der Luft zu Salzsäure-Tröpfchen reagiert.

Beim Versuch in Bild 3 ist der Standzylinder mit Chlorwasserstoff-Gas gefüllt. Gelangt Wasser in den Standzylinder, löst sich das gesamte Chlorwasserstoff-Gas darin. Dadurch entsteht ein Unterdruck. Jetzt wird durch den äußeren Luftdruck das Wasser in den Standzylinder gedrückt. Chlorwasserstoff löst sich sehr gut in Wasser.

Du kannst den Namensgebung der Salzsäure erklären und ihre Herstellung beschreiben. Du kannst Eigenschaften der Salzsäure nennen.

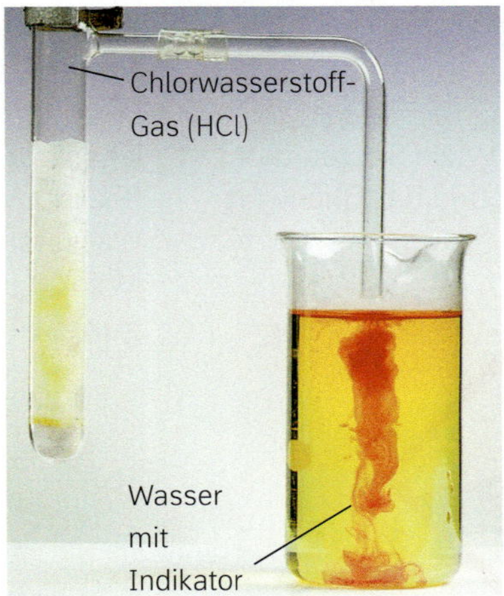

2 Herstellung von Salzsäure

3 Chlorwasserstoff-Gas löst sich in Wasser.

Basiskonzepte S. 173

Säuren und saure Lösungen – chemisch betrachtet

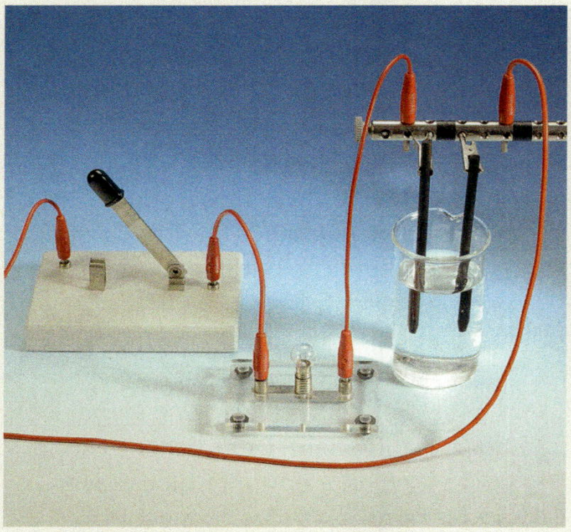

1 Leiten Säurelösungen den elektrischen Strom?

1.
Vergleiche die elektrische Leitfähigkeit von destilliertem Wasser, Citronensäure und einer wässrigen Citronensäure-Lösung (5 %).

2.
a) Prüfe die elektrische Leitfähigkeit von verdünnter Salzsäure ($2\,\frac{mol}{l}$) und danach von verdünnter Essigsäure (5 %). Verwende dabei Kohleelektroden und Gleichstrom.
b) Beschreibe und erkläre den Versuchsablauf. Beachte dabei vor allem die Vorgänge, die du an der Kathode (dem Minuspol) beobachten kannst.

3.
Suche möglichst viele Indikatoren für Säuren und gib jeweils die Farben an, die eine Säure anzeigen.

Die Stoffgruppe der Säuren

Im Haushalt gibt es nicht nur saure Lösungen, sondern auch reine Säuren. So ist Citronensäure eine Säure und keine saure Lösung. Säuren enthalten im Gegensatz zu sauren Lösungen kein Wasser.

Säuren färben Indikatoren nicht

Säuren färben trockenes Indikatorpapier nicht. Erst wenn Wasser hinzukommt, tritt eine Rotfärbung des Indikatorpapiers auf. Mit Wasser entfalten Säuren ihre ätzende Wirkung. Es sind jetzt saure Lösungen.
Vorsicht ist bei reinen Säuren trotzdem geboten, da schon die Feuchtigkeit der Luft oder der Schweiß an den Fingern genügt, um eine Säure zu einer sauren Lösung werden zu lassen.

Aus diesem Grund tragen viele Säuren das GHS-Piktogramm ätzend und das Stichwort Gefahr (Bild 2).

2 Gefahrstoffkennzeichnung vieler Säuren

Säuren leiten den elektrischen Strom nicht

Säuren gibt es in allen Aggregatzuständen. Citronensäure ist fest, wasserfreie Essigsäure flüssig und Chlorwasserstoff ist gasförmig. Alle drei Stoffe sind Säuren. Sie leiten den elektrischen Strom nicht.
Der Grund ist, dass Säuren flüchtige Stoffe sind. Ihre Stoffteilchen sind nur aus Nichtmetallen aufgebaut. Sie sind also Moleküle.

Säuren haben besondere Eigenschaften

Wenn Säuren flüchtige Stoffe sind, sollten auch ihre wässrigen Lösungen den elektrischen Strom nicht leiten. Aber genau das ist in allen sauren Lösungen zu beobachten: Sie leiten den elektrischen Strom. Die Säuren stellen also eine besondere Gruppe innerhalb der flüchtigen Stoffe dar.

Warum leiten saure Lösungen den elektrischen Strom?

Beim Lösen von Säuren in Wasser bilden sich Ionen. Dies ist an der elektrischen Leitfähigkeit zu erkennen. Bei der Reaktion einer Säure mit Wasser geht ein positiv geladenes Wasserstoff-Ion, ein Proton, von der Säure auf ein Wasser-Molekül über. Es handelt sich um eine **Protonenübertragung.** Für den Chlorwasserstoff lautet die Reaktion:

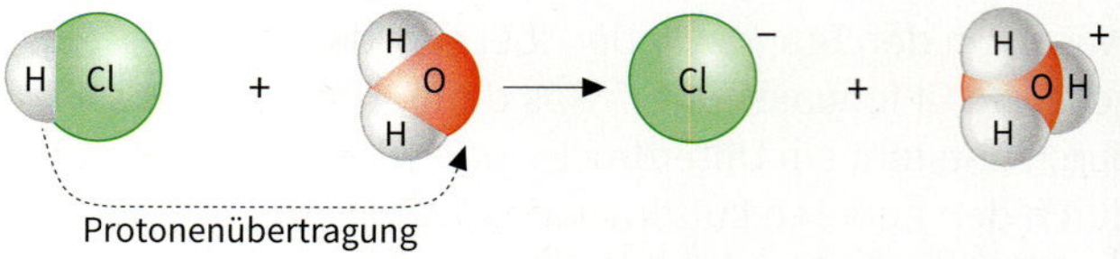

3 Protonenübertragung zwischen Chlorwasserstoff und Wasser

4. ≡ Ⓐ
Begründe über die Betrachtung der Elementarteilchen, weshalb ein positiv geladenes Wasserstoff-Atom und ein Proton das Gleiche sind.

5. ≡ Ⓐ
a) Stelle die Reaktionsgleichung der Reaktion von Chlorwasserstoff mit Wasser auf.
b) Benenne Produkte und Edukte der Reaktion.

6. ≡ Ⓐ
Stelle die Reaktionsgleichung der Reaktion von Salpetersäure (HNO_3) mit Wasser auf.

7. ≡ Ⓠ
a) Recherchiere die Molekülformeln von Schwefelsäure, Phosphorsäure und Kohlensäure.
b) Finde die Namen und Formeln der zugehörigen Säurerest-Anionen heraus.

ACHTUNG
Beim Lösen einer Säure in Wasser können sich die Lösungen stark erwärmen. Deshalb gilt die Regel: Erst das Wasser, dann die Säure, sonst geschieht das Ungeheure.

8. ≡ Ⓠ
a) Recherchiere den Hintergrund dieser Regel.
b) Benenne den Schritt der Reaktion, der für die Erwärmung verantwortlich ist.

≡ Säuren sind Protonendonatoren

Säuren geben Protonen nicht einfach ab. Sie benötigen einen Partner, der die Protonen aufnimmt. Der Partner wird zum Protonenakzeptor. Es handelt sich um eine **Donator-Akzeptor-Reaktion.**

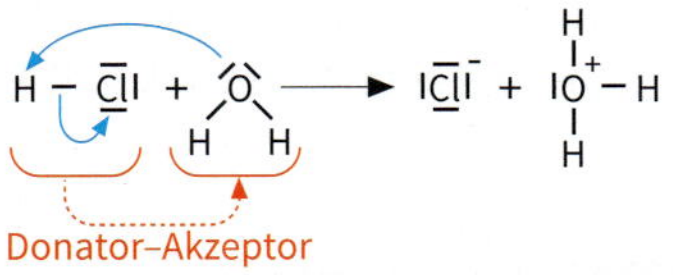

4 Donator-Akzeptor-Reaktion

Bei der Reaktion von Chlorwasserstoff mit Wasser greift ein nichtbindendes Elektronenpaar eines Wasser-Moleküls am Wasserstoff-Atom eines Chlorwasserstoff-Moleküls an. Dabei geht das bindende Elektronenpaar zwischen H und Cl zum Chlor-Atom über. Grund ist die höhere Elektronegativität des Cl gegenüber H. Das Wasserstoff-Atom wird durch die Reaktion zu einem positiv geladenen Wasserstoff-Atom (H^+), einem **Proton.** Dieses geht auf ein Wasser-Molekül über. Es entsteht ein **Oxonium-Ion** (H_3O^+).
Aus dem Chlor-Atom wird ein **Säurerest-Ion,** hier ein Chlorid-Ion.

Allgemein kann für die Reaktion von Säure mit Wasser folgendes Reaktionsschema geschrieben werden:

Säure + Wasser → Säurerest-Ion + Oxonium-Ion

Oxonium-Ionen machen sauer

Die bei der Reaktion entstehenden Ionen werden von weiteren Wasser-Molekülen hydratisiert (Bild 3). Die hydratisierten Oxonium-Ionen sind für die saure Wirkung und die Verfärbung des pH-Papiers verantwortlich.

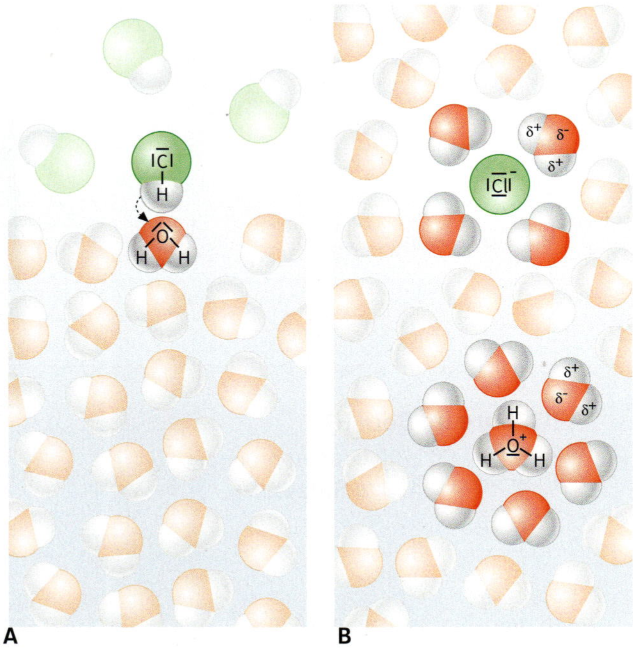

A B

5 Reaktion von Chlorwasserstoff mit Wasser, **A** Protonentransfer, **B** Hydratisierung der Produkte

Du kannst die Unterschiede von Säure und saurer Lösung beschreiben. Du kannst die Reaktion einer Säure mit Wasser als Donator-Akzeptor-Reaktion beschreiben.

Basiskonzepte S. 173

Überall Säuren und saure Lösungen

PINNWAND

Saure Lösungen erfrischen

In Erfrischungsgetränken sind Säuren gelöst.

Auch Vitamin C ist eine Säure

Vitamin C ist vor allem in frischem Obst und Gemüse enthalten. Vitamin C ist **Ascorbinsäure.** Auch ein bekanntes Schmerzmittel ist eine Säure, die **Acetylsalicylsäure (ASS).**

1. A
Suche auf den Etiketten von Colaflaschen oder anderen Erfrischungsgetränken, welche Säuren in der Zutatenliste jeweils angegeben sind.

5. V
Prüfe den pH-Wert einiger Obst- und Gemüseproben mit Universalindikator-Papier.

6. V
Färbe Wasser mit Universalindikator. Gib eine Tablette ASS hinzu. Erkläre deine Beobachtung.

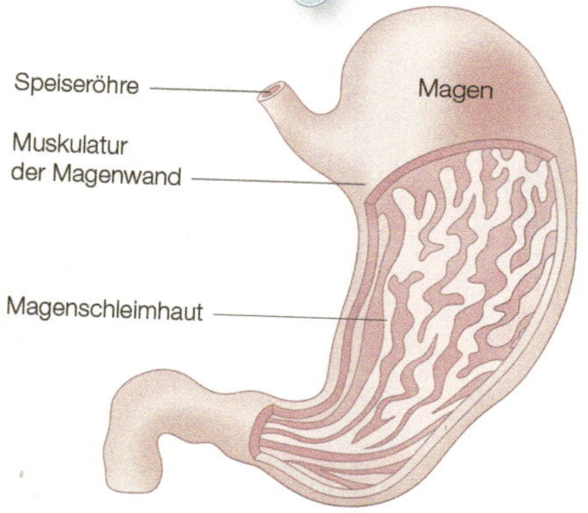

Salzsäure im Bauch?

Magensaft, der von Drüsen produziert wird, enthält etwa 0,3 %ige **Salzsäure.**

Viele Milchprodukte enthalten Säuren

In vielen Sauermilchprodukten wie in Jogurt ist **Milchsäure** gelöst.

2. A
Wozu dient Salzsäure im Magen?

3. Q
Warum wird der Magen selbst nicht von der Salzsäure angegriffen?

4. Q
Recherchiere, wie Sodbrennen entsteht.

7. Q
Informiere dich über die Herstellung von Jogurt und berichte.

8. Q
Finde heraus, warum es in warmen Ländern viele Sauermilchprodukte gibt und nenne typische Beispiele.

Kohlensäure und kohlensaure Lösung

1.
a) Fülle ein Becherglas mit Wasser. Gib Universalindikator hinzu und ermittle den pH-Wert.
b) Stelle Sprudel her, indem du zum Beispiel in einen Sprudelbereiter Kohlenstoffdioxid mit Universalindikator einleitest. Bestimme den pH-Wert und vergleiche mit dem Ergebnis aus Versuch a).

2.
a) Stelle die Reaktionsgleichung für die Reaktion von Kohlenstoffdioxid mit Wasser zu Kohlensäure auf.
b) Beschreibe die Druckabhängigkeit der Kohlensäurebildung.
c) Beschreibe unterschiedlichen Eigenschaften von Kohlensäure und kohlensaurer Lösung.

3.
a) Leite Kohlenstoffdioxid durch Wasser. Miss die elektrische Leitfähigkeit der Lösung und den pH-Wert.
b) Begründe die elektrische Leitfähigkeit der entstehenden Lösung. Nenne dazu auch die zugehörigen Teilchen.
c) Begründe den pH-Wert mithilfe einer Reaktionsgleichung.

1 Feuerlöscher

2 Sprudelherstellung

Feuerlöscher

Es gibt verschiedene Arten von Feuerlöschern. In Chemielaboren werden häufig Kohlenstoffdioxidlöscher verwendet. Die meisten Chemikalienbrände sind gut mit Kohlenstoffdioxid löschbar. Das Löschmittel hinterlässt nach der Verwendung keine Rückstände. Das Löschen beruht darauf, dass das Kohlenstoffdioxid durch seine höhere Dichte zu Boden sinkt und den Sauerstoff am Brandherd verdrängt. Damit fehlt dem brennenden Stoff der Reaktionspartner.
Häufig findet sich anstelle von „Kohlenstoffdioxid" auch die Bezeichnung „Kohlensäure". Um dies zu verstehen, können die Vorgänge in einem Spudelbereiter betrachtet werden.

Kohlensäure oder Kohlenstoffdioxid?

In einem Sprudelbereiter wird Kohlenstoffdioxid unter Druck in Wasser eingepresst. Dabei entsteht **Kohlensäure:**

Kohlenstoffdioxid + Wasser → Kohlensäure

$$CO_2 + H_2O \xrightarrow{\text{hoher Druck}} H_2CO_3$$

Lässt der Druck wie beim Öffnen einer Sprudelflasche nach, so bilden sich im Wasser Gasblasen aus Kohlenstoffdioxid. Aus der Kohlensäure bildet sich wieder Kohlenstoffdioxid.

$$H_2CO_3 \xrightarrow{\text{niedriger Druck}} CO_2 + H_2O$$

Da Feuerlöscher unter hohem Druck stehen, kann gesagt werden, dass sich darin Kohlensäure befindet. Bei der Anwendung entweicht hingegen Kohlenstoffdioxid.

Kohlensaure Lösung

Wird der pH-Wert von Leitungswasser und gesprudeltem Wasser gemessen, so ist das gesprudelte Wasser saurer.
Die im Sprudel enthaltene Kohlensäure zerfällt teilweise zu Kohlenstoffdioxid. Teilweise reagiert sie aber auch weiter und bildet eine saure Lösung. Diese wird **kohlensaure Lösung** genannt.

$$H_2CO_3 + H_2O \rightarrow HCO_3^- + H_3O^+$$

Bei der Reaktion entstehen **Hydrogencarbonat-Ionen** und **Oxonium-Ionen,** die die Lösung elektrisch leitfähig machen. Die Oxonium-Ionen sind wie bei allen sauren Lösungen für die saure Wirkung verantwortlich.

3 Glas mit Sprudel

Du kannst die Entstehung und die Eigenschaften von Kohlensäure und kohlensaurer Lösung beschreiben.

PRAKTIKUM

Essigsäure und Essig

Verwendung
Essig kennst du aus dem Alltag. Essig kann ganz unterschiedlich verwendet werden, beispielsweise als Speiseessig oder als Reinigungsmittel.

Essig ist verdünnte Essigsäure. Reine Essigsäure ist ein Reinstoff. Essig enthält zusätzlich Wasser, ist also eine wässrige Lösung von Essigsäure.
Bei Speiseessig sind oftmals noch weitere Stoffe enthalten, die dem Essig einen besonderen Geschmack geben.

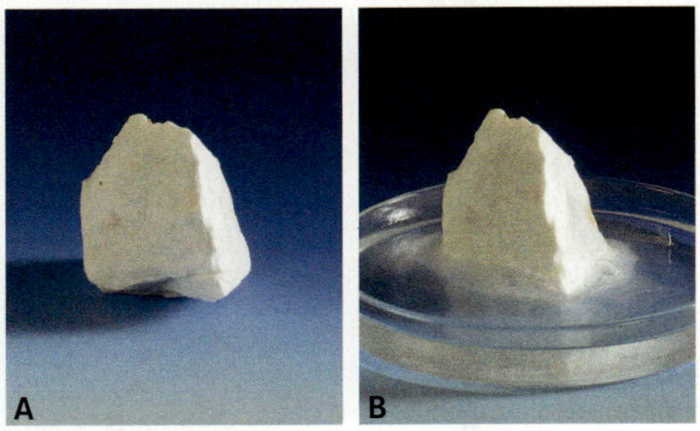

1 A – B Essig löst Marmor.

Eigenschaften
Essig ist ein gutes Reinigungsmittel. Es beseitigt Kalkflecken. Steinfensterbänke sind oft aus Marmor. Marmor sollte nicht mit Essig gereinigt werden, da er genauso wie Kalk ein Carbonat ist und durch saure Lösungen aufgelöst wird.

Reine Essigsäure zeigt keine elektrische Leitfähigkeit. Ihre Stoffteilchen sind Moleküle. Kommt Essigsäure mit Wasser in Kontakt, entsteht verdünnte Essigsäure. Diese ist hervorragend elektrisch leitfähig.

Erklärung der Eigenschaften
Beim Lösen geht das Proton der Carboxygruppe der Essigsäure auf ein Wasser-Molekül über. Es bildet sich ein Acetat-Ion und ein Oxonium-Ion. Das Oxonium-Ion ist für die saure Wirkung des Essigs und auch für dessen elektrische Leitfähigkeit verantwortlich.

$CH_3\text{-}COOH + H_2O \rightarrow CH_3\text{-}COO^- + H_3O^+$
Essigsäure + Wasser → Acetat-Ion + Oxonium-Ion

❶ Elektrische Leitfähigkeit

Material
Leitfähigkeitsgerät, 2 Bechergläser, reine Essigsäure, entmineralisiertes Wasser

Durchführung
- Teste das Leitfähigkeitsgerät mit einem Metallgegenstand.
- Gib etwa 1 cm hoch Essigsäure in ein Becherglas und miss die elektrische Leitfähigkeit.
- Spüle die Elektroden des Leitfähigkeitsmessgeräts mit Wasser. Trockne die Elektroden gut ab.
- Fülle etwas Wasser in das andere Becherglas und wiederhole den Versuch.
- Mische den Inhalt der beiden Bechergläser und miss die Leitfähigkeit erneut.

Aufgabe
- Beschreibe deine Beobachtungen
- Begründe deine Beobachtungen mithilfe der in den Flüssigkeiten vorhandenen Teilchen.

❷ pH-Wert

Material
2 Reagenzgläser, Reagenzglasgestell, Pinzette, pH-Papier, reine Essigsäure, entmineralisiertes Wasser

Durchführung
- Gib ca. 1 cm hoch reine Essigsäure in ein Reagenzglas und halte mit der Pinzette ein Stück pH-Papier in die Flüssigkeit.
- Nimm das pH-Papier heraus und beobachte die Farbe. Beschreibe die Veränderung an der Luft.
- Gib ca. 1 cm hoch Wasser in das zweite Reagenzglas und miss ebenfalls den pH-Wert.
- Schütte den Inhalt der beiden Reagenzgläser zusammen und bestimme den pH-Wert erneut.

Aufgabe
- Notiere deine Beobachtungen.
- Erkläre deine Beobachtungen.

Alkalische Lösungen im Haushalt

1 Helfer im Haushalt

1. Q
a) Suche auf Putz- und Reinigungsmitteln nach Gefahrenhinweisen.
b) Begründe, warum Abflussreiniger einen Sicherheitsverschluss haben.

2. V
a) Bestimme den pH-Wert von Haushaltsreinigern und Waschmitteln. Was stellst du fest? Beachte die Sicherheitshinweise.
b) Ordne die Stoffe in saure und alkalische Lösungen.

3. V
Miss und vergleiche die pH-Werte von verdünnter Natronlauge (1 $\frac{mol}{l}$) und von Abflussreiniger.

4. V **Lehrerversuch**
Folgende Stoffe werden in je drei Reagenzgläsern zu konzentrierter Natronlauge, Abflussreiniger und Seifenlauge gegeben:
- einige Haare,
- ein Woll- und ein Baumwollfaden,
- etwas Speiseöl.

5. A
Beschreibe die Veränderungen der Stoffe in den neun Reagenzgläsern bei Versuch 4 nach 30 min und vergleiche.

6. A
Erkläre, warum die Augen „brennen", wenn Seife hineingelangt.

7. A
Nenne Sicherheitsmaßnahmen beim Umgang mit alkalischen Lösungen.

Haushaltsreiniger

Viele Haushaltsreiniger, auch Seifen und Waschmittel, sind alkalische Lösungen, auch Laugen genannt. Sie haben einen pH-Wert größer als 7. Es handelt sich teilweise um recht gefährliche Stoffe, die du vorsichtig und nur nach Vorschrift verwenden darfst. Selbst schwache Laugen wie Seifenlauge reizen die Augen und die Mundschleimhäute.

Sicherheit

In jedem Labor sind Sicherheitsmaßnahmen wie Schutzbrille, Schutzkleidung und Schutzhandschuhe vorgeschrieben. Die gleichen Schutzmaßnahmen sollten auch beim Umgang mit Laugen im Haushalt angewendet werden.

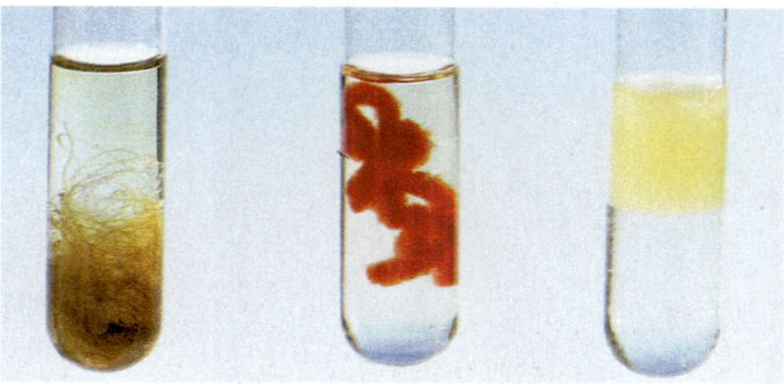

2 Organische Stoffe in Natronlauge

Starke Laugen

Die pH-Werte von Haushaltsreinigern sind unterschiedlich. Es gibt eher harmlose Stoffe wie Waschmittellauge und gefährliche Produkte wie Abflussreiniger. Wie starke Säuren haben auch starke Laugen eine ätzende Wirkung auf der Haut. Die wichtigste Lauge ist **Natronlauge.** Diese alkalische Lösung hat die Formel $NaOH$.

Du kannst Eigenschaften und Verwendungen alkalischer Lösungen nennen.

Alkalische Stoffe überall

1. Q
Recherchiere die Zusammensetzung von Substanzen zum Ablaugen. Liste die Namen und die Formeln der alkalisch wirkenden Inhaltsstoffe auf.

2. V
Lies die Sicherheitshinweise auf einer Substanz zum Ablaugen. Entnimm eine kleine Menge Abbeizer nach Vorschrift. Überprüfe die Substanz auf ihren pH-Wert.
Hinweis: Beachte die Sicherheitshinweise.

3. V
Prüfe frisch angerührten Kalkmörtel mit Universalindikator. Beschreibe, was du festgestellt hast.

4. A
Die Hände eines Maurers wie in Bild 1 sind oft rissig und aufgeplatzt. Sie werden nicht nur von den meist rauen Steinen angegriffen. Nenne einen weiteren Grund für die Veränderungen der Hände.

2 Abbeizen von Farbe

Ablauger

Um beim Restaurieren Farben von Möbeln oder Metallgegenständen zu entfernen, werden Substanzen zum Ablaugen oder Abbeizen verwendet. Diese enthalten zumeist **Natronlauge.**
Natronlauge wirkt stark ätzend, weshalb die Sicherheitsregeln gut eingehalten werden müssen.

1 Hier wird gebaut!

Brandkalk und Löschkalk

Calciumoxid zeigt eine stark alkalische Reaktion bei Zugabe von Wasser. Es wird durch Brennen von Kalkstein gewonnen und heißt deshalb **Branntkalk.** Daraus wird auch Zement hergestellt.
Calciumoxid reagiert mit Wasser in einer stark exothermen Reaktion zu einem weißen Pulver mit dem chemischen Namen **Calciumhydroxid.** Das ist Löschkalk. Löschkalk dient zur Herstellung von Kalkmörtel und Kalksandstein:

Branntkalk	+	Wasser	→	Löschkalk
CaO	+	H_2O	→	$\mathbf{Ca(OH)_2}$
Calciumoxid	+	Wasser	→	Calciumhydroxid

Calciumhydroxid ist ein Salz. Es besteht aus einem Ca^{2+}- und zwei OH^--Ionen. Die OH^--Ionen werden **Hydroxid-Ionen** genannt. Sie sind für die alkalische Wirkung von Laugen verantwortlich.
Die wässrige Lösung von **Calciumhydroxid** wird auch Kalkwasser genannt. Mit diesem kann Kohlenstoffdioxid nachgewiesen werden.

Du kannst technische Anwendungen von Laugen nennen und die für die alkalische Wirkung verantwortlichen Teilchen nennen.

Alkalimetalle bilden alkalische Lösungen

1. ≡ V

a) Fülle ein Reagenzglas zu zwei Drittel nmit Wasser. Gib etwas Universalindikator hinzu. Nimm mit einer Pinzette ein linsengroßes Stück Lithium und gib es vorsichtig ins Wasser.
Beobachte und erkläre die Veränderungen.
b) Wiederhole Versuch a), aber verschließe das Reagenzglas mit einem durchbohrten Stopfen mit Glasröhrchen. Fange so das entstehende Gas mit einem zweiten Reagenzglas auf.
c) Halte die Öffnung des zweiten Reagenzglases über eine Kerzenflamme. Gib den Namen des entstandenen Gases an.

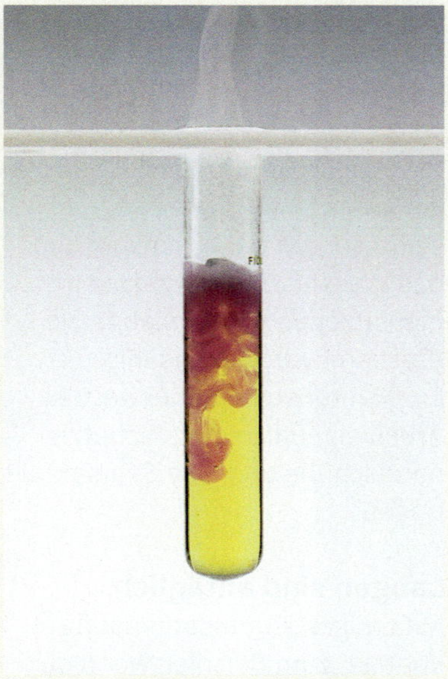

1 Lithium reagiert mit Wasser.

2. ≡ V

a) Führe Versuch 1 a) auch mit Calcium und danach mit Magnesiumspänen durch.
b) Beschreibe und vergleiche die Ergebnisse der drei Versuche.

3. V **Lehrerversuch**

Eine große Glasschale wird auf einen Tageslichtprojektor gestellt und halb mit Wasser gefüllt. Es wird mit Universalindikator angefärbt. Ein erbsengroßes Stück Natrium wird in die Glasschale gegeben.

4. ≡ A

Beschreibe und erkläre die Farbänderung bei Versuch 3.

Alkalische Lösungen und Wasserstoff

Lithium (Li) und Natrium (Na) sind seltsame Metalle. Sie sind sehr weich. Beide Metalle oxidieren an der Luft sehr schnell. Die Reaktionen des Lithiums und vor allem des Natriums in Wasser sind sehr heftig. Die beiden Metalle bewegen sich unter Entwicklung von Wasserstoff über die Wasseroberfläche. Calcium (Ca) reagiert weit weniger heftig. In allen drei Fällen entsteht eine alkalische Lösung.

Natrium	+	Wasser	→	Natronlauge	+	Wasserstoff
2 Na	+	2 H_2O	→	2 NaOH	+	H_2

Alkalische Lösungen entstehen

Lithium und Natrium gehören zu den **Alkalimetallen.** Calcium zählt wie Magnesium zu den **Erdalkalimetallen.** Diese Metalle reagieren mit Wasser unter Bildung von Wasserstoff zu Hydroxiden. In Wasser gelöst bilden sie alkalische Lösungen.

Du kannst die Reaktion von Alkali- und Erdalkalimetallen mit Wasser beschreiben.

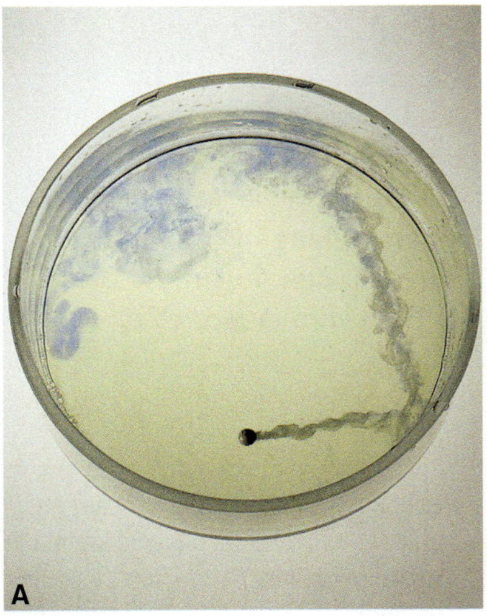

A

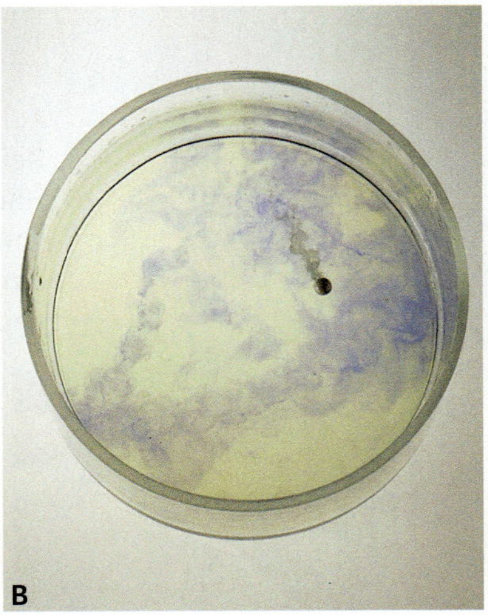

B

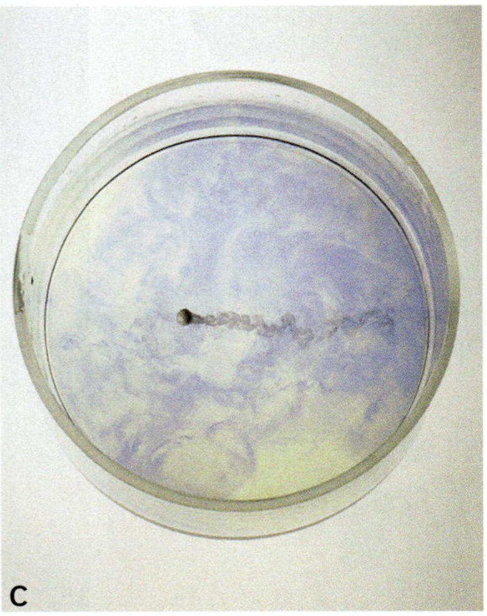

C

2 A – C Reaktion von Natrium mit Wasser

Alkalische Lösungen sind Laugen

1. V
Gib einige Tropfen Seifenlauge und Natronlauge ($1\ \frac{mol}{l}$) auf einen Streifen Universalindikatorpapier. Notiere deine Beobachtung.

2. V
Gib einen Spatel Calciumhydroxid in Wasser und halte einen Streifen Universalindikator-Papier in die Mischung. Gib den pH-Wert an.

3. Q
Finde drei Verwendungen für Salmiakgeist.

4. A
Stelle Eigenschaften einer Lauge zusammen.

5. A
Nenne Sicherheitsvorkehrungen beim Arbeiten mit Laugen.

Herstellung von Lauge

Rührt ein Maurer aus Sand, Löschkalk und Wasser Mörtel an, so erzeugt er eine alkalische Lösung. Diese wird auch Lauge genannt.
Dafür sorgen der Löschkalk und das Wasser. Sie bilden zusammen ätzende Calciumlauge (Calciumhydroxid-Lösung).
Ein Maurer sollte daher bei der Arbeit eigentlich stets Schutzhandschuhe und eine Schutzbrille tragen.

Laugen sind alltäglich

Mit Laugen kommst du häufig in Kontakt, zum Beispiel, wenn du deine Hände wäschst. Seifenlösungen reagieren alkalisch, es sind Laugen.

Laugengebäck ist lecker

Es wird vor dem Backen kurz in verdünnte Natronlauge getaucht. Das ergibt nach dem Backen den typischen Geschmack.

1 Laugennachweis mit Universalindikator-Papier

Hydroxid-Ionen

Alle Laugen enthalten **Hydroxid-Ionen (OH^-).** Sie sind diejenigen Teilchen, die für die alkalische Wirkungen und das Verfärben des Indikatorpapiers verantwortlich sind.

Fettiger Schmutz? Lauge hilft

Natronlauge (Natriumhydroxid-Lösung) oder Kalilauge (Kaliumhydroxid-Lösung) sind in vielen Backofenreinigern enthalten. Nach einer längeren Einwirkungszeit ist der fest sitzende Schmutz gelöst und kann abgewaschen werden.

2 Laugen beim Hausbau und im Haushalt

ACHTUNG
Reizt die Augen und die Haut. Darf nicht in die Hände von Kindern gelangen. Berührung mit den Augen und der Haut vermeiden.

Du kannst beschreiben, wo Laugen im Haushalt vorkommen. Du kannst wichtige Eigenschaften von Laugen nennen.

Laugen, Laugen, Laugen

Lauge bringt Geschmack

Um den typischen Geschmack des Laugengebäcks zu erreichen, wird zum Backen von Laugenbrezeln 3%ige Natronlauge (NaOH) verwendet. Beim Backen entsteht daraus auf der Gebäckoberfläche unschädliches Natron.

Laugen desinfizieren

Ställe werden mit Kalkmilch weiß gestrichen. Diese Lauge wirkt zugleich desinfizierend. Sie besteht aus Löschkalk, Calciumhydroxid, $Ca(OH)_2$, und Wasser.

Laugen helfen beim Tauchen

Bei diesem Tauchgerät wird das ausgeatmete Gas nicht in das Wasser gegeben, sondern über eine Patrone mit Kaliumhydroxid (KOH) in einen Kreislauf geführt. Der Kohlenstoffdioxid-Anteil des ausgeatmeten Gases reagiert mit dem Kaliumhydroxid und wird dadurch gebunden. Der in der Atemluft vorhandene Restsauerstoff kann noch genutzt werden.

Anwendung von Ammoniak und Salmiak

Ammoniaklösung (NH_3) kann in verdünnter Form als Salmiakgeist im Haushalt zur Fleckentfernung oder als Insektenstift dienen. Sie ist auch in handelsüblichen Reinigungs- und Fensterputzmitteln enthalten. Auch Bonbons und Süßwaren können Ammoniak enthalten.

1. ≡ V
Prüfe die Oberfläche von Brezeln mit feuchtem Universalindikatorpapier.

2. ≡ Q
Untersuche die Behälter von Düngemitteln und Reinigungsmitteln auf Hinweise zu Ammoniak oder Salmiakgeist.

3. ≡ A
Benenne das Teilchen, das bei allen Laugen für die alkalische Wirkung verantwortlich ist.

4. ≡ A
Begründe, warum Salmiakgeist nach der Anwendung auf Kleidungsstücken wieder ausgewaschen werden muss.

5. ≡ Q
Beschreibe, was Hirschhornsalz ist.

PINNWAND

Alkalische Lösungen – chemisch betrachtet

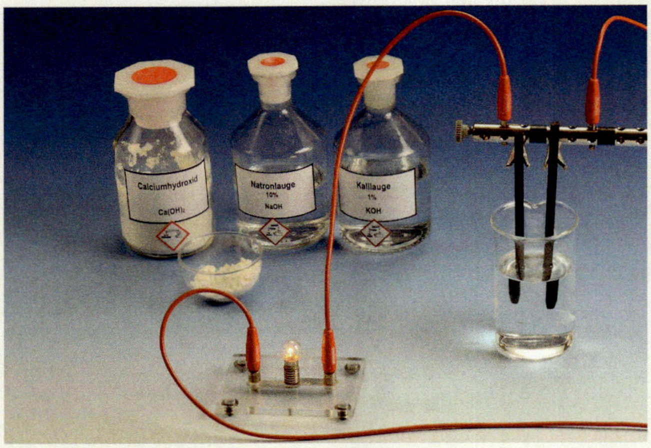

1 Leiten alkalische Lösungen den elektrischen Strom?

1.
Prüfe die elektrische Leitfähigkeit von Natronlauge ($1 \frac{mol}{l}$), Kalilauge ($1 \frac{mol}{l}$) und festem Calciumhydroxid. Erkläre deine Beobachtungen.

2.
Fülle ein Reagenzglas zur Hälfte mit Wasser. Färbe es mit Universalindikator an. Gib mit einer Pinzette ein Natriumhydroxid-Plätzchen dazu und beobachte. Benenne den Stoff, der entstanden ist.

3.
a) Wiederhole Versuch 2 mit Calciumhydroxid.
b) Filtriere die Suspension. Es entsteht ein Nachweismittel. Benenne den Stoff, der sich damit nachweisen lässt.
c) Überprüfe die Eignung des Stoffes als Nachweismittel.

4.
a) Gib mit einer Pinzette einige Natriumhydroxid-Plätzchen auf ein Uhrglas und lasse sie 30 min offen liegen. Beschreibe die Veränderungen.
b) Gib die Eigenschaft an, die Natriumhydroxid demnach hat.

5.
a) Stelle die Reaktionsgleichung des Lösens von Kaliumhydroxid in Wasser auf.
b) Erkläre die Bedeutung des Kürzels "aq"

6.
Nenne die Stoffe, die entstehen, wenn du Lithiumlauge und Kalilauge eindampfst.

Eigenschaften alkalischer Lösungen

Alkalische Lösungen entstehen beim Lösen von Metallhydroxiden in Wasser. So wird aus Natriumhydroxid (NaOH) Natronlauge, aus Kaliumhydroxid (KOH) Kalilauge und aus Calciumoxid ($Ca(OH)_2$) Kalkwasser. Zur Unterscheidung wird den Lösungen ein "aq" nachgesetzt (aqueous, engl.: wässrig).
Für das Lösen von Natriumhydroxid in Wasser kann geschrieben werden:

$$NaOH \xrightarrow{H_2O} NaOH_{(aq)}$$

- **Laugen verändern Indikatorfarbstoffe**

Universalindikator färbt sich in Lauge blau oder blau-violett. Die farblose Lösung des Indikators Thymolphthalein färbt sich in einer alkalischen Lösung blau. Thymolphthalein ist deshalb für den Nachweis von Laugen besonders gut geeignet.

- **Laugen zersetzen organische Stoffe**

Wird ein Tropfen verdünnter Natronlauge zwischen den Fingern zerrieben, fühlt sich die Haut schmierig-seifig an, denn Laugen zersetzen die Hautoberfläche. Deshalb ist beim Umgang mit Laugen Vorsicht geboten.

- **Alkalische Lösungen leiten den elektrischen Strom**

Metallhydroxide sind Salze. Sie sind im festen Zustand elektrische **Nichtleiter.** Ihre wässrigen Lösungen hingegen sind wie saure Lösungen elektrisch leitfähig.

2 Natriumhydroxid-Plätzchen

Natronlauge im Labor

Natronlauge entsteht, wenn festes Natriumhydroxid in Wasser gelöst wird. Die Lösung erwärmt sich dabei deutlich. Sie reagiert mit Indikatorfarbstoffen und leitet den elektrischen Strom. Natronlauge ist die wichtigste alkalische Lösung im Chemielabor.

Festes Natriumhydroxid besteht aus positiv geladenen Natrium-Kationen (Na^+) und negativ geladenen **Hydroxid-Anionen** (OH^-). Feste Hydroxide sind Nichtleiter, weil die Ionen an feste Plätze gebunden sind. Erst in Wasser gelöst können die dann frei beweglichen Ionen den Transport elektrischer Ladungen übernehmen.

Bei der Bildung von Natronlauge spielen die besonderen Eigenschaften der Wasser-Moleküle eine entscheidende Rolle. Wasser-Moleküle sind Dipolmoleküle, sie tragen elektrische Teilladungen. Beim Auflösen wird das Ionengitter des Natriumhydroxids mithilfe dieser Dipolmoleküle abgebaut. Danach lagern sich die Wassermoleküle um die Ionen und bilden jeweils eine **Hydrathülle.** So bleiben die Ionen in der Lösung voneinander getrennt (Bild 5 B).

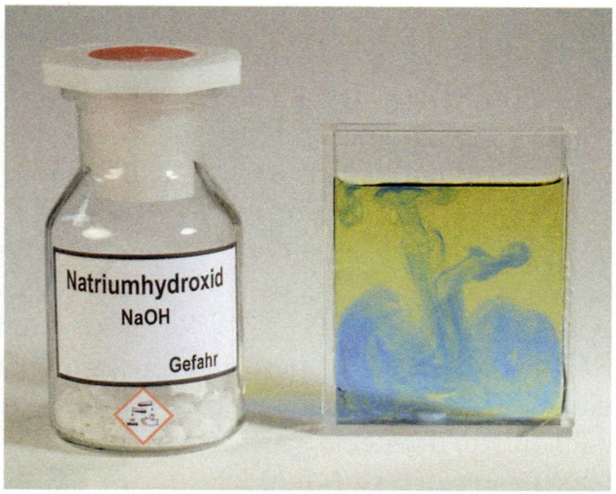

3 Natriumhydroxid bildet in Wasser Natronlauge. Sie verändert die Farbe von Thymolphthalein-Lösung.

Du kannst die Herstellung und die Eigenschaften alkalischer Lösungen beschreiben und die darin enthaltenen Ionen nennen.

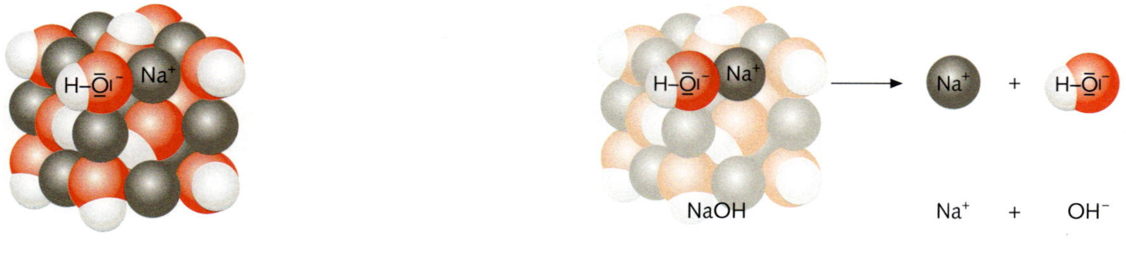

4 A Festes Natriumhydroxid bildet ein Kristallgitter aus Natrium-Ionen (Na^+) und Hydroxid-Ionen (OH^-), **B** Der Kristall zerfällt im Wasser in Natrium-Ionen und Hydroxid-Ionen.

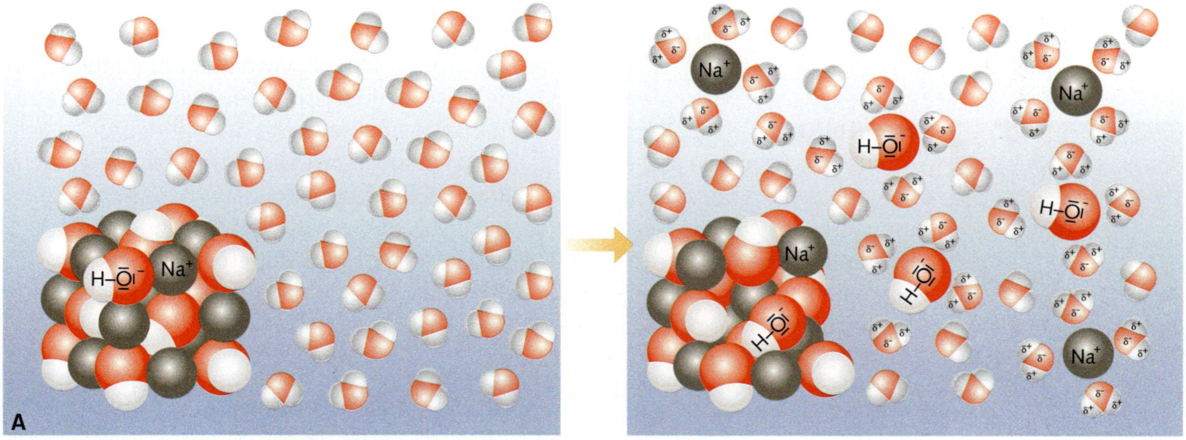

5 Die Bildung von Natronlauge im Modell: A Ein Natriumhydroxid-Kristall liegt im Wasser, **B** Er zerfällt in Ionen. Im Wasser sind die Ionen jeweils von Wassermolekülen umgeben, sie sind hydratisiert.

Ammoniak und Ammoniaklösung

1. V
Fächle dir wie in Bild 1 vorsichtig 10 %ige Ammoniaklösung zu. Beschreibe den Geruch. Woher kennst du ihn? Vergleiche mit dem Geruch von Salzsäure.

2. V
Halte erst einen trockenen, dann einen feuchten Streifen Universalindikator über eine geöffnete Flasche mit 10 %iger Ammoniaklösung und beschreibe.

3. V **Lehrerversuch**
In einen Erlenmeyerkolben wird konzentrierte Ammoniaklösung ($w = 25\,\%$) gegeben. Der Kolben wird mit einem durchbohrten Stopfen verschlossen, in dem ein Glasrohr steckt. Die Ammoniaklösung wird mit kleiner Flamme vorsichtig erhitzt. Das entstehende Gas wird in einen umgekehrt eingespannten Rundkolben geleitet. Ist der Kolben gefüllt, wird er mit einem durchbohrten Gummistopfen verschlossen, in dem ein Glasrohr mit Spitze nach innen steckt. Eine große Glasschale wird zur Hälfte mit Wasser gefüllt, das mit Universalindikator angefärbt ist. Der Rundkolben wird in das Wasser eingetaucht (Bild 2).

4. A
Beschreibe und erkläre deine Beobachtungen zu Versuch 3.

5. V
Befeuchte ein Wattestäbchen mit Salzsäure. Halte es über eine geöffnete Flasche mit Ammoniaklösung (10 %). Beschreibe, was du siehst.

6. Q
Recherchiere die Bedeutung des Begriffs Salmiakgeist.

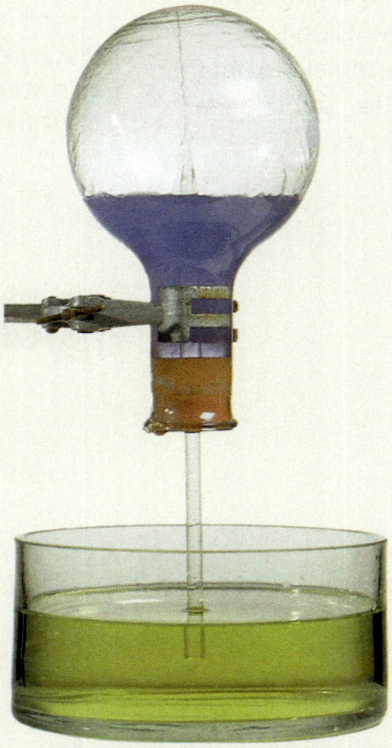
2 Ammoniak-Springbrunnen

1 Riechen an Ammoniak

Eigenschaften
Öffnest du eine Flasche mit Ammoniaklösung, so fällt dir sofort ein stechender Geruch auf. Ähnlich wie bei der Salzsäure ist auch hier ein Gas in Wasser gelöst. Das Gas heißt **Ammoniak** (NH_3). Ein Streifen Universalindikator zeigt, dass die Lösung alkalisch ist.

Die Gase Ammoniak und Chlorwasserstoff bilden zusammen weißen Rauch. Es entsteht das Salz Ammoniumchlorid (Salmiak).

$$NH_3 + HCl \rightarrow NH_4Cl$$

So kannst du mit Chlorwasserstoff Ammoniak nachweisen.

Springbrunnenversuch
Ammoniak ist sehr gut in Wasser löslich. Etwa 700 l Ammoniakgas lösen sich bei Zimmertemperatur in 1 l Wasser. Dies zeigt der Springbrunnenversuch. Im ersten Wassertropfen, der in den Rundkolben eindringt, löst sich das gesamte Gas im Kolben. Im Rundkolben entsteht daher ein Unterdruck. Der äußere Luftdruck presst dann das Wasser aus der Glasschale in den Rundkolben.

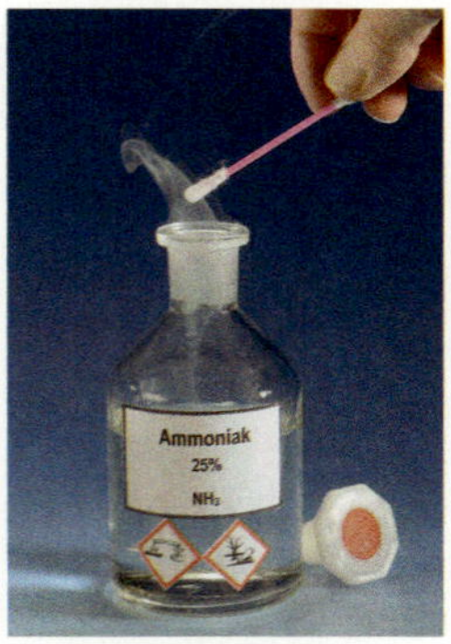

3 Ammoniaknachweis

Herstellung
Ammoniak gehört zu den wichtigsten Stoffen in der chemischen Industrie. Es wird nach dem **Haber-Bosch-Verfahren** hergestellt.
Dazu wird ein Gemisch aus Wasserstoff und Stickstoff bei etwa 500 °C unter hohem Druck über einen Katalysator geleitet. Dabei reagieren die beiden Gase zu Ammoniak.

Du kannst die Eigenschaften von Ammoniak beschreiben und die alkalische Wirkung des Ammoniaks begründen.

Haber-Bosch-Verfahren

Anfänge

Ammoniak (NH_3) wird zur Herstellung von Düngemitteln, aber auch für Sprengstoffe, Kunststoffe und Farbstoffe benötigt. Es ist eine der wichtigsten Verbindungen in der chemischen Industrie. Der Chemiker FRITZ HABER (1868 – 1934) und der Ingenieur CARL BOSCH (1874 – 1940) entwickelten zu Beginn des 20. Jahrhunderts das nach ihnen benannte Verfahren, um Ammoniak aus den beiden Grundstoffen Stickstoff und Wasserstoff industriell herzustellen. Damit konnte auch ohne Import von Stickstoffsalzen die Produktion von Düngemitteln und Sprengstoff aufrechterhalten werden.

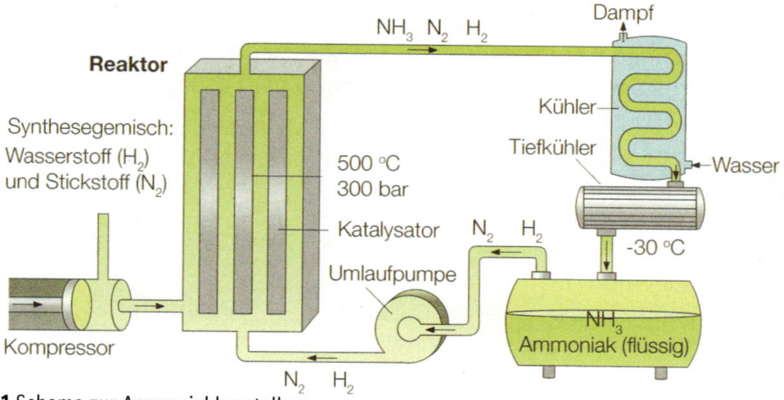

1 Schema zur Ammoniakherstellung

Rohstoffe

Die beiden Rohstoffe für die Ammoniakherstellung stehen nahezu unbegrenzt zur Verfügung. Stickstoff ist ein Bestandteil der Luft und der Reaktionspartner Wasserstoff ist als ein chemisch gebundener Bestandteil des Wassers ausreichend vorhanden.

Bedeutung

Mit dem Haber-Bosch-Verfahren werden jährlich weltweit über 100 Millionen Tonnen Ammoniak hergestellt. Dafür werden etwa 1,5 % des weltweiten Energiebedarfs benötigt.

Verfahren

Ein Gemisch aus drei Raumteilen Wasserstoff und einem Raumteil Stickstoff wird über Katalysatorschichten aus Eisenoxid geleitet und zur Reaktion gebracht. Damit aus diesen chemischen Elementen Ammoniak mit hoher Ausbeute entsteht, sind ein Druck von über 300 bar und eine Temperatur von etwa 500 °C notwendig.

$$N_2 + 3\,H_2 \rightarrow 2\,NH_3$$

Das entstehende Gasgemisch enthält etwa 17 Volumenprozent Ammoniak. Dieses Gemisch wird so lange gekühlt, bis sich Ammoniak als Flüssigkeit abscheidet. Das restliche Gasgemisch enthält noch Stickstoff und Wasserstoff. Es wird daher in den Reaktor zurückgeleitet.

Herstellung von Salpetersäure

Ammoniak wird auch für die Herstellung von **Salpetersäure** benötigt. Dazu wird Ammoniakgas unter Katalysatoreinwirkung zu Stickstoffmonooxid, NO, verbrannt:

$$4\,NH_3 + 5\,O_2 \rightarrow 4\,NO + 6\,H_2O$$

Mit weiterem Sauerstoff reagiert das farblose Stickstoffmonooxid zu braunem Stickstoffdioxid, NO_2. Dieses Gas wird dann mit Sauerstoff im Gegenstromprinzip in Wasser geleitet. Gase und Wasser strömen dabei in unterschiedliche Richtungen. Salpetersäure entsteht:

$$4\,NO_2 + O_2 + 2\,H_2O \rightarrow 4\,HNO_3$$

Die großtechnische Herstellung der Salpetersäure geschieht durch das **Ostwald-Verfahren.**

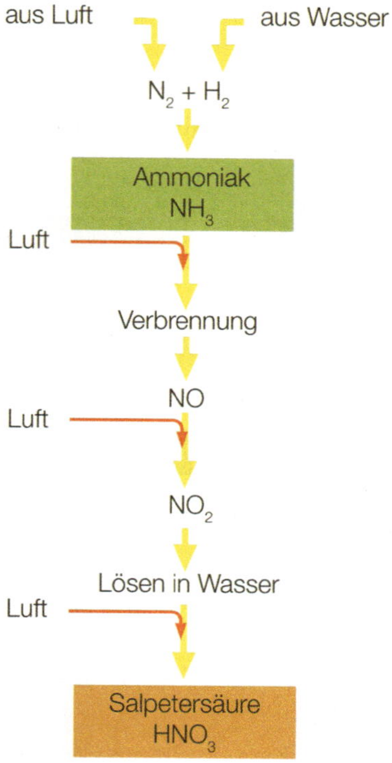

2 Salpetersäureherstellung

Säuren und Basen und ihre Lösungen im Überblick

1. Ⓐ Nenne jeweils zwei Säuren, zwei saure Lösungen und zwei alkalische Lösungen.

2. Ⓐ Beschreibe drei verschiedene Möglichkeiten zur Herstellung alkalischer Lösungen.

3. Ⓐ Stelle die Reaktionsgleichung der Reaktion von Kohlensäure mit Wasser zu Carbonat-Ionen auf.

Säuren und saure Lösungen

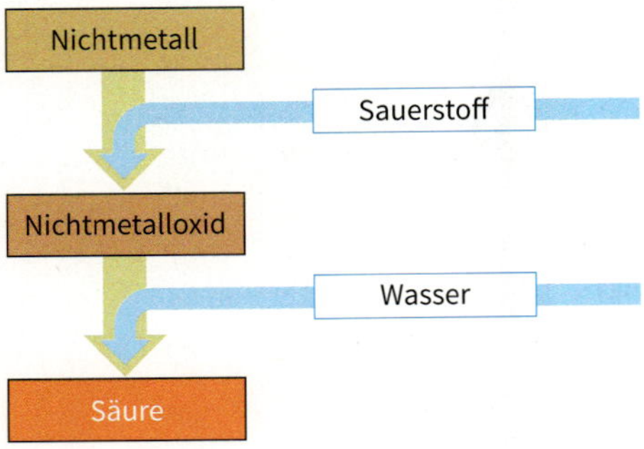

Säuren bilden mit Wasser Oxonium-Ionen (H_3O^+). Diese sind für die saure Wirkung der entstehenden Lösung verantwortlich.

Beispiele:

Kohlenstoff + Sauerstoff → Kohlenstoffdioxid
Kohlenstoffdioxid + Wasser → kohlensaure Lösung

Anders verläuft die Herstellung von Salzsäure:
Wasserstoff + Chlor → Chlorwasserstoff
Chlorwasserstoff + Wasser → Salzsäure

Säure	Formel	Saure Lösung	Ionen in Lösung	Wissenswertes
Kohlensäure	H_2CO_3	kohlensäure Lösung	H_3O^+, HCO_3^- 2 H_3O^+, CO_3^{2-}	In Erfrischungsgetränken
Chlorwasserstoff	HCl	Salzsäure	H_3O^+, Cl^-	Magensäure ist 0,3 %ige Salzsäure.
Essigsäure	CH_3-COOH	Essig (verdünnte Essigsäure)	H_3O^+, CH_3-COO^-	Haushaltsessig ist verdünnte Essigsäure.
Schwefelsäure	H_2SO_4	verdünnte Schwefelsäure	H_3O^+, HSO_4^- 2 H_3O^+, SO_4^{2-}	Ausschwefeln von Fässern, Anteil am sauren Regen, in Starterbatterien, stark Wasser ziehend

Basen und alkalische Lösungen (Laugen)

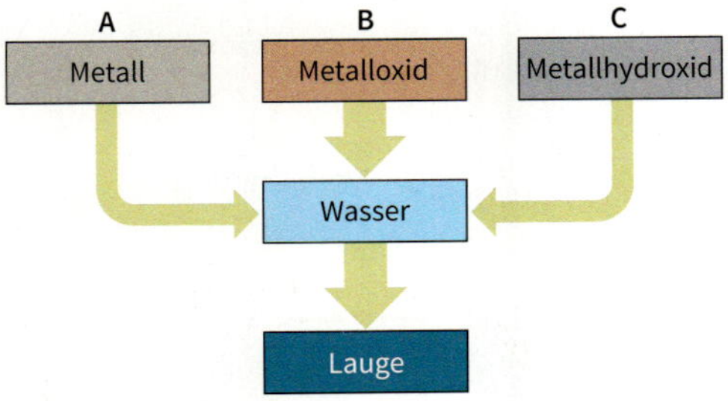

Basen bilden mit Wasser Hydroxid-Ionen (OH^-). Diese sind für die alkalische Wirkung der entstehenden Lösung verantwortlich.

Beispiele:

A: Natrium + Wasser → Natronlauge + Wasserstoff
B: Calciumoxid + Wasser → Kalkwasser
C: Natriumhydroxid + Wasser → Natronlauge

Base	Formel	Alkalische Lösung	Ionen in Lösung	Wissenswertes
Natriumhydroxid	NaOH	Natronlauge	Na^+, OH^-	in Abflussreiniger enthalten
Calciumhydroxid	$Ca(OH)_2$	Kalkwasser	Ca^{2+}, 2 OH^-	in Kalkmörtel, CO_2-Nachweis
Ammoniak	NH_3	Ammoniak-Wasser	NH_4^+, OH^-	Ausgangsstoff für Sprengstoff

Du kannst die Unterschiede zwischen Säuren, Basen sowie sauren und alkalischen Lösungen beschreiben und Beispiele nennen.

Säure-Base-Begriff

Säuren und Basen

Saure und alkalische Stoffe sind seit vielen Jahrhunderten bekannt. Eine einheitliche Definition der Begriffe Säure, saure Lösung, Base, alkalische Lösung und Laugen hat sich erst im Laufe der Zeit entwickelt.
Lange gab es keine einheitlichen Vorstellungen darüber, was diese Stoffe eigentlich sind. Deshalb versuchten Forscher, eine allgemein gültige Theorie zu entwickeln. Dabei wurde der Begriff **Säure** beibehalten; er wurde aber immer wieder neu definiert. Für den „Gegenspieler" der Säure gab es dagegen verschiedene Namen. Manche sprachen von **Laugen,** andere von **Basen.** Immer noch weit verbreitet ist die Säure-Base-Definition von ARRHENIUS. Die vor allem in der wissenschaftlichen Chemie heute weltweit gültige Theorie wurde jedoch von BRÖNSTED entwickelt. Sie bezieht sich nicht länger auf das Verhalten von Stoffen in Wasser, sondern auf das Reaktionsverhalten von Teilchen.

1663
Der Engländer ROBERT BOYLE (1627–1692) fand die erste Erklärung des Begriffs Säure. Für ihn ist „eine Säure ein Stoff, der mit Kreide aufschäumt,... gewisse Pflanzenfarbstoffe rötet und durch eine Base neutralisiert wird".

1778
ANTOINE LAURENT DE LAVOISIER (1743–1794) schloss aus seinen Untersuchungen über Gase, dass der Sauerstoff der Träger der Säuren ist. Säuren entstehen durch die Reaktion von Nichtmetallen mit Wasser. Sie sind also bestimmte Sauerstoff-Verbindungen.

1814
SIR HUMPHRY DAVY (1778–1829) gelang es, durch Elektrolyse die Elemente Natrium, Kalium, Lithium, Calcium, Barium, Magnesium und Strontium darzustellen.
Er erkannte, dass Wasserstoff die sauren Eigenschaften einer Säure bestimmt. Er beschrieb deshalb Säuren als Wasserstoff-Verbindungen.

1838
JUSTUS VON LIEBIG (1803–1873) gilt als Begründer der organischen Chemie. Seine Erkenntnisse auf dem Gebiet der Agrarchemie waren wegweisend für die Landwirtschaft. Er fand heraus, dass Säuren Stoffe sind, die Wasserstoff enthalten. Nach LIEBIG sind Säuren Verbindungen aus Wasserstoff und einem Säurerest, wobei der Wasserstoff durch Metall ersetzbar ist.

1887
Der schwedische Chemiker und Physiker SVANTE ARRHENIUS (1859–1927) erweiterte den Säure-Base-Begriff von LIEBIG. Er erkannte, dass Säuren Wasserstoff-Verbindungen sind, die in wässriger Lösung in positiv geladene Wasserstoff-Ionen und in negativ geladene Säurerest-Ionen zerfallen. Basen hingegen bilden negativ geladene Hydroxid-Ionen und positiv geladene Metall-Ionen.

1923
Eine wesentliche Erweiterung erfuhr die Säure-Base-Theorie durch den Dänen JOHANNES N. BRÖNSTED (1879–1947). Nach BRÖNSTED kann ein Säureteilchen Protonen abgeben. Entsprechend kann ein Base-Teilchen Protonen aufnehmen. Bei einer Säure-Base-Reaktion findet also eine Übertragung von Protonen statt.

1. ≡ Ⓐ
Ordne die hier genannten Personen auf einer Zeitskala an.

2. ≡ Ⓐ
Vergleiche die Säure-Base-Theorien von ARRHENIUS und BRÖNSTED miteinander.

Die Entstehung einer neutralen Lösung

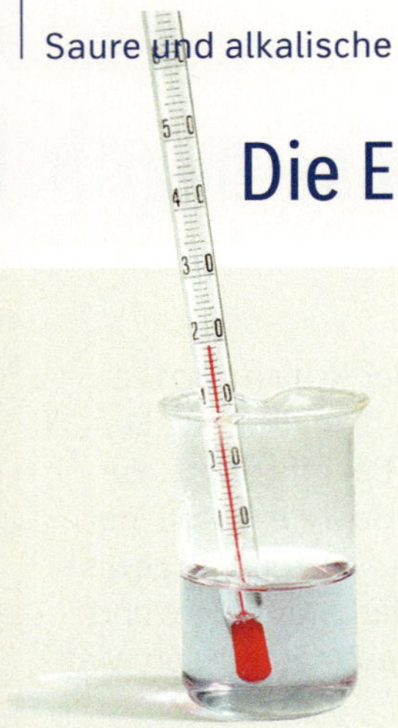

1. V

a) Gib 20 ml einer 1%igen Natronlauge in ein kleines Becherglas und miss die Temperatur. Füge einige Tropfen Universalindikator hinzu und bestimme den pH-Wert.

b) Gieße etwa 15 ml 1%ige Salzsäure zu der Natronlauge. Rühre mit dem Glasstab um. Gib dann mit einer Pipette tropfenweise und unter ständigem Rühren solange weiter Salzsäure hinzu, bis der Indikator eine neutrale Lösung anzeigt. Bestimme die Temperatur der Lösung und beschreibe deine Beobachtungen.

c) Dampfe die Hälfte der Lösung vorsichtig in einer Abdampfschale ein. Lass die andere Hälfte auf einer Uhrglasschale verdunsten. Betrachte die Rückstände mit einer Lupe und vergleiche sie.

2. A

Begründe die Temperaturänderung in Versuch 1 b).

3. V

a) Wiederhole Versuch 1 mit frisch hergestellter Calciumlauge (Kalkwasser) und 0,5%iger Schwefelsäure.

b) Was kannst du über die Löslichkeit des Salzes aussagen, das bei dieser Reaktion entstanden ist? Vergleiche auch mit Versuch 1.

4. A

Beschreibe den wesentlichen chemischen Vorgang bei einer Neutralisation.

Bei der Neutralisation entsteht ein Salz

Werden eine saure und eine alkalische Lösung in den passenden Mengen vermischt, entsteht die **neutrale Lösung** eines Salzes in Wasser. Dieser Vorgang heißt **Neutralisation.** Wärme wird frei.

Ist dieses Salz gut löslich, bleibt die Lösung klar. Erst nach dem Eindampfen oder Verdunsten erkennst du einen Rückstand. Manchmal kannst du nur mit einer Lupe Salzkristalle entdecken. Wenn sich die Lösung passender Mengen aus Lauge und Säure trübt, ist ein schwer lösliches Salz entstanden.

Natronlauge	+	Salzsäure	→	Natriumchlorid	+	Wasser
NaOH	+	HCl	→	NaCl	+	H_2O

Bei der Reaktion einer Lauge mit einer Säure entsteht eine Salzlösung. Wärme wird frei.

1 Aus einer Lauge und einer Säure entsteht Salz.

5. ☰ Ⓐ
a) Erläutere, warum saure und alkalische Flüssigkeiten im Chemielabor in einem einzigen Gefäß entsorgt werden können.
b) Begründe, warum nur verdünnte Säuren und Laugen auf diese Weise entsorgt werden dürfen.

6. ☰ Ⓐ
Überlege, auf welche Weise saure oder alkalische Abwässer behandelt werden müssen, damit sie keinen Schaden anrichten.

7. ☰ Ⓐ
Schreibe die Neutralisationen als Reaktionsschema und als Reaktionsgleichung
a) Kalilauge (KOH) und Salpetersäure (HNO_3),
b) von Schwefelsäure (H_2SO_4) und Calciumlauge ($Ca(OH)_2$) .

Was geschieht bei der Neutralisation?

Saure und alkalische Lösungen enthalten Ionen. So enthält Natronlauge Na^+-Ionen und OH^--Ionen, Salzsäurelösung enthält H_3O^+-Ionen und Cl^--Ionen. In wässrigen Lösungen sind alle Ionen von Wassermolekülen umhüllt, sie sind **hydratisiert** (Bild 2).
Werden Salzsäure und Natronlauge zusammengegossen, so erwärmt sich das Gemisch. Das ist ein Hinweis darauf, dass eine chemische Reaktion stattfindet. Werden passende Stoffmengen an saurer und alkalischer Lösung zusammengegossen und etwas Universalindikator hinzugefügt, so zeigt sich ein überraschendes Ergebnis. Es entsteht eine Lösung, die weder **alkalisch** noch **sauer,** sondern **neutral** reagiert. Diese Lösung enthält gleich viele OH^-- und H_3O^+-Ionen, außerdem gleich viele Na^+- und Cl^--Ionen. Das ist das Ergebnis einer **Neutralisation.**

Wasser entsteht

Die entscheidende chemische Reaktion bei der Neutralisation findet zwischen den Oxonium-Ionen der sauren Lösung und den Hydroxid-Ionen der alkalischen Lösung statt. Dabei entstehen neutrale Wassermoleküle:

$$H_3O^+ + OH^- \rightarrow 2\ H_2O\text{, Wärme wird frei}$$

Die Gesamtreaktion lautet demnach:

$$Na^+ + OH^- + H_3O^+ + Cl^- \rightarrow Na^+ + Cl^- + 2\ H_2O\text{, Wärme wird frei}$$

Die ätzende Natronlauge und die ätzende Salzsäure wurden zu einer neutralen **Kochsalzlösung.** Beim Eindampfen setzen sich die verbliebenen Na^+- und Cl^--Ionen zu geordneten NaCl-Kristallen zusammen.

Du kannst die Neutralisation als Reaktion zwischen den Oxonium-Ionen der sauren Lösung mit den Hydroxid-Ionen der alkalischen Lösung erklären.

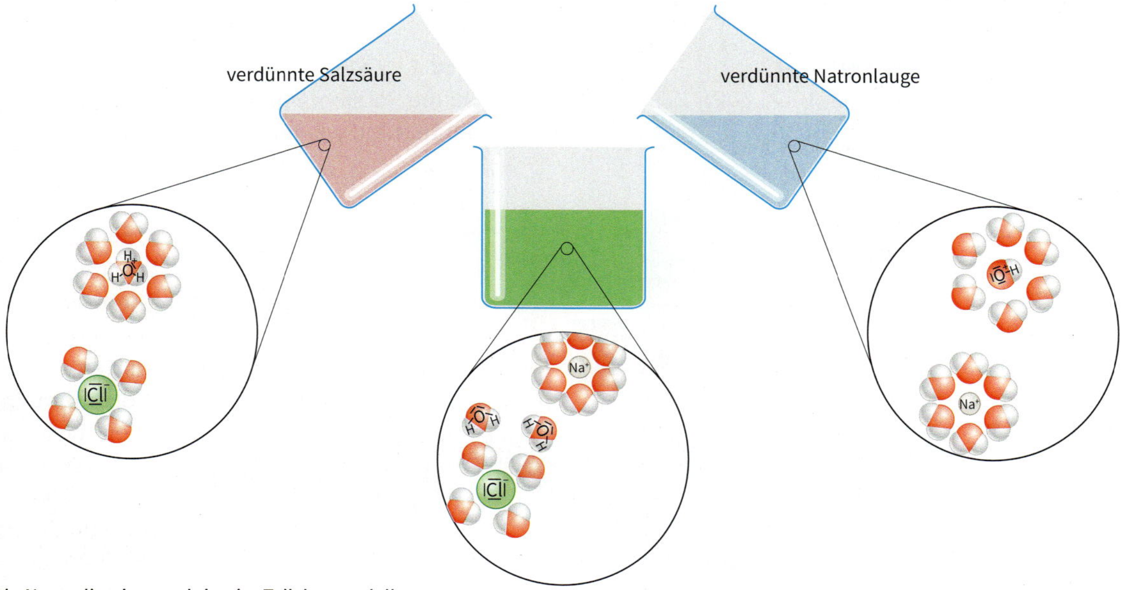

2 Die Neutralisationsreaktion im Teilchenmodell

Basiskonzepte S. 173

Anwendungen der Neutralisation

Natron gegen Sodbrennen?

1. V
Gib zu 0,3 %iger Salzsäure etwas Universalindikator. Neutralisiere diese verdünnte Salzsäure mit Natron.

2. Q
Erkunde, welche Wirkstoffe in Medikamenten zur Säureneutralisation enthalten sind. Suche im Internet, welche Stoffe im Magen entstehen, um die Magensäure zu neutralisieren.

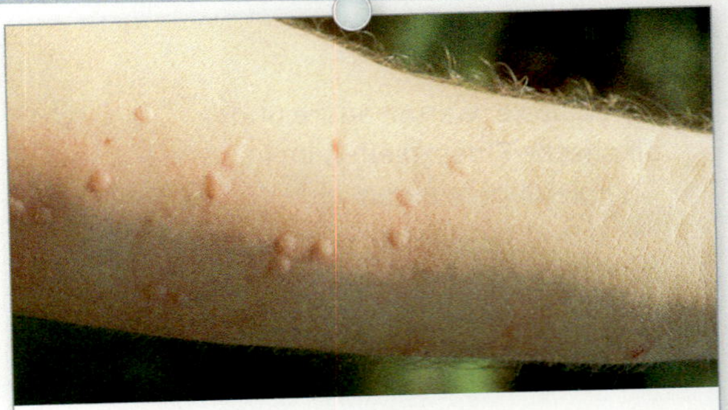
Insekten nutzen Säuren zur Abwehr
Insekten spritzen bei einem Biss oder Stich häufig Säuren in die Haut. Am bekanntesten ist die Ameisensäure.

5. Q
Begründe, warum zum Behandeln von Hautverätzungen durch Insekten Salmiakgeist (Ammoniaklösung) verwendet wird.

Ein Säureunfall

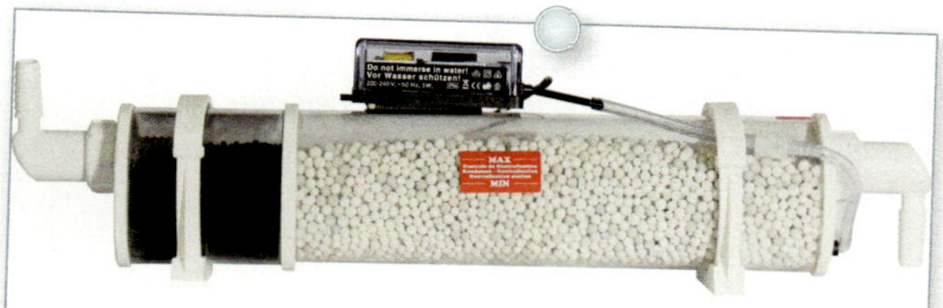
Abgase werden neutralisiert

6. A
Nenne Vorsichtsmaßnahmen, die bei einem Säureunfall wie im obigen Bild zu treffen sind.

3. Q
Erkunde, warum bei einem Ölbrennwertkessel die kondensierten Abgase neutralisiert werden müssen.

4. Q
Recherchiere, wieso bei einem Gasbrennwertkessel keine Neutralisation vorgeschrieben ist.

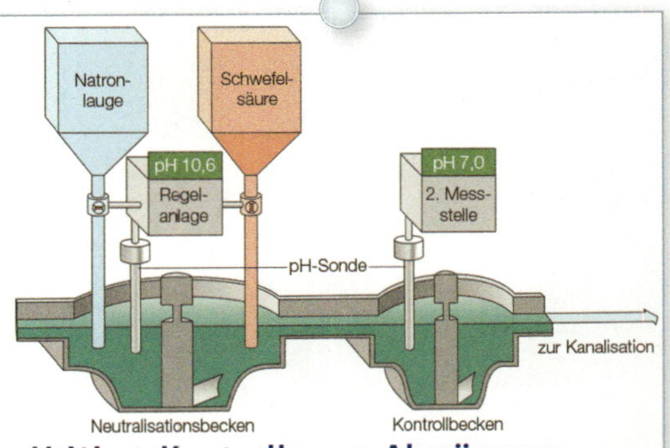

pH-Wert-Kontrolle von Abwässern

7. A
Die Abwässer von Chemielabors müssen kontrolliert werden, bevor sie in die Kläranlage geleitet werden. Oft müssen Säuren oder Laugen zugesetzt werden. Begründe dieses Vorgehen.

Protonen werden übertragen

1. ☰ Ⓐ
Erkläre den Unterschied der Säure-Base-Definition von Brönsted zu den früheren Definitionen.

2. Ⓥ **Lehrerversuch**
Chlorwasserstoff-Gas (HCl) wird in Wasser geleitet. Es entsteht eine saure Lösung.

3. ☰ Ⓐ
a) Notiere deine Beobachtungen zu Versuch 2.
b) Kennzeichne anhand der Reaktionsgleichung Protonenabgabe und Protonenaufnahme.
c) Benenne Protonenakzeptor und Protonendonator.

4. ☰ Ⓠ
Begründe, warum die Reaktion einer sauren Lösung mit einer alkalischen Lösung eine Säure-Base-Reaktion ist.
Hinweis: Überlege, welche Teilchen für eine Säure und welche für eine Base charakteristisch sind.

1 Chlorwasserstoff-Gas wird auf Wasser geleitet.

Säuren und Basen nach BRÖNSTED

Die heute weltweit gültige Säure-Base-Definition wurde von dem dänischen Chemiker JOHANNES NIKOLAUS BRÖNSTED entwickelt. Er bezog den Begriff von Säuren und Laugen nicht länger auf das Verhalten von Stoffen in Wasser, sondern ganz allgemein auf das Reaktionsverhalten von Teilchen.

Nach BRÖNSTED ist
- eine Säure ein Teilchen, das Protonen abgeben kann, ein **Protonendonator** (donare, lat.: schenken).
- eine Base ein Teilchen, das Protonen aufnehmen kann, ein **Protonenakzeptor** (acceptare, lat.: annehmen).
- eine Säure-Base-Reaktion eine **Protonen-Übertragungsreaktion.**

Chlorwasserstoff und Wasser

Wird Chlorwasserstoff-Gas (HCl) in Wasser gelöst, entsteht Salzsäure. Bei der Reaktion gibt jeweils ein Chlorwasserstoff-Molekül sein Proton (H^+) an das Wasser-Molekül ab. Dabei entstehen ein Chlorid-Ion (Cl^-) und ein Oxonium-Ion (H_3O^+).

$$HCl + H_2O \rightarrow H^+ + Cl^- + H_2O$$
$$H^+ + Cl^- + H_2O \rightarrow H_3O^+ + Cl^-$$

Bei der Reaktion ist das Chlorwasserstoff-Molekül der Protonendonator, also die Säure nach BRÖNSTED. Das Wasser-Molekül verbindet sich mit dem Proton und ist also der Protonenakzeptor. Nach BRÖNSTED ist es eine Base. Es entsteht das Oxonium-Ion (H_3O^+).
Bei der Reaktion handelt es sich um eine Protonen-Übertragungsreaktion.

Du kannst die Protonenübertragung bei Säure-Base-Reaktionen beschreiben.

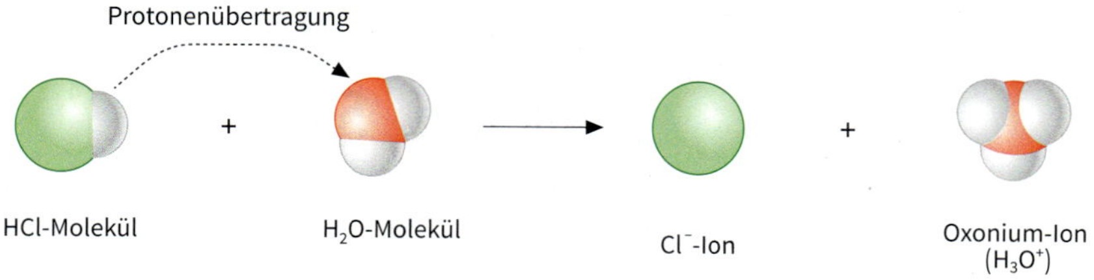

2 Die Reaktion von Chlorwasserstoff mit Wasser zu Salzsäure im Kalottenmodell

Konzentrationsbestimmung von Lösungen

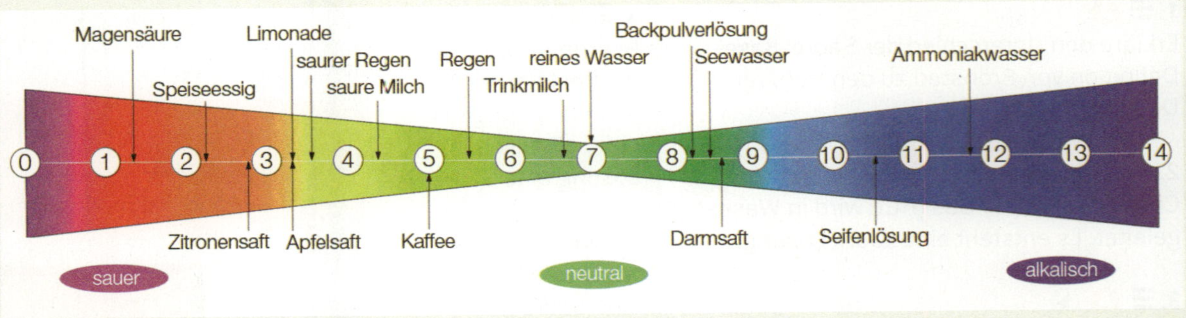

1 Verschiedene Lösungen, ihr pH-Wert und die entsprechende Farbe vom Universalindikator

1. ≡ A
Nenne die Einheiten der folgenden physikalischen Größen:
a) Stoffmenge *n*,
b) Stoffmengenkonzentration *c*,
c) Volumen *V*,
d) molare Masse *M*.

2. ≡ Q
Recherchiere den pH-Wert von Salzsäure mit einer Stoffmengenkonzentration von
a) $1 \frac{mol}{l}$,
b) $0{,}1 \frac{mol}{l}$.

3. ≡ A
Berechne die Stoffmengenkonzentration *c* einer wässrigen Essig-Lösung, wenn eine Stoffmenge $n = 0{,}2$ mol an Essigsäure in 150 ml Wasser gelöst werden.

4. ≡ A
Eine Natronlauge hat einen pH-Wert von 3. Gib an, welchen pH-Wert die Lauge hat, wenn diese so verdünnt wird:
a) um den Faktor 10,
b) um den Faktor 100.

5. ≡ A
Berechne die Masse *m* an Kaliumhydroxid (KOH), die benötigt wird, um 0,1 l einer Kalilauge mit einer Stoffmengenkonzentration von $c = 0{,}2 \frac{mol}{l}$ herzustellen.

6. ≡ A
Eine Salzsäure hat ein Volumen *V* von 0,5 l. In dieser ist eine Masse *m* von 14,6 g Chlorwasserstoff gelöst. Berechne die Stoffmengenkonzentration *c* der Salzsäure.

Die Stoffmengenkonzentration

Eine Angabe für Lösungen ist die **Stoffmengenkonzentration *c*.** Sie bezieht sich auf die Teilchenzahl. Sie gibt an, welche Stoffmenge *n* eines Stoffs in einem bestimmten Volumen *V* der Lösungen enthalten ist.

$c = \frac{n}{V_{Lösung}}$ Einheit: $\frac{mol}{l}$

Eine Formel – nach den unterschiedlichen physikalischen Größen aufgelöst:

$c = \frac{n}{V_{Lösung}}$

$V_{Lösung} = \frac{n}{c}$

$n = c \cdot V_{Lösung}$

Volumenkonzentration

Eine weitere Möglichkeit, die Konzentration einer Lösung anzugeben, ist die **Volumenkonzentration.** Sie gibt an, welches Volumen eines Stoffs im Gesamtvolumen der Lösung enthalten ist.

Anwendung findet die Volumenkonzentration zum Beispiel bei alkoholischen Getränken (Bild 2). Dort bedeutet eine Volumenkonzentration von 5 %, dass in 1 l Bier 0,05 l, also 50 ml Ethanol enthalten sind.

2 Angabe der Volumenkonzentration auf einem Bier-Etikett

Beispiel ❶
Von einer Probe Salzsäure soll die Masse *m* an gelöstem Chlorwasserstoff berechnet werden. In einer von Stoffmengenkonzentration $c_{HCl} = 2\ \frac{mol}{l}$ liegt ein Volumen *V* von 50 ml der Salzsäure vor.
Zuerst wird die Stoffmenge *n* an Chlorwasserstoff berechnet.

$n_{HCl} = c_{HCl} \cdot V_{Lösung}$

$n_{HCl} = 2\ \frac{mol}{l} \cdot 0{,}05\ l = 0{,}1\ mol$

In der Lösung ist eine Stoffmenge *n* von 0,1 mol Chlorwasserstoff enthalten. Die Masse *m* kann mithilfe der molaren Masse *M* berechnet werden.

$M_{HCl} = M_H + M_{Cl}$

$M_{HCl} = 1\ \frac{g}{mol} + 35{,}5\ \frac{g}{mol} = 36{,}5\ \frac{g}{mol}$

$m_{HCl} = n_{HCl} \cdot M_{HCl}$

$m_{HCl} = 0{,}1\ mol \cdot 36{,}5\ \frac{g}{mol} = 3{,}56\ g$

In der Salzsäure-Probe sind also 3,65 g Chlorwasserstoff enthalten.

Beispiel ❷
Für eine Natronlauge mit einer Konzentration von $c_{NaOH} = 1\ \frac{mol}{l}$ werden 40 g festes Natriumhydroxid benötigt.

$M_{NaOH} = M_{Na} + M_O + M_H$

$M_{NaOH} = (23 + 16 + 1)\ \frac{g}{mol} = 40\ \frac{g}{mol}$

Diese Portion wird in einen Messkolben gegeben. Der Kolben wird anschließend mit destilliertem Wasser auf genau 1 l Lösung aufgefüllt. Die entstandene Lösung enthält dann 1 mol Na^+-Ionen und 1 mol OH^--Ionen.

3 Etikett einer Natronlaugen-Flasche

Faktor 10

Die Verdünnung einer Säure oder Lauge ist immer mit einer Änderung des pH-Wertes verbunden. Wird der pH-Wert um eine ganze Zahl durch Verdünnen geändert, spielt der Faktor 10 die entscheidende Rolle.

Wird zum Beispiel 1 ml Säure mit destilliertem Wasser auf insgesamt 10 ml verdünnt, so verändert sich der pH-Wert um eine Einheit, zum Beispiel von 3 auf 4.
Weiteres Verdünnen mit 90 ml Wasser auf insgesamt 100 ml ergibt eine weitere Erhöhung auf den pH-Wert 5.

Dies gilt entsprechend für Laugen. Auch hier ist der Faktor 10 entscheidend, wenn durch Verdünnen der pH-Wert um eine ganze Zahl geändert wird.

Wird zum Beispiel 1 ml einer Lauge mit 9 ml Wasser auf insgesamt 10 ml verdünnt, so verringert sich der pH-Wert um eine Einheit, zum Beispiel von 12 auf 11.
Weiteres Verdünnen mit Wasser auf insgesamt 100 ml ergibt eine Verringerung des pH-Wertes auf den pH-Wert 10.

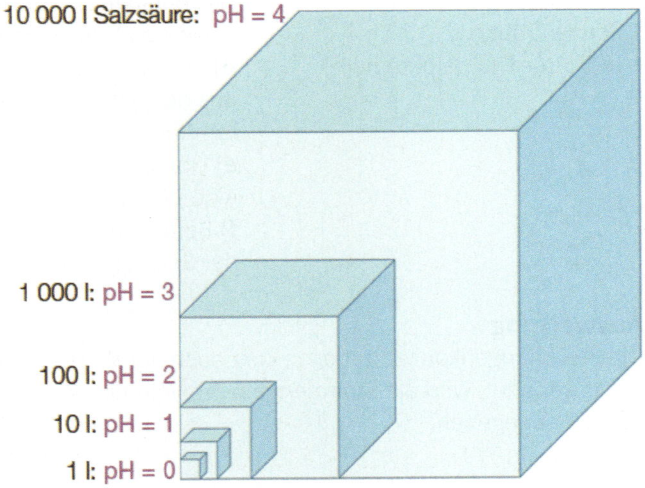

4 Salzsäure wird mit Wasser verdünnt, der pH-Wert ändert sich.

Du kannst den Zusammenhang zwischen Stoffmengenkonzentration, Stoffmenge und Volumen beschreiben und Berechnungen dazu durchführen. Du kannst die Veränderungen des pH-Wertes durch Verdünnen abschätzen.

Basiskonzepte S. 173

Titration einer Natronlauge

PRAKTIKUM

Aufgabe

In diesem Praktikum sollst du durch Titration die Konzentration einer Salzsäure bestimmen. Dazu führst du eine Neutralisation durch und verwendest eine Maßlösung. Eine Maßlösung ist eine Lösung mit bekannter Stoffmengenkonzentration.

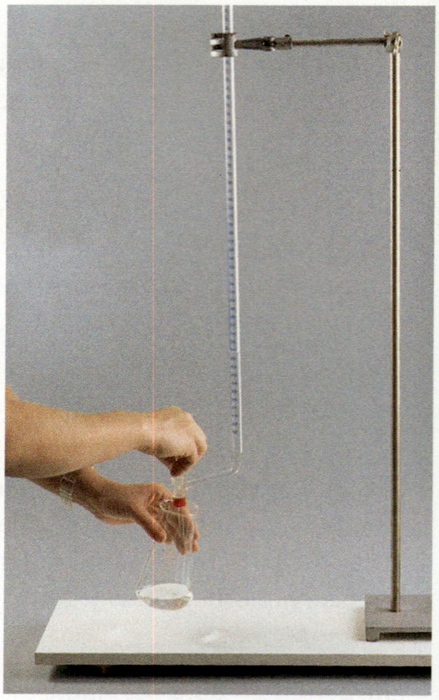

1 Die Titration

Hinweise

Da du hier die Konzentration einer sauren Lösung bestimmen sollst, muss also die Konzentration der zugegebenen Lauge bekannt sein. Ist die Probe neutralisiert, liest du die Menge der verbrauchten Maßlösung ab und kannst damit die Konzentration der untersuchten Lösung berechnen. Soll die Konzentration einer Lauge bestimmt werden, muss die Konzentration der zugegebenen sauren Lösung bekannt sein.

Material

- 100 ml Weithals-Erlenmeyerkolben,
- 10 ml Messpipette,
- Pipettierhilfe,
- Bürette,
- Bürettenklammer,
- Trichter,
- Becherglas,
- Stativ,
- Natronlauge $c_{NaOH} = 0{,}1 \frac{mol}{l}$,
- Salzsäure unbekannter Konzentration,
- Indikator Thymolphthalein

Durchführung

a) Fülle die Bürette mit der Maßlösung und lass etwas davon in das Becherglas laufen, sodass keine Luftblasen mehr in der Bürette vorhanden sind. Notiere den Flüssigkeitsstand.

b) Fülle mit der Messpipette 10 ml Salzsäure in den Erlenmeyerkolben und gib 10 Tropfen Thymolphthalein dazu.

c) Lass unter ständigem Umschwenken Natronlauge zur Salzsäure tropfen, bis die Farbe des Indikators nach blau umschlägt.

d) Lies den Flüssigkeitsstand ab und ermittle aus der Differenz das Volumen der verbrauchten Natronlauge.

e) Überprüfe das ermittelte Volumen durch eine zweite Titration.

f) Berechne die Stoffmengenkonzentration der Salzsäure.

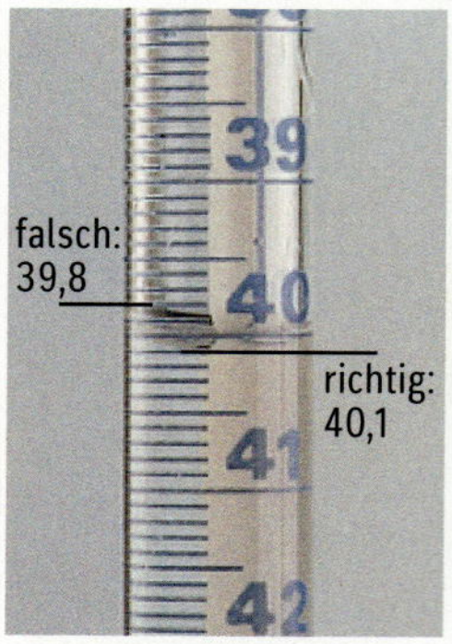

2 Flüssigkeitsstand ablesen

Auswertung

Die Stoffmengenkonzentration c, kurz auch nur Konzentration genannt, wird als Stoffmenge n pro Volumen V einer Lösung angegeben:

$$c = \frac{n}{V} \quad (\text{in } \frac{mol}{l})$$

Daraus ergibt sich für die Stoffmenge: $n = c \cdot V$

Wenn am Umschlagpunkt des Indikators gleiche Stoffmengen $n(H_3O^+)$ der Säure und $n(OH^-)$ der Lauge vorliegen, ergibt sich daraus:

$$(\text{Konzentration} \cdot \text{Volumen})_{Säure} = (\text{Konzentration} \cdot \text{Volumen})_{Lauge}$$

$$c_{Säure} \cdot V_{Säure} = c_{Lauge} \cdot V_{Lauge}$$

Sind drei der Werte aus der Gleichung bekannt, so lässt sich der vierte, unbekannte Wert berechnen.

Beispielrechnung

Zur Neutralisation von 25 ml Salzsäure werden 30 ml Natronlauge $c_{NaOH} = 0{,}1 \frac{mol}{l}$ benötigt. Berechne die Konzentration der Salzsäure. Gegeben:

$c_{NaOH} = 0{,}1 \frac{mol}{l}$, $V_{NaOH} = 30$ ml, $V_{HCl} = 25$ ml

Gesucht: $c_{HCl} = ?$

$$c_{NaOH} \cdot V_{NaOH} = c_{HCl} \cdot V_{HCl}$$

$$0{,}1 \frac{mol}{l} \cdot 30 \text{ ml} = c_{HCl} \cdot 25 \text{ ml}$$

$$c_{HCl} = 0{,}1 \frac{mol}{l} \cdot \frac{30 \text{ ml}}{25 \text{ ml}} = 0{,}12 \frac{mol}{l}$$

Die Konzentration der Salzsäure ist $0{,}12 \frac{mol}{l}$.

Fachrichtungen der Chemie

Anorganische Chemie

Unter anorganischer Chemie wird historisch gesehen die Lehre von den Stoffen und Reaktionen in der unbelebten Natur verstanden. Heutzutage bezieht sich die anorganische Chemie auf alle Stoffe, die keine Kohlenwasserstoffbindungen, also keine C-H-Bindungen, enthalten. Somit gehören die meisten Reaktionen, an denen Metalle beteiligt sind, zur anorganischen Chemie. Ebenso sind viele Reaktionen mit Sauerstoff, Schwefel oder Chlor sowie die bisher bekannten Nachweise anorganische Reaktionen.

Physikalische Chemie

Die physikalische Chemie beschäftigt sich mit den Grenzbereichen zwischen der Physik und der Chemie. Insbesondere werden Methoden der Physik genutzt, um chemische Sachverhalte zu erschließen.
Zum Beispiel werden in der Elektrochemie chemische Reaktionen durch elektrische Energie erzwungen. Es finden Elektrolysen statt.

Organische Chemie

Die organische Chemie, auch **Organik** genannt, ist die Chemie der Kohlenwasserstoffe. Es können auch weitere Atomsorten enthalten sein. So gehören neben den Alkanen auch die Alkanole und Alkansäuren zu den organische Stoffen.
In der organischen Chemie werden neue Stoffe wie beispielsweise Kunststoffe synthetisiert oder Rohstoffe aus Erdöl und Erdgas chemisch verändert.

Technische Chemie

Die Entwicklung und Optimierung chemischer Anlagen sowie der dort ablaufenden Prozesse sind Kernaufgaben der technischen Chemie. Dazu gehört die Verfahrenstechnik, in der Prozesse in Bezug auf Druck, Temperatur, Konzentration und Katalysatoren optimiert werden. Ein Beispiel einer dort wichtigen chemischen Reaktion ist die Haber-Bosch-Synthese.

1. ≡ Ⓐ
Nenne vier Fachrichtungen der Chemie.

2. ≡ Ⓐ
Beschreibe Aufgaben, die der physikalischen Chemie zugeordnet werden.

3. ≡ Ⓠ
Recherchiere weitere Fachrichtungen der Chemie und erstelle für eine davon einen entsprechenden Übersichtszettel.

Saure und alkalische Lösungen

Saure Lösungen

Salzsäure, Essig und kohlensaure Lösung sind Beispiele für **saure Lösungen.** Saure Lösungen färben pH-Papier und Universalindikator rot.

Alkalische Lösungen

Natronlauge und Ammoniaklösung sind **alkalische Lösungen.** Sie werden auch **Laugen** genannt. Alkalische Lösungen färben pH-Papier und Universalindikator blau.

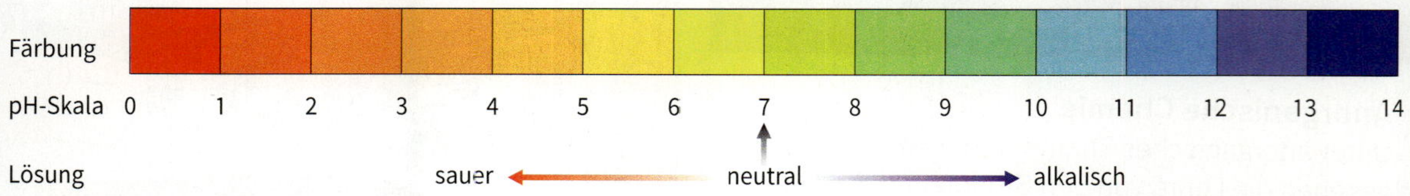

In sauren Lösungen sind **Oxonium-Ionen** enthalten. Diese sind für die ätzende Wirkung und die elektrische Leitfähigkeit der sauren Lösung verantwortlich.
Die Reinstoffe zu sauren Lösungen werden **Säuren** genannt.

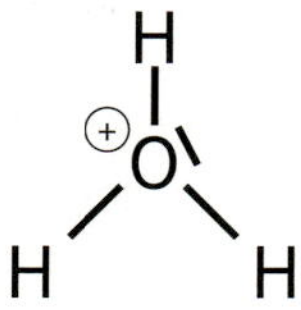

Alkalische Lösungen enthalten **Hydroxid-Ionen.** Diese sind für die ätzende Wirkung und die elektrische Leitfähigkeit der alkalischen Lösung verantwortlich.
Die zu den alkalischen Lösungen gehörigen Reinstoffe heißen **Basen.**

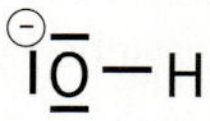

Säure	Formel	Saure Lösung	Ionen in Lösung	Wissenswertes
Kohlensäure	H_2CO_3	Kohlensäure Lösung	H_3O^+, HCO_3^- bzw. $2\ H_3O^+$, CO_3^{2-}	in Sprudel und in Kohlenstoffdioxid-löschern
Chlorwasserstoff	HCl	Salzsäure	H_3O^+, Cl^-	Magensäure ist 0,3%ige Salzsäure.
Essigsäure	CH_3-COOH	Essig (verdünnte Essigsäure)	H_3O^+, CH_3-COO^-	Haushaltsessig ist verdünnte Essigsäure.
Schwefelsäure	H_2SO_4	Verdünnte Schwefelsäure	H_3O^+, HSO_4^- bzw. $2\ H_3O^+$, SO_4^{2-}	in Starterbatterien, stark Wasser ziehend

Base	Formel	Alkalische Lösung	Ionen in Lösung	Wissenswertes
Natriumhydroxid	NaOH	Natronlauge	Na^+ OH^-	in Abflussreiniger enthalten
Calciumhydroxid	$Ca(OH)_2$	Kalkwasser	Ca^{2+}, $2\ OH^-$	in Kalkmörtel, Kohlenstoffdioxid-Nachweis
Ammoniak	NH_3	Ammoniak-Wasser	NH_4^+, OH^-	Ausgangsstoff für Sprengstoff

Protonenübertragung

Bei der Reaktion einer Säure mit Wasser wird ein **Proton** auf das Wasser **übertragen.** Umgekehrt geht bei der Reaktion einer Base mit Wasser ein Proton vom Wasser auf die Base über. Da stets einer der beteiligten Stoffe ein Proton abgibt und ein anderer ein Proton aufnimmt, gehören solche Reaktionen **Donator-Akzeptor-Reaktionen.**

Neutralisation

Werden saure und alkalische Lösungen in passenden Stoffmengen zusammengegeben, **neutralisieren** sich die Lösungen. Dabei entstehen Wasser und ein Salz.
Die **Säure-Base-Titration** beruht auf einer Neutralisation. Mit dieser kann die **Konzentration** einer unbekannten alkalischen oder sauren Lösung bestimmt werden. Durch Zugabe eines Indikators wird der Neutralpunkt erkannt.

→ METHODE S. 8/9

Saure und alkalische Lösungen

Chemische Reatkion

Stoff-Teilchen-Struktur-Eigenschaften

BASISKONZEPTE

Chemische Reatkion

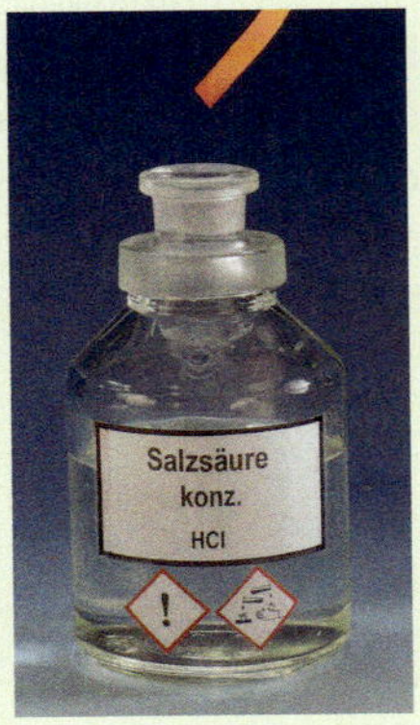

1. A
Im Alltag begegnen dir viele Stoffe, auf denen das Gefahrstoffpiktogramm „Ätzend" zu finden ist.
a) Nenne drei Stoffe, die dieses Gefahrenpiktogramm tragen.
b) Gib Beispiele chemischer Reaktionen an, bei denen die ätzende Wirkung dieser Stoffe deutlich wird.

2. A
Erkläre den Begriff Donator-Akzeptor-Reaktion am Beispiel der Säuren und Basen.

→ S. 147, 149

Stoff-Teilchen-Struktur-Eigenschaften

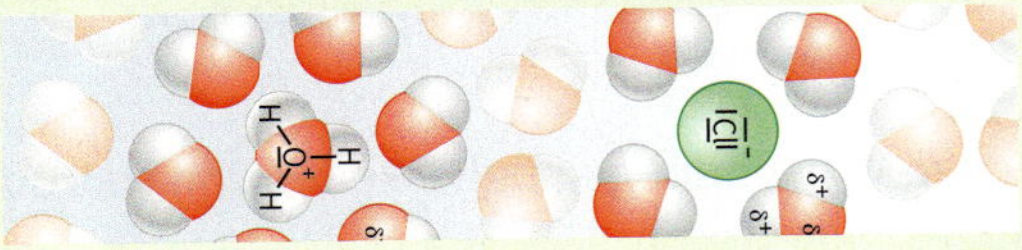

3. A
Chlorwasserstoff ist ein Gas. Es zeigt keine elektrische Leitfähigkeit. Wird Chlorwasserstoff mit Wasser verdünnt, entsteht Salzsäure, eine elektrisch leitfähige Lösung.
a) Erkläre anhand dieses Beispiels die Begriffe Säure und saure Lösung.
b) Nenne die Teilchen, die für Chlorwasserstoff beziehungsweise Salzsäure charakteristisch sind. Ordne die Teilchen einer Stoffklasse zu.

→ S. 149

Stoff-Teilchen-Struktur-Eigenschaften, Chemische Reatkion

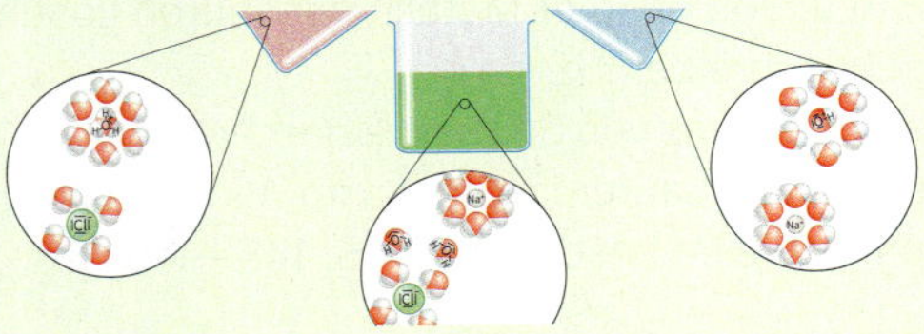

4. A
Indikatoren zeigen saure und alkalische Lösungen an. Nenne die beiden Teilchenarten, die ein Indikator in einer Lösung nachweist.

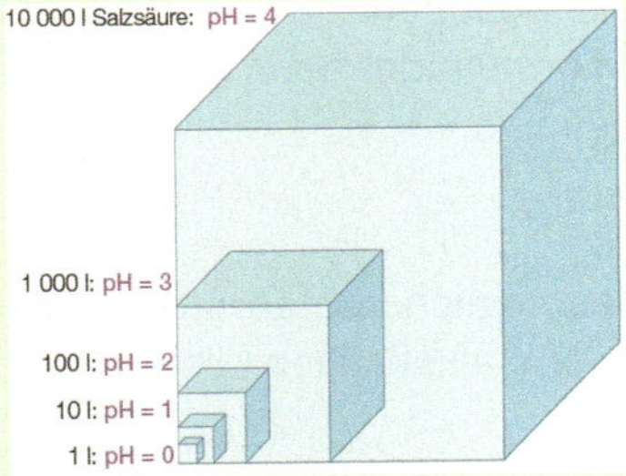

5. A
Es stehen eine saure Lösung mit einem pH-Wert von 10 und eine alkalische Lösung mit einem pH-Wert von 4 zur Verfügung.
a) Gib an, um welchen Faktor die Lösung mit dem pH-Wert 10 verdünnt werden muss, um eine Lösung mit einem pH-Wert von 8 zu erhalten.
b) Verdünnst du immer weiter, so wirst du trotzdem keinen pH-Wert von 5 erhalten. Gib den pH-Wert an, der durch Verdünnen letztlich erhalten wird.
c) Schlage eine Möglichkeiten vor, wie eine Lösung mit einem pH-Wert von 5 erhalten werden kann.

→ S. 165, 169

Saure und alkalische Lösungen

Kannst du schon ...

... saure und alkalische Lösungen, die dir im Alltag begegnen, nennen? (S. 142, 146, 150 – 157)
... die Formeln wichtiger saurer und alkalischer Lösungen angeben? (S. 144, 149, 152, 154 – 155)
... die Unterschiede zwischen einer Säure und einer sauren Lösungen beschreiben? (S. 148, 158)
... Versuche durchführen, um saure Lösungen zu identifizieren? (S. 145)
... Säure-Base-Reaktionen als Reaktionen mit Protonenübergang beschreiben? (S. 167)
... die Reaktion unedler Metalle mit sauren Lösungen beschreiben? (S. 144)
... die Herstellung von Salzsäure beschreiben? (S. 147)
... die Wirkung saurer Lösungen im Alltag an mehreren Beispielen beschreiben? (S. 148 – 149)
... Verwendungsmöglichkeiten von Kohlensäure und kohlensaurer Lösung nennen? (S. 151)
... Essig und Essigsäure experimentell unterscheiden? (S. 152)
... Verwendungsmöglichkeiten von Laugen im Alltag nennen? (S. 142, 153 – 154, 156 – 157)
... die Formeln von Oxonium- und Hydroxid-Ionen zeichnen? (S. 149 – 149, 158 – 159)
... die Gewinnung und Verwendung von Ammoniak beschreiben? (S. 160 – 161)
... die Funktionsweise des Ammoniakspringbrunnens erklären? (S. 160)
... den Unterschied zwischen Ammoniak und Ammoniaklösung beschreiben? (S. 160)

Zeig, was du kannst!

1. A
a) Nenne jeweils zwei saure und zwei alkalische Alltagslösungen.
b) Gib die Formeln der bei Aufgabe a) genannten Lösungen an.

2. A
Nenne zwei mögliche Gefahrstoffpiktogramme auf sauren und alkalischen Lösungen.

3. A
Nenne Verwendungsmöglichkeiten von Kohlenstoffdioxid.

4. A
Stelle die Protonenübertragung bei der Reaktion von Chlorwasserstoff mit Wasser in einer Reaktionsgleichung dar.

5. A
Zink ist ein unedles Metall. Es reagiert mit Salzsäure. Stelle die Reaktionsgleichung dieser Reaktion auf. Zn reagiert dabei zu Zn^{2+}.

6. A
Beschreibe eine mögliche Wirkung saurer Lösungen auf Kleidungsstücken.

7. A
Beschreibe einen Versuch, um Essigsäure von verdünnter Essigsäure zu unterscheiden.

8. A
Beschreibe die Reaktion, die bei der Verwendung eines Kohlenstoffdioxid-Feuerlöschers auftritt.

9. A
Nenne Verwendungsmöglichkeiten von Natronlauge.

10. A
Zeichne die Strukturformeln von Oxonium- und Hydroxid-Ionen mit allen bindenden und freien Elektronenpaaren.

11. A
a) Erkläre die Funktionsweise des Ammoniakspringbrunnens.
b) Begründe, ob dieser auch mit Chlorwasserstoff funktionieren könnte.

pH-Wert

Kannst du schon ...

... die drei pH-Bereiche nennen? (S. 143)
... die für den pH-Wert verantwortlichen Teilchen nennen? (S. 148 – 149, 151, 154, 156, 158 – 159)
... pH-Werte sauren, neutralen und alkalischen Lösungen zuordnen? (S. 143)
... die Farbe von Universalindikator und Thymolphthalein in sauren, neutralen und alkalischen Lösungen nennen? (S. 143, 159)
... begründen, woher Alkalimetalle ihren Namen haben? (S. 155)
... das Donator-Akzeptor-Prinzip am Beispiel der Säuren und Basen erklären? (S. 148 – 149, 167)
... eine Lösung durch Verdünnen auf einen gewünschten pH-Wert einstellen? (S. 169)

Zeig, was du kannst!

12. Ⓐ
Nenne den pH-Bereich, in dem sich pH-Papier rot färbt.

13. Ⓐ
a) Gib die Farbe von pH-Papier im alkalischen Bereich an.
b) Nenne die Teilchen, die im alkalischen Bereich für die Färbung des pH-Papiers verantwortlich sind.

14. Ⓐ
Wird Natrium in Wasser gegeben und Thymolphthalein als Indikator zugegeben, färbt sich das Wasser.
a) Gib die Farbe des Thymolphthaleins nach der Reaktion an.
b) Ordne die Lösung einem pH-Bereich zu.
c) Stelle die Reaktionsgleichung der Reaktion auf.

E – Säure-Base-Titration

Kannst du schon ...

... die Vorgänge bei einer Neutralisation beschreiben? (S. 164 – 165)
... Anwendungen der Neutralisation beschreiben? (S. 166)
... eine Lösung mit einer bestimmten Konzentration herstellen? (S. 168 – 169)
... Berechnungen zur Bestimmung von Konzentrationen durchführen? (S. 168 – 169)
... die Durchführung einer Säure-Base-Titration beschreiben? (S. 170)
... Konzentrationsbestimmungen durchführen? (S. 168 – 170)

Zeig, was du kannst!

15. Ⓐ
Salzsäure wird mit Natronlauge neutralisiert.
a) Stelle die zugehörige Reaktionsgleichung auf.
b) Begründe, zu welcher Stoffklasse die beiden entstehenden Stoffe gehören.

16. Ⓐ
20 ml Natronlauge unbekannter Konzentration werden mit Salzsäure der Konzentration 0,2 $\frac{mol}{l}$ titriert. Dabei werden 30 ml Salzsäure verbraucht. Berechne die Konzentration der Natronlauge.

Wichtige Begriffe

- Säure, saure Lösung
- Base, alkalische Lösung, Lauge
- Essig, Essigsäure
- kohlensaure Lösung, Kohlensäure
- Chlorwasserstoff, Salzsäure
- Natronlauge, Natriumhydroxid
- Ammoniaklösung, Ammoniak
- Stoffmengenkonzentration
- Hydrathülle
- Neutralisation
- Titration
- Säure-Base-Reaktion, Protonenübertragung
- Donator-Akzeptor-Reaktion

Stichwortverzeichnis

f. = die folgende Seite
ff. = die folgenden Seiten

A

B

C

D

E

Stichwortverzeichnis

Namensverzeichnis

Übersicht

Stoffliste

Stoff	GHS-Symbol und Signalwort	H-Sätze	P-Sätze	Entsorgung
Ammoniak-Gas	Gefahr	H221-H331-H314-H400-EUH071	P210-P260-P280-P273-P304+P340-P303+P361+P353 P305+P351+P338-P315-P377-P381	–
Ammoniak-Lösung ($w = 10\,\%$)	Gefahr	H314-H335	P261-P280-P305+P351+P338-P310	–
Ammoniak-Lösung ($w = 25\,\%$)	Gefahr	H314-H335	P261-P280-P305+P351+P338-P310	–
Ammoniumchlorid		H302-H319	P305+P351+P338	–
Benzin	Gefahr	H225-H315-H304-H336-H411	P210-P273-P301+P310-P331-P302+P352	B3
Bromwasser ($w = 1\,\%$ bis $5\,\%$)	Gefahr	H301-H311-H331-H315-H400	P273-P280-P301+P310-P302+P352-P271-P304+P340-P332+P313-P305+P351+P338	B4
Calciumhydroxid	Gefahr	H315-H318-H335	P261-P280-P305+P351+P338	B1
Calciumspäne	Gefahr	H261-EUH014	P223-P232-P402+P404-P501	–
Chlorwasserstoff	Gefahr	H331-H314-H280-EUH071	P260-P280-P304+P340-P303+P361+P353-P305+P351+P338-P315-P405-P403	B1
Citronensäure	Achtung	H319	P280-P305+P351+P338-P337+P313	B1
Cumolhydroperoxid	Gefahr	H242-H302-H312-H331-H314-H373-H411	P210-P273-P280-P301+P310-P302+P352-P304+P340-P305+P351+P338-P309+P310	B3
1,2-Dibromhexan	Achtung	H302-H317-H411	P261-P273-P280-P301+P312-P363-P501	B4
Dieselkraftstoff	Achtung	H226-H351-H304-H332-H315-H373-H411	P102-P210-P301+P310-P331-P261-P302+P352-P308+P313-P273	B3
Essigsäure ($w = 10\,\%$ bis $25\,\%$)	Gefahr	H314	P280-P301+P330+P331-P305+P351+P338	B1
Essigsäure ($w = 60\,\%$)	Gefahr	H314-H318	P280-P301+P330+P331-P305+P351+P338	B1
Essigsäure (konzentriert)	Gefahr	H226-H314	P210-P280-P301+P330+P331-P305+P351+P338-P308+P310	B1
Ethanal	Gefahr	H224-H351-H319-H335	P210-P233-P280-P305+P351+P338-P308+P313	
Ethanol	Gefahr	H225-H319	P210-P240-P305+P351+P338-P403+P233	
Ethylenglykol (Glycol, Ethandiol)	Achtung	H302-H373	–	B3
Glaswolle	Achtung	H351	–	B3
Hexen (Hex-1-en)	Gefahr	H225-H304	P210-P243-P301+P310-P331	B4
Kaliumlauge ($c = 1\,\frac{mol}{l}$)	Gefahr	P280-P303+P361+P353-P305+P351+P338	P302+P352-P305+P351+P338	B1
Kalkwasser ($w \leq 10\,\%$)	Gefahr	H315-H318	P280-P305+P351+P338	B1
Kerosin (leichtes Petroleum)	Gefahr	H226-H304-H315-H336-H411	P210-P273-P280-P301+P310-P331	B3
Kohlenstoffdioxid	Achtung	H280	P403	–
Kupfer(II)-sulfat, wasserfrei		H302-H315-H319-H410	P273-P305+P351+P338-P302+P352	B2
Kupfersulfat-Pentahydrat	Achtung	H302-H319-H315-H410	P273-P302+P352-P305+P351+P338	B2
Lithium	Gefahr	H260-H314-EUH014	P223-P280-P231+P232-P305+P351+P338-P370+P378b-P422a	
Lithiumhydroxid-Lösung	Gefahr	H314-H332	P260-P303+P361+P353-P305+P351+P338-P310-P405-P501	B1

HINWEIS
Beim Umgang mit Chemikalien trage stets eine Schutzbrille!

Stoff	GHS-Symbol und Signalwort	H-Sätze	P-Sätze	Entsorgung
Magnesiumband	Achtung	H228	P210-P370-P378c	–
Magnesiumpulver, phlegmatisiert	Gefahr	H228-H251-H261	P210-P231+P232-P241-P280-P420-P501	–
Magnesiumpulver	Gefahr	H260-H250	P222-P223-P231+P232-P370+P378b-P422	–
Methan	Gefahr	H220-H280	P210-P281-P377-P381-P403	–
Natrium	Gefahr	H260-H314-EUH014	P223-P231+P232-P280-P305+P351+P338-P370+P378-P422	–
Natriumhydroxid	Gefahr	H314-H290	P280-P301+P330+P331-P305+P351+P338-P308+P310	B1
Natriumhydroxid-Lösung ($w < 2\,\%$)	Gefahr	H290-H314	P280-P305+P351+P338-P308+P310	B1
Natronlauge ($w \leq 20\,\%$)	Achtung	H314-H290	P280-P305+P351+P338-P308+P310	B1
Natronlauge ($w = 50\,\%$, $c = 1\,\frac{mol}{l}$)	Gefahr	H314-H290	P280-P301+P330+P331-P305+P351+P338-P308+P310	B1
Natronlauge (konzentriert)	Gefahr	H290-H314	P280-P305+P351+P338-P308+P310	B1
n-Heptan	Gefahr	H225-H304-H315-H336-H410	P210-P273-P301+P330+P331-P240-P302+P352-P403+P233	B4
Paraffinöl	Achtung	H319	P273-P280-P301+P310-P302+P352-P271-P304+P340-P332+P313-P305+P351+P338	B3
Propan	Gefahr	H220-H280	P210-P281-P377-P381-P403	–
Propan-1-ol (Propylalkohol)	Gefahr	H225-H318-H336	P210-P240-P280-P305+P351+P338-P313-P403+P233	B3
Salpetersäure ($w = 65\,\%$)	Gefahr	H272-H314-H290-EUH071	P280-P301+P330+P331-P304+P340-P305+P351+P338-P310	B2
Salzsäure ($w \leq 5\,\%$)	Achtung	H290	–	B1
Salzsäure ($c = 2\,\frac{mol}{l}$)	Gefahr	H290	–	B1
Salzsäure (rauchend)	Gefahr	H314-H335-H290	P260-P280-P303+P361+P353-P304+P340+P310-P305+P351+P338	–
Schwefelsäure ($w = 10\,\%$)	Gefahr	H315-H319-H290	P280-P301+P330+P331-P305+P351+P338-P309+P310	B2
Schwefelsäure ($w = 96\,\%$)	Gefahr	H314–H290	P280-P301+P330+P331-P305+P351+P338-P309+P310	B1
Silberchlorid		H290-H410	P273-P390-P501	B2
Silbernitrat-Lösung ($c = 0{,}1\,\frac{mol}{l}$)	Achtung	H315-H319-H410	P273-P302+P352-P305+P351+P338	–
Silbernitrat-Lösung ($w = 10\,\%$)	Achtung	H314-H411	P280-P305+P351+P338-P310	–
Styrol	Achtung	H226-H332-H319-H315-H361d-H372	P314-P210-P302+P352-P305+P351+P338	B3
Thymolphthalein-Lösung	Gefahr	H225-H319	–	
Universalindikator (Unisol 113)	Gefahr	H225	P210-P233-P370+P378a-P403+P235	–
Wasserstoff (als Reaktionsprodukt)	Gefahr	H220-H280	P210-P377-P381-P403	–
Zinkchlorid	Achtung	H335-H411	P304+P340+P310-P273	–
Zinksulfat-Lösung	Gefahr	H318-H411	P280-P273-P305+P351+P338-P313	–

Bei hier nicht aufgeführten Gefahrstoffen bitte die Deklaration des Herstellers am Behälter beachten!

GHS-Gefahrenhinweise: H-Sätze und P-Sätze

H-Sätze

Physikalische Gefahren

H220 Extrem entzündbares Gas.
H224 Flüssigkeit und Dampf extrem entzündbar.
H225 Flüssigkeit und Dampf leicht entzündbar.
H226 Flüssigkeit und Dampf entzündbar.
H228 Entzündbarer Feststoff.
H242 Erwärmung kann Brand verursachen.
H250 Entzündet sich in Berührung mit Luft von selbst.
H251 Selbsterhitzungsfähig; kann in Brand geraten.
H260 In Berührung mit Wasser entstehen entzündbare Gase, die sich spontan entzünden können.
H261 In Berührung mit Wasser entstehen entzündbare Gase.
H272 Kann Brand verstärken; Oxidationsmittel.
H280 Enthält Gas unter Druck; kann bei Erwärmung explodieren.
H290 Kann gegenüber Metallen korrosiv sein.

Gesundheitsgefahren

H301 Giftig bei Verschlucken.
H302 Gesundheitsschädlich bei Verschlucken.
H304 Kann bei Verschlucken und Eindringen in die Atemwege tödlich sein.
H311 Giftig bei Hautkontakt.
H312 Gesundheitsschädlich bei Hautkontakt.
H314 Verursacht schwere Verätzungen der Haut und schwere Augenschäden.
H315 Verursacht Hautreizungen.
H317 Kann allergische Hautreaktionen verursachen.
H318 Verursacht schwere Augenschäden.
H319 Verursacht schwere Augenreizung.
H331 Giftig bei Einatmen.
H332 Gesundheitsschädlich bei Einatmen.
H335 Kann die Atemwege reizen.
H336 Kann Schläfrigkeit und Benommenheit verursachen.
H351 Kann vermutlich Krebs erzeugen.
H361 d Kann vermutlich das Kind im Mutterleib schädigen.
H372 Schädigt die Organe bei längerer oder wiederholter Exposition.
H373 Kann die Organe schädigen bei längerer oder wiederholter Exposition.

Umweltgefahren

H400 Sehr giftig für Wasserorganismen.
H410 Sehr giftig für Wasserorganismen mit langfristiger Wirkung.
H411 Giftig für Wasserorganismen, mit langfristiger Wirkung.

EUH-Sätze

EUH 014 Reagiert heftig mit Wasser.
EUH 071 Wirkt ätzend auf die Atemwege.

P-Sätze

Allgemeines

P102 Darf nicht in die Hände von Kindern gelangen.

Prävention

P210 Von Hitze / Funken / offener Flamme / heißen Oberflächen fernhalten. Nicht rauchen.
P222 Kontakt mit Luft nicht zulassen.
P223 Kontakt mit Wasser wegen heftiger Reaktion und möglichem Aufflammen unbedingt verhindern.
P231 Unter inertem Gas handhaben.
P232 Vor Feuchtigkeit schützen.
P233 Behälter dicht verschlossen halten.
P240 Behälter und zu befüllende Anlage erden.
P241 Explosionsgeschützte elektrische Betriebsmittel / Lüftungsanlagen / Beleuchtung / ... verwenden.
P243 Maßnahmen gegen elektrostatische Aufladungen treffen.
P260 Staub / Rauch / Gas / Nebel / Dampf / Aerosol nicht einatmen.
P261 Einatmen von Staub / Rauch / Gas / Nebel / Dampf / Aerosol vermeiden.
P271 Nur im Freien oder in gut belüfteten Räumen verwenden.
P273 Freisetzung in die Umwelt vermeiden.
P280 Schutzhandschuhe / Schutzkleidung / Augenschutz / Gesichtsschutz tragen.
P281 Vorgeschriebene persönliche Schutzausrüstung verwenden.

Reaktion

P301 Bei Verschlucken:
P302 Bei Berührung mit der Haut:

P303 Bei Berührung mit der Haut (oder dem Haar):
P304 Bei Einatmen:
P305 Bei Kontakt mit den Augen:
P308 Bei Exposition oder falls betroffen:
P310 Sofort Giftinformationszentrum oder Arzt anrufen.
P312 Bei Unwohlsein Giftinformationszentrum oder Arzt anrufen.
P313 Ärztlichen Rat einholen / ärztliche Hilfe hinzuziehen.
P314 Bei Unwohlsein ärztlichen Rat einholen / ärztliche Hilfe hinzuziehen.
P330 Mund ausspülen.
P331 Kein Erbrechen herbeiführen.
P332 Bei Hautreizung:
P337 Bei anhaltender Augenreizung:
P338 Eventuell vorhandene Kontaktlinsen nach Möglichkeit entfernen. Weiter ausspülen.
P340 Die betroffene Person an die frische Luft bringen und in einer Position ruhigstellen, die das Atmen erleichtert.
P351 Einige Minuten lang behutsam mit Wasser ausspülen.
P352 Mit viel Wasser und Seife waschen.
P353 Haut mit Wasser abwaschen / duschen.
P361 Alle kontaminierten Kleidungsstücke sofort ausziehen.
P363 Kontaminierte Kleidung vor erneutem Tragen waschen.
P370 Bei Brand:
P377 Brand von ausströmendem Gas: Nicht löschen, bis Undichtigkeit gefahrlos beseitigt werden kann.
P378 ... zum Löschen verwenden.
P381 Alle Zündquellen entfernen, wenn gefahrlos möglich.
P390 Verschüttete Mengen aufnehmen, um Materialschäden zu vermeiden.

P301+P310 Bei Verschlucken: Sofort Giftinformationszentrum oder Arzt anrufen.
P301+P312 Bei Verschlucken: Bei Unwohlsein Giftinformationszentrum oder Arzt anrufen.
P301+P330+P331 Bei Verschlucken: Mund ausspülen. Kein Erbrechen herbeiführen.
P302+P352 Bei Kontakt mit der Haut: Mit viel Wasser und Seife waschen.
P303+P361+P353 Bei Kontakt mit der Haut (oder dem Haar): Alle beschmutzten, getränkten Kleidungsstücke sofort ausziehen. Haut mit Wasser abwaschen / duschen.

P304+P340 Bei Einatmen: An die frische Luft bringen und in einer Position ruhigstellen, die das Atmen erleichtert.
P304+P341 Bei Einatmen: Bei Atembeschwerden an die frische Luft bringen und in einer Position ruhigstellen, die das Atmen erleichtert.
P305+P351+P338 Bei Kontakt mit den Augen: Einige Minuten lang behutsam mit Wasser spülen. Vorhandene Kontaktlinsen nach Möglichkeit entfernen. Weiter spülen.
P308+P310 Bei Exposition oder falls betroffen: Sofort Giftinformationszentrum oder Arzt anrufen.
P308+P313 Bei Exposition oder falls betroffen: Ärztlichen Rat einholen/ärztliche Hilfe hinzuziehen.
P332+P313 Bei Hautreizung: Ärztlichen Rat einholen/ärztliche Hilfe hinzuziehen.
P337+P313 Bei anhaltender Augenreizung: Ärztlichen Rat inholen / ärztliche Hilfe hinzuziehen.
P370+P378 Bei Brand: ... zum Löschen verwenden.

Aufbewahrung

P402 An einem trockenen Ort aufbewahren.
P403 An einem gut belüfteten Ort aufbewahren.
P404 In einem geschlossenen Behälter aufbewahren.
P405 Unter Verschluss aufbewahren.
P420 Von anderen Materialien entfernt aufbewahren.
P422 Inhalt in / unter ... aufbewahren
P402+P404 In einem geschlossenen Behälter an einem trockenen Ort aufbewahren.
P403+P233 Behälter dicht verschlossen an einem gut belüfteten Ort aufbewahren.
P403+P235 Kühl an einem gut belüfteten Ort aufbewahren.

Entsorgung

P501 Inhalt / Behälter ... zuführen.

Hinweis: Es werden nur die für die im Schulbuch verwendeten Stoffe relevanten GHS-Gefahrstoffhinweise aufgeführt.

Bildquellenverzeichnis

alamy images, Abingdon/Oxfordshire: 90.2 (imageBROKER), 122.1 (TJPhotos), 171.2 (Image Source Plus); Andreas Kücha - Arbeitsgemeinschaft Blautopf, Schemmerhofen: 45.1; Aral AG, Bochum: 75.2; Bistumsarchiv Hildesheim, Fotosammlung, Hildesheim: 67.1 (Kaplan © Clemens Willke (1874-1961) an Bischöfliches Generalvikariat Hildesheim 10. Mai 1905); Blickwinkel, Witten: 101.4 (McPHOTO); bpk–Bildagentur, Berlin: 115.4 (The Trustees of the British Museum); Bundeszentrale für gesundheitliche Aufklärung (BZgA), Köln: 115.5 (Mit freundlicher Genehmigung und Unterstützung der Bundeszentrale für gesundheitliche Aufklärung. Sämtliche Rechte vorbehalten. www.kenn-dein-limit.de); Caro Fotoagentur, Berlin: 32.4 (Oberhaeuser), 139.3 (Seeberg); Chemische Werke Kluthe GmbH, Oberhausen: 142.5; Claudia Eulitz - Universität Kiel, Kiel: 171.1; Collini Dienstleistungs GmbH, Hohenems: 3, 11.1; ddp images GmbH, Hamburg: 32.1 (Norbert Millauer); Deutsches Erdölmuseum Wietze, Wietze: 67.2 (aus: Ehrenwerth/Abel: Klein-Texas in der Heide. - Ströher, 1998); Deutsches Museum, München: 163.2; Fabian, Michael, Hannover: 138.2, 145.1; fotolia.com, New York: 16.1A (fotomek), 17.3 (Roman Samokhin), 17.3 (Roman Samokhin), 22.1 (meerisusi), 24.3 (GreenGraphix), 25.4 (allegra47), 29.3, 44.1 (dudadidi), 44.3 (Mardre), 53.2 (Alex Bauer), 54.1 (Sunny Forest), 58.1 (rufar), 84.2 (Oliver Weber), 88.2 (Heinz Waldukat), 90.1 (yo camon), 100.2 (Rasulov), 103.2 (Ivan), 116.2 (benjaminnolte), 122.2 (Dan Race), 128.3 (Daniel Mock), 130.3 (Ars Ulrikusch), 142.1 (Karin Jähne), 154.2 (BG); Getty Images, München: 51.3C, 97.4 (George Grall); Grames, Eberhard, Berlin: 131.3; Guido Schiefer Fotografie, Köln: 62.1; Hollauer, Michael, München: 92.2; Huober-Brezel GmbH & Co., Erdmannhausen: 157.1 (Kaltlauge während der Brezelherstellung bei der HOUBER BREZEL GmbH & Co); Imago, Berlin: 72.2 (Westend61), 92.1 (blickwinkel), 115.3 (McPHOTO/Ingo Schulz), 138.1 (INSADCO), 151.1 (Science Photo Library); Interfoto, München: 106.1 (imagebroker/mhm); iStockphoto.com, Calgary: Titel (AdamRadosavljevic), 1 (AdamRadosavljevic), 13.2 (pressdigital), 50.1A (PaulTessier), 53.1 (akinshin), 58.2 (evirgen), 82.2 (davidhajnal), 82.3 (SSSCCC), 84.3 (sintendo), 136.1 (Valentyn Volkov), 136.3 (hilmi_m); Kneffel, Michael, Essen: 107.3; KROISS medien, Füssen: 51.3B; LOOK-foto, München: 12.1 (Guenther Bayerl); Lüdecke, Matthias, Berlin: 77.2; mauritius images GmbH, Mittenwald: 84.1 (Josh Westrich), 86.2 (Vidler), 88.4 (Busse Yankushev), 130.4 (U. Kerth), 154.1 (Rosenfeld), 157.3 (Alamy), 166.3 (Photo Researchers); mediacolor's Fotoproduktion, Zürich: 163.1 (Abecasis); Meinel, Mathias, Hannover: 50.1B; Michaela Begsteiger Foto- und Bildagentur, Gleisdorf: 131.2; Mommertz GmbH, Günzburg: 166.2; OKAPIA KG - Michael Grzimek & Co., Frankfurt/M.: 57.4, 143.1 (Yoav Levy/Phototake); Panther Media GmbH (panthermedia.net), München: 101.1 (Monkeybusiness Images); Picture-Alliance GmbH, Frankfurt/M.: 4 (dpa/Holger Hollemann), 4 (AP), 30.3 (Ton Koene), 31.1 (dpa/dpaweb/Marijan Murat), 56.2 (WaterFrame), 59.1 (AP), 72.1 (CHROMORANGE / Titus E. Czerski), 87.1 (dpa), 92.3 (dpa Themendienst), 101.2 (Xinhus/Photoshot/M. Zabala), 101.3 (ZB/W. Grubitzsch), 109.1 (dpa/Holger Hollemann), 116.1 (APA/picturedesk.com), 118.1 (dpa), 130.2 (Uwe Anspach/dpa), 166.4 (dpa/Jürgen Mahnke); Popko, Mathias, Meine: 114.2; Science Photo Library, München: 58.3 (Ted Kinsman), 163.3 (SPL/Sheila Terry), 163.5 (Emilio Segre Visual Archives/American Instititute of physics/SPL), 163.6 (SPL); Seilnacht, Thomas - www.seilnacht.com, Bern: 145.3A, 145.3B; Shutterstock.com, New York: 4 (v.schlichting), 10.1 (schankz), 25.1 (Mahathir Mohd Yasin), 25.3 (MartinIsaac), 32.2 (Lisa S.), 41 (Mahathir Mohd Yasin), 54.2 (Royik Yevgen), 54.3 (Dmitry Naumov), 57.3 (MattiaATH), 82.1 (Marco Govel), 85.1 (v.schlichting), 87.2 (Aleksandr Kurganov), 97.2 (Michaela Stejskalova), 103.1 (Garsya), 103.3 (Voyagerix), 129.4 (Dusan Jankovic), 136.2 (Tatiana Popova), 171.3 (science photo), 171.4 (David Hajnal); Simper, Manfred, Wennigsen: 44.2, 142.3, 175.2; SLUB/Deutsche Fotothek, Dresden: 127.2 (CC-Lizenz BY-SA 4.0); Stark, Friedrich, Dortmund: 88.1; stock.adobe.com, Dublin: 29.1 (blende11.photo), 168.2 (blende11.photo); StockFood GmbH, München: 108.1 (Katharine Pollak), 131.1; Thomson Reuters (Markets) Deutschland GmbH, Berlin: 77.3 (Paulo Whitaker); Tierbildarchiv Angermayer, Holzkirchen: 46.2 (Pfletschinger); Tönnies, Uwe, Laatzen: 122.3; TopicMedia Service, Mehring-Öd: 156.2A (YAY media); ullstein bild, Berlin: 30.1 (superclic), 163.4 (KPA); wikimedia.commons: 127.1 (BS Thurner Hof/CC-Lizenz CC BY-SA 3.0).

Es war nicht in allen Fällen möglich, die Inhaber der Rechte ausfindig zu machen und um Abdruckgenehmigung zu bitten. Berechtigte Ansprüche werden selbstverständlich im Rahmen der üblichen Konditionen abgegolten.

Das Periodensystem der Elemente

Atommasse in u — 26,98
Eine eingeklammerte Atommasse gibt die Masse eines wichtigen Isotops des Elements an

Al — Atomsymbol

Ordnungszahl (Protonenzahl) — 13

Aluminium — Elementname

schwarz = feste Elemente
rot = gasförmige Elemente
blau = flüssige Elemente
weiß = künstliche Elemente
grün = natürliche radioaktive Elemente

Metalle | Halbmetalle | Nichtmetalle

Perioden	Hauptgruppen I	Hauptgruppen II	Nebengruppen III	IV	V	VI	VII	VIII	VIII	VIII	I	II	Hauptgruppen III	IV	V	VI	VII	VIII
1 K-Schale	1,01 H 1 Wasserstoff																	4,00 He 2 Helium
2 L-Schale	6,94 Li 3 Lithium	9,01 Be 4 Beryllium											10,81 B 5 Bor	12,01 C 6 Kohlenstoff	14,01 N 7 Stickstoff	16,00 O 8 Sauerstoff	19,00 F 9 Fluor	20,18 Ne 10 Neon
3 M-Schale	22,99 Na 11 Natrium	24,31 Mg 12 Magnesium											26,98 Al 13 Aluminium	28,09 Si 14 Silicium	30,97 P 15 Phosphor	32,07 S 16 Schwefel	35,45 Cl 17 Chlor	39,95 Ar 18 Argon
4 N-Schale	39,10 K 19 Kalium	40,08 Ca 20 Calcium	44,96 Sc 21 Scandium	47,88 Ti 22 Titan	50,94 V 23 Vanadium	51,99 Cr 24 Chrom	54,94 Mn 25 Mangan	55,85 Fe 26 Eisen	58,93 Co 27 Cobalt	58,69 Ni 28 Nickel	63,55 Cu 29 Kupfer	65,39 Zn 30 Zink	69,72 Ga 31 Gallium	72,61 Ge 32 Germanium	74,92 As 33 Arsen	78,96 Se 34 Selen	79,90 Br 35 Brom	83,80 Kr 36 Krypton
5 O-Schale	85,47 Rb 37 Rubidium	87,62 Sr 38 Strontium	88,91 Y 39 Yttrium	91,22 Zr 40 Zirconium	92,91 Nb 41 Niob	95,94 Mo 42 Molybdän	(99) Tc 43 Technetium	101,07 Ru 44 Ruthenium	102,91 Rh 45 Rhodium	106,42 Pd 46 Palladium	107,87 Ag 47 Silber	112,41 Cd 48 Cadmium	114,82 In 49 Indium	118,71 Sn 50 Zinn	121,75 Sb 51 Antimon	127,60 Te 52 Tellur	126,90 I 53 Iod	131,29 Xe 54 Xenon
6 P-Schale	132,91 Cs 55 Caesium	137,33 Ba 56 Barium	La-Lu 57–71	178,49 Hf 72 Hafnium	180,95 Ta 73 Tantal	183,84 W 74 Wolfram	186,21 Re 75 Rhenium	190,23 Os 76 Osmium	192,22 Ir 77 Iridium	195,08 Pt 78 Platin	196,97 Au 79 Gold	200,59 Hg 80 Quecksilber	204,38 Tl 81 Thallium	207,20 Pb 82 Blei	208,98 Bi 83 Bismut	(209) Po 84 Polonium	(210) At 85 Astat	(222) Rn 86 Radon
7 Q-Schale	(223) Fr 87 Francium	(226) Ra 88 Radium	Ac-Lr 89–103	(261) Rf 104 Rutherfordium	(262) Db 105 Dubnium	(266) Sg 106 Seaborgium	(264) Bh 107 Bohrium	(269) Hs 108 Hassium	(268) Mt 109 Meitnerium	(271) Ds 110 Darmstadtium	(272) Rg 111 Roentgenium	(277) Cn 112 Copernicium						

Elemente der Lanthan-Reihe	138,91 La 57 Lanthan	140,12 Ce 58 Cer	140,91 Pr 59 Praseodym	144,24 Nd 60 Neodym	(147) Pm 61 Promethium	150,36 Sm 62 Samarium	151,96 Eu 63 Europium	157,25 Gd 64 Gadolinium	158,93 Tb 65 Terbium	162,50 Dy 66 Dysprosium	164,93 Ho 67 Holmium	167,26 Er 68 Erbium	168,93 Tm 69 Thulium	173,04 Yb 70 Ytterbium	174,97 Lu 71 Lutetium
Elemente der Actinium-Reihe	(227) Ac 89 Actinium	(232) Th 90 Thorium	(231) Pa 91 Protactinium	(238) U 92 Uran	(237) Np 93 Neptunium	(239) Pu 94 Plutonium	(241) Am 95 Americium	(244) Cm 96 Curium	(249) Bk 97 Berkelium	(252) Cf 98 Californium	(253) Es 99 Einsteinium	(257) Fm 100 Fermium	(258) Md 101 Mendelevium	(259) No 102 Nobelium	(262) Lr 103 Lawrencium